Bill Hybels & Mark Mittelberg
BEKEHRE NICHT – LEBE!

Bill Hybels & Mark Mittelberg

Bekehre nicht – lebe!

So wird Ihr Christsein ansteckend

Projektion J Buch- und Musikverlag, Asslar

Titel der Originalausgabe:
Becoming a Contagious Christian

© 1994 by Bill Hybels
published by Zondervan Publishing House,
Grand Rapids, Michigan 49530, USA

© 1995 der deutschen Ausgabe
by Projektion J Buch- und Musikverlag, Asslar

ISBN 3-89490-065-2

Die Bibelstellen wurden, soweit nicht anders angegeben,
der Einheitsübersetzung entnommen.

Übersetzung: Beate Peter, M. A.
Umschlaggestaltung: Petra Louis
Satz: Projektion J Buch- und Musikverlag
Druck: J Ebner Ulm, Graphische Betriebe GmbH & Co. KG, 89075 Ulm

Für Tom Giesler,
dessen umgekrempeltes Leben
der Welt bescheinigt,
daß Gott tatsächlich lebt.

*

Für Effa Mittelberg,
deren ansteckendes Christsein
auf ihre ganze Familie abgefärbt hat –
und das jetzt schon seit vier Generationen.

INHALT

DANK

Prima, daß Sie uns an dieser Stelle unsere Anerkennung für all die Unterstützung und Hilfe loswerden lassen, die uns von einigen hochgradig ansteckenden Christen geleistet worden ist. Ganz oben auf der Liste stehen unsere Ehefrauen Lynne Hybels und Heidi Mittelberg, die sich unermüdlich für unseren Dienst engagiert und die das Entstehen dieses Buches mit viel Ermutigung begleitet haben.

Als nächstem möchten wir unserem Freund und Mitarbeiter Lee Strobel unseren Dank für die Großzügigkeit aussprechen, mit der er seine Zeit und Sachkenntnis eingebracht hat, um unsere Gedanken zu schärfen; ebenso danken wir John Sloan und John Raymond vom Verlag Zondervan für ihren wertvollen redaktionellen Input.

Auch unseren Assistentinnen Jean Blount und Laura Daughtry gilt unser Dank für ihre verläßliche Mitarbeit.

Zu guter Letzt noch ein besonderer Dank an folgende Freunde, die uns mit ihrer Ermutigung und konstruktiven Kritik geholfen haben: Julie Harney, Chad Meister, Brad Mitchell, Bob und Gretchen Passantino, Garry Poole und Russ Robinson.

Teil I

Warum Christsein
ansteckend sein sollte

Kapitel 1

Menschen sind Gott wichtig

Tom war noch nicht lange an Bord, als allen deutlich wurde, daß er erstens ein erstklassiger Segelexperte war, daß er zweitens immer und unbedingt und um jeden Preis gewinnen wollte, und daß er drittens ein echter Abenteurertyp war.

Außerdem besaß dieses neuste Mitglied unserer Crew auch eine ungeheuer ansteckende Persönlichkeit. Am liebsten hörte er Musik, wenn sie bis zum Anschlag aufgedreht war, hatte jede Menge Leute um sich und ein spannendes Unterhaltungsprogramm nach dem Rennen. Er wollte gewinnen, aber er wollte auch seinen Spaß dabei haben.

Ich kannte Tom kaum, als ich ihn fragte, ob er mit uns segeln wollte. Als eine Freundschaft zwischen uns entstand, entdeckte ich, daß er ein Alles-oder-nichts-Typ war. Wenn er von etwas überzeugt war und sich dafür begeisterte, dann gab es kein Halten mehr. War er aber nicht interessiert an einer Sache, dann konnten keine zehn Pferde ihn dazu bringen, auch nur einen Gedanken daran zu verschwenden.

Und genau hier lag das Problem. Sie müssen nämlich wissen, daß Tom für Glaubensdinge nicht das geringste Interesse hatte.

Dann tauchte Tom eines Abends mit dem Arm in einer Schlinge zu unserer Regatta auf. Als ich ihn fragte, was mit ihm los sei, erzählte er, er habe am Abend zuvor bei einem Go-Kart-Rennen mitgemacht; er habe zuviel getrunken und eine Prügelei vom Zaun gebrochen.

Weil er inzwischen wußte, daß ich Pastor bin, fragte er mich halb im Scherz, ob ich ihm nicht durch ein Gebet helfen könne.

»Später vielleicht«, antwortete ich, »aber zuerst habe ich einen Bibelvers für dich.«

»Na gut. Schieß los«, sagte er.

»In der Bibel steht (Gal 6,7): ›Was der Mensch sät, wird er ernten.‹«

Zu meiner Überraschung war Tom ziemlich betroffen.

»Das steht doch wohl nicht wirklich so da, oder?« fragte er.

»O doch, Wort für Wort«, sagte ich ihm. »Wenn du weiterhin so eine Saat wie gestern abend säst, dann wirst du auch weiter solche Schlingen ernten, wie du sie heute um den Arm hast.«

»Du willst dich wohl über mich lustig machen, was?«

»Ganz und gar nicht«, versicherte ich ihm, »und ich meine, du tätest gut daran, diesen Vers auswendig zu lernen.«

Die nächsten paar Tage fragte ich ihn öfters, ob er den Vers schon gelernt habe. Es dauerte nicht lange, und er sagte ihn brav auf, sobald wir uns irgendwo begegneten.

Das Ganze wurde in diesem Sommer zu einer Art Dauerspaß zwischen uns beiden und führte dazu, daß sich die Tür zu Gesprächen über geistliche Themen einen Spaltbreit öffnete. In der folgenden Segelsaison sandte Tom immer mehr Signale aus, daß seine Gesprächsbereitschaft gewachsen war.

Als wir in einem Restaurant zum Abendessen beieinandersaßen, fragte er mich: »Wo kriegt man eigentlich eine Bibel her? Ich habe mir überlegt, daß ich ganz gern mal eine lesen würde, aber ich weiß nicht, ob normale Buchläden so was führen.«

»Weißt du, ich könnte dir vielleicht eine besorgen«, sagte ich möglichst cool angesichts der Tatsache, daß er endlich anfing, echtes Interesse zu zeigen. Schließlich haben wir eine großartige Freundschaft, und ich habe immerhin zwei Jahre für ihn gebetet.

Später in diesem Herbst fuhr Tom sage und schreibe die dreihundert Kilometer von Michigan nach Chicago, um unsere Gemeinde zu besuchen und sich mit mir zu unterhalten.

Als er wieder zu Hause war, rief er mich an und sagte: »Ich fühle mich innerlich irgendwie anders. Ich habe das Gefühl, daß ich etwas Ordnung in das innere Chaos gebracht habe. Ich weiß zwar nicht, wo das alles hinführt, aber ich finde die Veränderung gut, die ich an mir feststelle, auch wenn ich nicht alles begreife.«

Nachdem wir eines Abends zwei Stunden lang darüber geredet hatten, was es bedeutet, ein Leben als Christ zu führen, sagte ich zu ihm: »Tommy, du hast das Zeug zu einem großartigen Christen. Du spielst mit offenen Karten; was du machst, hat immer Hand und Fuß, und dir ist die Wahrheit wichtiger als das, was andere denken.«

14

Er gab zu, daß ich da vielleicht nicht unrecht haben könnte. Aber er war noch nicht soweit. Er bewegte sich zwar auf das Ziel zu, aber er war nicht bereit, Nägel mit Köpfen zu machen. Jedenfalls jetzt noch nicht.

Ich werde diese Gespräche mit Tom nie vergessen. Sie paßten in kein Schema; sie waren riskant, voller Lebhaftigkeit, aufrichtig und ausgiebig. Und sie erinnerten mich an etwas, was ich schon seit langem wußte: Es gibt nichts Schöneres, als einen Ungläubigen zum Freund zu gewinnen, ihm mit echter Liebe zu begegnen und ihn zum Glauben an Jesus Christus zu führen. – Nichts.

> *Ich bin davon überzeugt, daß alle echten Nachfolger Christi im Grunde ihres Herzens nichts lieber täten, als ansteckende Christen zu werden. Vielleicht sind sie sich nicht sicher, wie man das tut oder welche Risiken dies mit sich bringt, doch im tiefsten Innern spüren sie, daß es nichts Lohnenderes gibt, als einen Mitmenschen für Gottes Liebe und Wahrheit empfänglich zu machen.*

Doch obwohl wir es vielleicht erstrebenswert finden, Menschen für den Glauben zu gewinnen, werden wir erst dann zur Tat schreiten, wenn wir dafür spürbar mehr motiviert sind. Eine der effektivsten Methoden, um dies zu erreichen, besteht darin, zu versuchen, die Welt aus Gottes Perspektive zu sehen.

Fangen wir mit zwei anschaulichen Illustrationen an, die beide aus Bereichen stammen, aus denen man sie am wenigsten erwartet hätte. Die eine ist der Welt der Wissenschaft entnommen, die andere dem Geschäftsleben. Die erste beschreibt den gegenwärtigen Stand der Dinge. Die zweite beschreibt die Dinge so, wie sie sein sollten.

Überraschende Erkenntnisquelle

Zuerst haben wir da das anthropische Prinzip. Zur Zeit ist es ein heiß diskutiertes Thema unter Intellektuellen. »Ja richtig, das anthropische Prinzip! Darüber habe ich doch gestern vor dem Schlafengehen noch etwas gelesen.«

In seinen Grundzügen besagt das anthropische Prinzip folgendes: Wenn wir die Welt um uns her betrachten, dann könnten wir, zumindest unseren Eindrücken zufolge, daraus schließen, daß das Weltall irgendwie darauf ausgelegt ist, die Idealbedingungen für menschliches Leben zu stellen.

Diese Erkenntnis, die unter säkularen Wissenschaftlern und Philosophen positiv diskutiert wird, wurde nicht von christlichen Intellektuellen formuliert. Doch die einzelnen Faktoren weisen so deutlich auf einen Plan hin, der hinter dem Universum zu stecken scheint, daß die Experten, welcher religiösen oder areligiösen Überzeugung sie auch sein mögen, ihn nicht leugnen können. Die Skeptiker suchen angestrengt nach irgendeiner natürlichen Erklärung für dieses offensichtlich übernatürliche Phänomen. Hier die Fakten:

- Eine Beschleunigung oder Verlangsamung der Ausdehnungsgeschwindigkeit des Universums um ein Millionstel hätte ausgereicht, um die Entstehung des Lebens zu verhindern.
- Wenn die durchschnittliche Entfernung zwischen den Sternen größer wäre, als sie ist, dann wären Planeten wie die Erde nicht entstanden; wäre sie kleiner, als sie ist, dann existierten die Umlaufbahnen nicht, die eine notwendige Bedingung für die Entstehung des Lebens darstellen.
- Wenn das Verhältnis von Kohlenstoff zu Sauerstoff auch nur geringfügig anders wäre, als es ist, dann gäbe es jetzt keine Menschen, die die Luft atmen können.
- Wäre die Erdachse geringfügig in die eine Richtung verschoben, dann würden wir erfrieren. Wäre sie in die andere Richtung verschoben, würden wir gebraten.
- Angenommen, die Entfernung der Erde zur Sonne wäre geringfügig größer oder kleiner; angenommen, die Erde wäre geringfügig größer oder kleiner; angenommen, die Erde würde sich etwas langsamer oder schneller drehen: Schon eine einzige dieser Veränderungen würde ausreichen, um alles menschliche Leben auszulöschen.

Aus dem anthropischen Prinzip läßt sich also folgender Schluß ziehen: Irgend jemand muß sich »große Mühe« gegeben haben, um sämtliche Bedingungen zu gewährleisten, die zu unserer Existenz notwendig sind. Kurz gesagt, weist die moderne Wissenschaft auf die Tatsache hin, daß wir Gott wirklich sehr am Herzen liegen müssen!

Ein Grundsatz aus dem Geschäftsleben

Gehen wir von der Naturwissenschaft zur Betriebswirtschaft über. Wußten Sie, daß auf diesem Gebiet ein radikales Umdenken stattgefunden hat, von dem wir Christen etwas Wichtiges lernen können?

Die Avantgarde unter den Managementexperten hat sich für diese Entwicklung ein paar interessante Begriffe einfallen lassen. Beispielsweise spricht Tom Peters in seinem Buch *Thriving on Chaos* (etwa: »Mit dem Chaos fertigwerden«) von diesem Umdenken als »Kundenrevolution«. Ken Blanchard, der ein ungeheuer erfolgreiches Buch mit dem Titel *The One-Minute Manager* (»Der Ein-Minuten-Manager«) geschrieben hat, hält überall in den USA Vorträge über sein Konzept, das er »Die auf den Kopf gestellte Pyramide« nennt. Worin besteht nun dieses Umdenken, das diese Experten für so wesentlich halten, daß ihrer Meinung nach ganz Amerika darüber Bescheid wissen muß?

Achtung, halten Sie sich gut fest. Jetzt kommt's: Wenn Betriebe langfristig erfolgreich sein wollen, dann müssen sie aufhören, um die eigene Achse zu kreisen, und anfangen, ihre Energie auf ihre einzige Existenzberechtigung zu verlagern, nämlich auf den Dienst am Kunden.

Bevor wir diesen Leuten vorwerfen, einen Riesenwirbel um eine banale Selbstverständlichkeit zu machen, wollen wir ihnen bescheinigen, daß ihr Ratschlag dringend benötigt wird. Wie oft ärgern Sie sich, wenn es mit der Bedienung nicht klappt, sei es an der Tankstelle, im Restaurant, in der Bank, in der Bäckerei oder im Kaufhaus? Betriebe, egal, ob sie groß oder klein sind, haben eine natürliche Neigung, nur sich selbst zu sehen. Die Angestellten verpulvern ihre Energie für interne Probleme, Debatten über Firmenpolitik und Meinungsverschiedenheiten zwischen Kollegen. Und viel zu oft passiert dies, während der Kunde geduldig an der Kasse auf Bedienung wartet.

Und nun kommen die Experten mit einem Vorschlag, der ebenso schlicht wie fundiert ist: Höchste Zeit, die Betriebspyramide auf den Kopf zu stellen, sagen sie, und das Augenmerk auf den Mann an der Spitze zu richten – und das ist der Kunde, nicht der Chef. Wir müssen kundenorientierter werden.

Es fällt nicht schwer, eine Parallele zwischen den Problemen und Lösungen der Geschäftswelt und denen innerhalb des christlichen Sektors herzustellen. Wir lassen uns derartig schnell in interne Themen, Fragen und eine persönliche Problematik innerhalb unserer Gemeinden verwickeln und verstricken, daß wir den Hauptzweck unseres Daseins hier auf diesem Planeten vergessen, nämlich das Erreichen der »Leute auf der Straße«. Wie für die kaufmännischen Unternehmen gilt, daß eine Schwerpunktverlagerung vom eigenen Betrieb auf den Kunden stattfinden muß, so gilt für uns Christen, sowohl auf individueller als auch auf gemeindlicher Ebene, daß wir uns neu auf das Ziel ausrichten müssen, das Gott uns gegeben hat, nämlich auf Menschen, die geistlich gesehen auf verlorenem Posten stehen.

Wenn wir also aus der Naturwissenschaft gelernt haben, daß Menschen vor Gott wichtig sind, so können wir aus der Welt der Unternehmen lernen, daß sie uns ebenso wichtig sein sollten. Erst wenn wir Menschen, die abseits von unseren christlichen Kreisen stehen, mit Wertschätzung betrachten, werden wir echte Erfüllung erleben und dem Auftrag, den Gott uns gibt, gerecht werden.

Aber sagen wir's doch mal ehrlich: Es ist schwer, das Ziel im Auge zu behalten. Wir neigen dazu, in unserer Wertschätzung Menschen gegenüber, die noch weit weg von Gott sind, nachzulassen. Wir vergessen viel zu leicht, wie wichtig gerade sie für Gott sind.

Ein Wortwechsel, der tief blicken ließ

Daran wurde ich neulich bei einer Reise in einen anderen Bundesstaat erinnert, als ich einem alten Bekannten begegnete. Ich wußte, daß dieser Mann Mitglied einer Gemeinde war, und um ein Gespräch in Gang zu bringen, fragte ich ihn: »Freuen Sie sich schon auf Ostersonntag?«

So beiläufig, wie ich gefragt hatte, antwortete er: »Nein, eigentlich gar nicht. Ich gehe zu Ostern nie in die Gemeinde.«

»Das soll wohl ein Witz sein!« sagte ich. »Sie gehen zu Ostern nicht in die Gemeinde? Dafür können Sie ja glatt ins Kittchen kommen!«

Anstatt auf meinen kleinen Scherz einzugehen, ereiferte er sich: »Ich gehe zu Ostern nicht in die Gemeinde, weil ich diese ›Eintagsfliegen‹ nicht ausstehen kann, wissen Sie, diese ›Alle-Jahre-wieder-Leute‹, die sich einmal im Jahr blicken lassen. Sie werfen sich in Schale, um gebührend beachtet zu werden, und sie verursachen ein riesiges Chaos in meiner Gemeinde, besonders auf dem Parkplatz. Für wen ziehen diese Leute eigentlich so eine Show ab? Ich lasse mich jedenfalls nicht von so etwas beeindrucken, und Gott schon gar nicht! Ich ärgere mich jetzt schon seit so vielen Jahren darüber, daß ich am Ostersonntag einfach nicht mehr zum Gottesdienst gehe. Für ›Eintagsfliegen‹ habe ich nun mal nichts übrig.«

Obwohl er es nicht direkt sagte, dachte ich im stillen: »Bestimmt ist er davon überzeugt, daß Gott auch nichts für solche Leute übrig hat.«

So ungern ich es auch zugebe, so kommt es gar nicht so selten vor, daß Leute wie ich – und vielleicht auch wie Sie – ähnliche Werturteile fällen. Wir haben alle eine Schwäche dafür, uns vorzustellen, für wen Gott etwas übrig hat und für wen nicht. Es dauert nicht lange, bis wir die Liste derer, die Gott wichtig sind, auf unsere kleine Gruppe von ausgewählten Menschen zusammengestrichen haben, die uns selbst zum Verwechseln ähnlich sehen. Auf dieser Liste steht so gut wie kein Kirchendistanzierter.

Sehen Sie, wie gefährlich so etwas ist? Wenn sich ein solches Denken bei uns eingenistet hat, haben wir uns auf unmerkliche, doch effektive Art jeder Hoffnung beraubt, je motiviert genug zu sein, um andere mit der Botschaft von Gottes Gnade zu erreichen. Wenn diese Leute Gott nicht wichtig sind, warum sollten wir uns dann die Mühe machen, sie auf ihn anzusprechen?

Ein uraltes Problem

Dieses Denken geht nicht erst seit gestern unter Gläubigen um. Dieselbe Einstellung findet sich an den verschiedensten Stellen der Bibel. Ein zentraler Punkt in den Lehren Jesu bestand darin, diesem Denken entgegenzuwirken. Jesus versuchte immer wieder, seine Nachfolger dahin zu bringen, die religiös Distanzierten mit anderen Augen zu sehen.

Einmal, als Jesus in einer dicht besiedelten Gegend lehrte, war er von einer großen Menge unfrommer Leute umringt. Die Eintagsfliegen. Die Unerwünschten. Die Unüberzeugten. Die geistlich Verirrten. Die moralisch Kaputten der Stadt. Leute, für die Gott unmöglich etwas übrig haben konnte.

Am Rand des Geschehens stand eine Gruppe von religiösen Führungspersönlichkeiten, die kopfschüttelnd und mit gedämpfter Stimme miteinander diskutierten. Sie fanden es höchst bedenklich, daß Jesus, der von sich behauptete, der Sohn des heiligen Gottes zu sein, mit ... na, sagen wir's, wie's ist: mit *solchen* Leuten Gemeinschaft pflegte.

Jesus wußte genau, was sie dachten, und führte die ganze Prozession auf den »heiligen Haufen« zu. Dann fing er an, mit fester und eindringlicher Stimme eine Reihe von Geschichten zu erzählen, die es in sich hatten.

Verloren und gefunden

»Da gab es einmal einen Mann, der hundert Schafe hatte«, sagte er. »Und als er mit seinen Schafen auf der Weide war, kam es einem seiner wuscheligen Wollbündel in den Sinn, auf Wanderschaft zu gehen. Da ließ der Schäfer die übrigen neunundneunzig Schafe zurück und machte sich auf die Suche nach dem einen, das sich verirrt hatte. Und er hörte nicht auf zu suchen, bis er es endlich fand. Behutsam hob er das Schaf auf, legte es über seine Schultern und trug es zur Herde zurück. Dann rief er ein paar seiner Freunde zusammen, die wie er Schäfer waren, und sagte: ›Kommt, wir feiern ein Fest. Ich habe mein verirrtes Schaf gefunden!‹«

An dieser Stelle machte Jesus eine Pause. Alle Blicke waren auf ihn gerichtet.

»Dann war da eine Frau, die zehn Münzen hatte«, fuhr er fort. »Eine davon kam ihr abhanden. Da zündete sie eine Lampe an, fegte im ganzen Haus, sah unter allen Möbeln nach und suchte unermüdlich, bis sie die Münze endlich fand. Und als sie sie gefunden hatte, war sie so überglücklich, daß sie ihre Freunde und Freundinnen zu einem Freudenfest einlud.«

Wieder machte Jesus eine Pause und sah sich unter den Umstehenden um. Vielleicht wollte er sich vergewissern, daß sie ihm noch immer aufmerksam zuhörten. Dann fuhr er fort.

»Und dann gab es auch einen Mann, der zwei Söhne hatte, und der jüngere der beiden fing an, große Töne zu spucken. In einem Anfall von Größenwahn und Abenteuerlust wollte er die Welt erobern.

Deshalb überredete er seinen Vater dazu, ihm seinen Anteil an dem Familienerbe vorzeitig auszuhändigen, und mit vollen Taschen machte er sich auf den Weg zu einem fernen Land. Dort fand er coole Typen und Highlife. Bald mußte er allerdings feststellen, daß Leute wie die, mit denen er sich angefreundet hatte, sich sehr schnell rar machen, sobald kein Geld mehr da ist.

Eines Tages, als er für einen Hungerlohn Schweine hütete, kam dieser Ausreißer und mittlerweile Unglücksrabe endlich zur Vernunft. Er nahm sich vor, sich bei seinem Vater für sein unreifes, verantwortungsloses Verhalten zu entschuldigen und sich um die Stelle eines Knechts zu bewerben, da er das Recht, als sein Sohn zu gelten, verscherzt hatte.

So machte er sich also auf den Heimweg. Sein Vater, der Tag für Tag stundenlang voller Sehnsucht nach seinem Sohn Ausschau gehalten hatte, erblickte ihn schon von fern. Sofort lief der Vater voller Freude seinem Sohn entgegen, um ihn in die Arme zu schließen. Der Junge sagte: ›Ich habe einen riesigen Fehler gemacht, Papa, und ich bin es nicht wert, dein Sohn zu sein …‹ Doch der Vater unterbrach ihn: ›Komm, sag nicht so etwas! Ich bin ja so froh, daß du endlich wieder zu Hause bist!‹ Er freute sich und ließ ein großes Fest vorbereiten. Er rief seinen Knechten zu: ›Ladet alle ein, schlachtet das Mastkalb und holt frische Kleidung. Mein Sohn, der verloren war, ist wieder da!‹ Und sie feierten ein unvergeßliches Fest!«

Dann stelle ich mir vor, wie Jesus seinen Zuhörern in die Augen sah und dabei dachte: So, bitte. Drei Geschichten. Das müßte eigentlich einen Eindruck hinterlassen.

Sie müssen nämlich wissen, daß dies die einzige überlieferte Situation war, in der Jesus gleich drei Gleichnisse hintereinander erzählte. Im allgemeinen stellte er fest, wo Mißverständnisse bei den Menschen bestanden, und erzählte eine Geschichte, die mit dem Mißverständnis aufräumte. Dann ging er weiter, bis die nächste Verständnislücke nach einer Geschichte verlangte.

Doch diesmal war es anders. An diesem Tag war Jesus derartig bestürzt über die Mutmaßungen der Schriftgelehrten, wer Gott wichtig sei und wer nicht, daß er sinngemäß sagte: »Das werde ich jetzt ein für alle Male klarstellen. Ich will nicht, daß sich je wieder falsche Vorstellungen auf diesem Gebiet einschleichen. Jetzt erzähle ich euch nicht eine, nicht zwei, sondern gleich drei Geschichten – sozusagen im Schnellfeuerstil –, damit alle begreifen, wer Gott wichtig ist.«

Gemeinsame Aussagen

Diese Geschichten im 15. Kapitel des Lukasevangeliums haben mehrere Aspekte miteinander gemeinsam. Der erste ist der, daß in jeder Geschichte etwas Kostbares fehlte, etwas von großem Wert. Das verirrte Schaf war für den Schäfer sehr wichtig; es stellte einen bedeutenden Teil seines Lebensunterhalts dar. Die Frau, die ihre Münze verloren hatte, war auf diese Münze angewiesen. Vielleicht war sie eine Witwe, und was sie verloren hatte, stellte ein Zehntel ihres Gesamtvermögens dar. Wieviel der verlorene Sohn seinem Vater bedeutete, versteht sich eigentlich von selbst.

Als die Zuhörer über diese Geschichten nachdachten, fingen einige von ihnen vermutlich an zu begreifen, auf was Jesus hinauswollte. Es muß ihnen geradezu die Sprache verschlagen haben, als ihnen endlich ein Licht aufging! Besonders den Schriftgelehrten, deren selbstgerechtes Denken ja den Anlaß zu diesen Geschichten geliefert hatte.

Die offeneren unter den Zuhörern dachten vielleicht: »Moment. Ist es denn möglich? Da schauen wir verächtlich auf diese leichtlebigen, unfrommen Leute herab, von denen wir – vielleicht vorschnell – gemeint haben, Gott habe nichts für sie übrig. Und jetzt zeigt Jesus uns durch diese drei einfachen Geschichten, daß diese Leute – die Unsteten, die Gottfernen, die geistlich Verirrten – in den Augen des himmlischen Vaters tatsächlich kostbar sind!«

Als die Zuhörer das begriffen hatten, fühlten sie sich bestimmt von dem Gewicht der Liebe Gottes erdrückt. Eine Liebe, die so groß ist, daß sie über die Sünden hinwegsehen kann, um den verirrten Menschen dahinter wertzuschätzen. Eine Liebe, die so stark ist, daß sie geduldig Jahre der Auflehnung, der egoistischen Vergnügungssucht, der Jagd nach Geld und Erfolg überdauern kann. Angesichts der ganzen Situation sagt Gottes Liebe: »Auch wenn du meilenweit vom Weg abgekommen bist, du bist mir wichtig! Mir liegt an dir!«

Gespräch am Kreuz

Die Bibel sagt uns, daß Jesus zwischen zwei Verbrechern gekreuzigt wurde. Es ist nicht unwichtig zu wissen, daß diese beiden Männer schwere Kriminelle waren. Wegen Bagatellvergehen wurde damals niemand gekreuzigt. Diese Diebe hatten einen schweren Schaden angerichtet, und das Volk hatte beschlossen, sie aus der Welt zu schaffen.

Als sie am Kreuz hingen, ließ der eine der Diebe eine Tirade auf Jesus los. Er beschimpfte ihn und spottete, wenn er tatsächlich der Sohn Gottes sei, solle er doch vom Kreuz springen und bei der Gelegenheit die beiden anderen auch gleich von den Kreuznägeln befreien. Der andere Dieb öffnete jedoch die Augen für das Geschehen und dessen Konsequenzen. Er machte sich klar, daß er innerhalb kurzer Zeit in die Ewigkeit befördert würde, und ihm war nur zu deutlich bewußt, welch ein wertloses Leben er geführt hatte.

Endlich fuhr er den anderen Dieb an: »Halt den Mund! Siehst du nicht, was hier los ist? Sei endlich still!« Dann wandte er sich zu Jesus und sagte: »Diese Tortur hier geschieht uns recht; wir haben es nicht anders verdient. Aber du hast nichts verbrochen. Außerdem weißt du alles über mich und meine Vergangenheit. Du mußt entschuldigen, wenn ich jetzt eine dumme Frage stelle, aber kann einer wie ich, der all die Sünden begangen hat, die ich auf dem Kerbholz habe, Gott überhaupt noch etwas bedeuten?«

Was antwortete Jesus? Ohne zu zögern versicherte er diesem Mann: »Du bist weitaus kostbarer, als du dir je erträumen könntest! Und weil du Glauben und aufrichtige Reue zeigst, werden wir uns noch heute im Paradies wiedersehen, du und ich, und dort werden wir eine ganze Ewigkeit lang miteinander weiterleben!«

Eine solche Liebe ist schwer zu begreifen, nicht wahr? Wir wollen ehrlich sein: Sie ist so ganz anders als Ihre Liebe oder meine.

Eine Freundschaft, die im Fitneß-Center geschlossen wurde

Vor einiger Zeit dachte ich über die drei Geschichten nach, die Lukas uns in Kapitel 15 überliefert hat, und versuchte ernsthaft zu ergründen, welche Konsequenzen sie für mich hätten. Um Sport zu treiben, ging ich regelmäßig in ein Fitneß-Center, das gerade einen frisch eingewanderten Inder eingestellt hatte. Der Mann war kurzgewachsen und kahlköpfig, sprach nur gebrochen Englisch und hatte etwas Schrulliges an sich. Obendrein war er ein strenggläubiger Muslim. Anders ausgedrückt war er nicht unbedingt der Typ, den ich mir als festen Golfpartner wünschen würde.

Doch im Laufe der Zeit merkte ich, daß die meisten Leute in dem Fitneß-Center nichts mit diesem Mann zu tun haben wollten. An ihrem Verhalten war deutlich abzulesen, daß sie ihn als jemanden betrachteten, der einfach nicht zählt.

Und ich sah das. Irgendwie fragte ich mich, was es wohl in diesem Fall bedeutet, wenn Jesus sagt, daß ihm alle Menschen wichtig sind. Was es theologisch gesehen bedeutete, wußte ich. Das war nicht weiter schwierig. Aber was bedeutete es in der Praxis?

Wie Sie sich sicher schon gedacht haben, kam ich zu folgendem Schluß: Wenn Gott alle Menschen wichtig sind, dann ist ihm auch dieser kleine Muslim aus Indien wichtig.

So freundete ich mich, wenn auch anfangs etwas unbeholfen, mit ihm an. Wir unterhielten uns, wir lachten miteinander, und allmählich lernten wir einander etwas besser kennen. Eines Nachmittags schenkte ich ihm eine Bibel. Und Sie werden es nicht für möglich halten: Als ich ihn das nächste Mal sah, schenkte er mir doch tatsächlich einen Koran!

Eines Tages, ich war gerade von einer Vortragsreise zurückgekommen, ging ich zu dem Center. Als ich mich zum Joggen umzog, kam dieser Mann mit bekümmerter Miene auf mich zu und sagte: »Mr. Bill, während Sie weg waren, ist etwas Furchtbares passiert. Meine Frau hat mich im Stich gelassen, und jetzt bin ich ganz allein. Ich weiß einfach nicht, was ich tun soll!«

Während er noch redete, fiel mir ein, daß er ein kleines Kind hatte. Sein Kummer war offensichtlich groß, und ich glaube, ich war der erste, mit dem er darüber sprach.

Als er mir die näheren Umstände erklärte, sah ich ihm in die Augen, und ich spürte, wie der Heilige Geist mich dazu drängte, diesen Mann in die Arme zu nehmen. Als die stets gehorsame geistliche Koryphäe, die ich bin, tat ich, was jeder überzeugte, ergebene Nachfolger Christi getan hätte: Ich bat um eine dieser berühmten inneren Aufschubzeiten und sagte zu meinem Herrn: »Nun mal langsam. Man kann auch alles übertreiben!«

Ich meldete zwei grundsätzliche Einwände bei Gott an. Der erste bestand darin, daß ich von Natur aus nicht sehr zärtlich veranlagt bin, besonders nicht anderen Männern gegenüber! Da stehe ich nun in meiner kurzen Jogginghose mitten im Umkleideraum, Gott sagt mir, ich solle diesen Mann umarmen, und ich denke: Sag mal, wieviel liegt dir denn eigentlich an diesem Mann?

Mein zweiter Einwand hatte mit der Religion dieses Mannes zu tun. Ich sagte: »Du weißt doch wohl, Herr, daß dieser Mann, den ich da umarmen soll, nicht nur kein Christ ist. Er ist ein aktiver Verehrer der Konkurrenz!«

Wie Sie sich denken können, kam ich nicht sehr weit mit meinen Versuchen, den ewigen, weisen, allwissenden, souveränen Herrscher des Universums von seinem Vorhaben abzubringen. Statt dessen war mir, als sagte der Geist: »Das weiß ich alles, Bill. Aber ich möchte diesen Mann mitten in seinem Kummer wissen lassen, daß er dem wahren Gott wichtig ist. Ich suche nach einem meiner Kinder, das ihm dies begreiflich macht. Wirst du es für mich tun?«

Ich muß Ihnen ehrlich gestehen, daß es mir nicht leichtgefallen ist. Aber als ich meine Arme um den Mann legte, brach er in Tränen aus und weinte sich an meiner Schulter aus. Es war offensichtlich ein bedeutender Moment für ihn. Und wenn ich es mir recht überlege, war es das auch für mich.

Eine wertvolle Lektion

Sehen Sie, was hier passiert war? Als ich mir klargemacht hatte, wie sehr dieser Mann Gott am Herzen lag, wurde er auch mir wichtiger. Später gestand ich mir ein, wie oft ich, ein Christ und Pastor, dieselben häßlichen, verabscheuungswürdigen Dinge wie die Pharisäer getan hatte. Ich machte mir klar, daß ich manchmal eine kleine, unveröffentliche Liste von Leuten mit mir herumtrage, die meiner Meinung nach nicht so wichtig sind. Sie wissen schon: der Tankwart, der mir den Wagen volltankt, die Kellnerin, der Hotelboy, die Kassiererin, der Mann in dem langsamen Auto vor mir, der Nachbar mit dem ständig bellenden Hund, der unsympathische Alkoholiker, der auf dem Flug nach Los Angeles neben mir sitzt, der Arbeitskollege, der andere Ansichten als ich vertritt. Solche Leute sind ziemlich unwichtig, nicht?

Ganz und gar nicht. Sie sind Gott sogar sehr wichtig. Egal, welcher Rasse sie angehören, welchem Geschlecht, welcher Bildungsschicht, welcher religiösen Gruppe (falls überhaupt): Sie sind Gott wichtig, und deshalb sollten sie auch mir wichtig, wirklich wichtig sein.

Wenn Sie anfangen, andere aus dieser Perspektive zu sehen, dann hat dies einen revolutionären Effekt auf die Art, wie Sie ihnen begegnen.

> *Die drei Geschichten, die Jesus nach Lukas, Kapitel 15 erzählt, sagen uns, daß Sie noch keinem Menschen auf dieser Welt begegnet sind, der Gott in irgend einer Weise unwichtig wäre.*

Wenn diese Tatsache bis zum Innersten Ihres Denkens durchgedrungen ist, dann werden Sie ein neuer Mensch. Sie werden in Ehrfurcht vor der Größe, der Tiefe und der Breite der Liebe Gottes leben, und Sie werden Ihren Mitmenschen anders begegnen.

Der Mühe wert

»Also gut«, sagen Sie, »ich seh ja ein: Menschen sind Gott wichtig. Aber wie wichtig eigentlich?« Diese Frage führt uns zu dem zweiten gemeinsamen Element in den drei Geschichten, die Jesus erzählte: Das, was fehlte, war wichtig genug, um eine große Suchaktion zu rechtfertigen. Das Schaf verirrte sich, und der Schäfer suchte unermüdlich, bis er es gefunden hatte. Die Münze kam abhanden, und die Frau durchkämmte das ganze Haus, bis sie das Geldstück entdeckt hatte. In der Geschichte des verlorenen Sohnes übte der Vater Zurückhaltung, weil er den Freiheitsanspruch des Sohnes respektierte und weil ihm daran lag, daß der Sohn aus Erfahrung klug wurde. Doch er hörte nicht auf, Ausschau nach ihm zu halten und den Tag herbeizusehnen, an dem der Sohn heimkehrte. Wenn man etwas verliert, was einem viel bedeutet, dann will man verständlicherweise nichts unversucht lassen, um es zu finden.

Und das, so denke ich, ist auch der Grund, weshalb Sie dieses Buch lesen. Ich hoffe, daß es Ihr Wunsch ist, sich aktiv an der Suchaktion Gottes zu beteiligen, um die Menschen, die auch irgendwie verloren gegangen sind, zu finden. Jesus sagte, er sei auf die Erde gekommen, »um zu suchen und zu retten, was verloren ist.« Und bevor er die Erde wieder verließ, gab er seinen Jüngern mit: »Wie mich der Vater gesandt hat, so sende ich euch.«

Wir haben einen Auftrag

Tief in jedem echten Christen steckt das Bewußtsein, daß unsere Existenz auf diesem Planeten einen höheren Zweck hat als eine Karriere aufzubauen, die Rechnungen zu bezahlen, unsere Familien zu lieben und unsere Rolle als ehrenhafte Bürger zu erfüllen. Selbst der Gang zum Gottesdienst, so wichtig dieser auch sein mag, hinterläßt manchmal das Gefühl, daß irgend etwas fehlt. Schließlich können wir Gott eine ganze Ewigkeit lang im Himmel loben; dafür müssen wir nicht unbedingt auf dieser Erde sein.

Was ist es denn nun, das so vielen Gläubigen zur inneren Erfüllung fehlt? Was um alles in der Welt erwartet Gott von uns, das wir tun sollen?

Gott möchte, daß wir ansteckende Christen werden – seine Botschafter, die seine Liebe aufnehmen und sie auf ansteckende Weise jedem weitergeben, der bereit ist, sich auf sie einzulassen. Das ist Gottes Wille, den Jesus so überzeugend veranschaulichte. Es geht darum, Gottes Gnade und Wahrheit von Mensch zu Mensch weiterzugeben, bis die ganze Welt von der »Epidemie der veränderten Herzen« erfaßt ist.

Und wie können Sie sich persönlich an diesem begeisternden Vorhaben beteiligen? Genau hier liegt die Absicht dieses Buches: Es will Ihnen praktische Schritte aufzeigen, wie Sie zu jemand werden können, der die lebensverändernde Botschaft Gottes wirkungsvoll weitergeben kann.

Dieses Vorhaben bringt eindeutig Vorteile für die Menschen, welche die Botschaft brauchen, und es scheint, als seien sie die Hauptnutznießer bei der Sache. So drängt sich von alleine die Frage auf: »Und was habe ich davon?«

Diese Frage ist berechtigt und soll im nächsten Kapitel »Christsein, das ansteckt: was es fordert, was es bringt« betrachtet werden. Ich denke, Sie werden erleichtert und erfreut sein, wenn Sie entdecken, wieviel für alle Beteiligten dabei herauskommt. Wenn wir den Glauben an andere weitergeben, gibt es niemanden, der Verlust macht.

Vielleicht kann eine kleine Vorschau veranschaulichen, wie wahr dies ist. Dieser Grundsatz läßt sich sogar direkt aus dem Lukastext ableiten, den wir betrachtet haben, und stellt das dritte gemeinsame Element der drei Geschichten Jesu dar: Finden bringt Freude.

Freudenfest im Himmel

Der Hirte fand das Schaf und veranstaltete ein Fest. Die Frau fand ihre Münze und veranstaltete ebenfalls ein Fest. Der Sohn kam nach Hause, und der Vater lud zu dem größten aller Feste ein. Und nicht genug, mittendrin sagt Jesus (Lk 15,10): »Ich sage euch: Ebenso herrscht auch bei den Engeln Gottes Freude über einen einzigen Sünder, der umkehrt.«

Als ich diesen Text zum ersten Mal las, dachte ich an meine eigene Vergangenheit. Ich war ein aufmüpfiger, eigenwilliger Siebzehnjähriger gewesen, der sich einbildete, automatisch in den Himmel gelassen zu werden, da Gott von meiner Frömmigkeit ziemlich beeindruckt sein müsse. Doch dann merkte ich durch den Einfluß der Bibel und durch Gespräche mit gläubigen Freunden, daß ich nie im Leben genug Gerechtigkeit herstellen konnte, um einen heiligen Gott zu beeinflussen. Ich mußte meine Sünden bekennen, mich von ihnen abkehren und Jesus als meinem Freund, der mir vergibt und mich leitet, vertrauen.

Ich weiß noch genau, wo ich war, als ich diesen entscheidenden Schritt tat. Ich war in einem christlichen Freizeitlager in Süd-Wisconsin, und ich brach in Tränen aus und tat Buße. Wissen Sie, was nach oben zitierter Bibelstelle daraufhin passierte? Der ganze Himmel brach in einen gewaltigen Jubel aus. Ein riesiges Freudenfest wurde gefeiert, und die Feststandarte trug den Namen des Gefeierten: meinen! Ich weiß noch, wie mir das klar wurde und wie ich dachte: »Ich muß Gott tatsächlich wichtig sein!«

Wenn Sie ein echter Nachfolger Jesu sind, dann passierte dasselbe, als Sie Ihre Sünden bekannten und eine Umkehr zu Gott vollzogen. Ob das nun vorige Woche oder vor vierzig Jahren war: Der ganze Himmel brach in Jubel aus, und Ihr Name war überall zu lesen. Merken Sie jetzt, wie wichtig Sie Gott sind?

Und wenn Sie glauben, Sie wüßten, was Freude ist, dann warten Sie, bis Sie eine Hauptrolle in dem Umkehrprozeß spielen, durch den einer Ihrer Freunde zu Jesus findet. Sie werden förmlich vor Freude explodieren, wenn Sie in den himmlischen Jubel um diesen Menschen einstimmen. Das ist nur verständlich, besonders, wenn Sie durch Ihr Gebet und Ihr persönliches Engagement dazu beigetragen haben, diesen Menschen zum Anlaß einer himmlischen Party zu machen!

Sagen Sie: Ist Ihr Interesse geweckt?

Es gibt nichts, was sich mit dem Abenteuer messen kann, ein Instrument Gottes zu sein und andere Menschen mit seiner Liebe, seiner Wahrheit und seinem Leben anzustecken – Menschen, die ihm unendlich wichtig sind. Packen wir's an!

Kapitel 2

Christsein, das ansteckt –
was es fordert, was es bringt

Hatten Sie je eine brillante Idee, für die Ihre Begeisterung schlagartig abflaute, als Sie merkten, wieviel Mühe es kosten würde, die Idee in die Tat umzusetzen? Zum Beispiel die Idee, einen Teil Ihres Einkommens für Ihren Ruhestand oder für die Ausbildung Ihres Sohnes oder Ihrer Tochter zu sparen. Es ist kein Kunststück, einen edel anmutenden Prozentsatz zu nennen, *bevor* man sich mit den entsprechenden Unterlagen hinsetzt und anfängt, Zahlen zu jonglieren. Wenn Sie monatlich ein Drittel Ihres Einkommens für das Dach über Ihrem Kopf aufbringen müssen, dann sehen Sie sich plötzlich in einer Situation, in der Ihnen jeglicher Idealismus abhanden kommt.

Oder das Kitten einer angeknacksten Freundschaft. Das Beste wäre, mit einer Entschuldigung auf den anderen zuzugehen und sich mit ihm auszusöhnen. Schließlich läßt sich nur so ein neuer Anfang machen. Aber so gut das auch klingen mag, so kommen uns oft gerade dann Zweifel, wenn wir den Telefonhörer schon in der Hand haben oder im Begriff sind, auf den Klingelknopf zu drücken.

Ich könnte andere Beispiele nennen, aber ich denke, Sie wissen, worauf ich hinaus will: Das Ziel mag edel sein, die Absicht aufrichtig und die Vorsätze fest. Trotzdem setzen wir das Vorhaben letzten Endes nicht in die Tat um. Was hält uns davon ab?

Oft fehlt es an einer sachlichen, ehrlichen Analyse des Aufwands und des Nutzens. Ohne diese kann ein Vorhaben noch so gut aussehen, doch es fehlt die persönliche Motivation dazu, es in die Tat umzusetzen. Man muß schon davon überzeugt sein, daß die Ersparnisse oder die gekittete Freundschaft alle Mühen und Kosten wert sind, um zur Tat zu schreiten.

Abwägen der Alternativen

Unternehmensexperten sind sich dessen im klaren und haben die sogenannte »Kosten-Nutzen-Analyse« entwickelt, um die Sachlage von allen Seiten zu beleuchten. Eine solche Analyse ist dazu gedacht, dem Unternehmer ein realistisches Bild davon zu geben, wieviel ein bestimmtes Projekt an Investitionen verlangen wird und welche Nutzen dabei zu erwarten sind. Mit diesen Informationen bewaffnet, kann der Unternehmer dann eine durchdachte Entscheidung treffen und bei dieser bleiben, ohne im weiteren Verlauf des Projekts eine Reihe von unangenehmen Überraschungen erleben zu müssen.

Wir alle tun etwas Ähnliches, wenn wir eine schwierige Entscheidung zu treffen haben. Ob wir es nun mit Papier und Bleistift oder nur im Kopf tun, so wägen wir alle Pro-Argumente gegen die Kontra-Argumente ab. Diese selbstgestrickte Analyse hilft uns dabei, eine Richtung anzusteuern, die uns am vernünftigsten erscheint.

Jesus schlug einen ähnlichen Ansatz vor. Er gebrauchte zwei Illustrationen (Lk 14), von denen die eine den Bau eines Turms betraf und die andere das Führen eines Krieges. Die Lehraussage beider Gleichnisse war dieselbe: Bevor man etwas anfängt, sollte man sich ausrechnen, wieviel man investieren muß, um sich zu vergewissern, daß das Vorhaben die Mühe wert ist und daß man es auch zu Ende führen kann.

Nun wollen wir das auf unsere Bemühungen beziehen, Menschen zu werden, deren Christsein ansteckend ist. Wir haben schon ausgeführt, daß Menschen Gott wichtig sind und daß sie auch uns wichtig sein sollten. Wir wissen auch, daß sie ohne Jesus am Leben vorbeilaufen und ihr Wert als Mensch groß genug ist, um eine riesige Suchaktion zu rechtfertigen. Aber hat sich überhaupt schon jemand überlegt, wie teuer solche Suchaktionen sind? Der Preis auf der Rechnung sieht alles andere als verlockend aus!

Suchaktionen waren noch nie billig. Auf glaubenslose Menschen zuzugehen, mag vielleicht auf den ersten Blick verlockend wirken, aber man braucht nicht lange dazu, um zu merken, daß die Rettungsaktion eine nicht zu unterschätzende persönliche Opferbereitschaft erfordert. Und wenn das schon bei einem einzigen Menschen, der weit weg von Gott ist, aufgebracht werden muß, stellen Sie sich einmal vor, wie hoch der Preis bei einer ganzen Familie, einer Ortschaft oder einem Land ist!

> *Bevor wir uns voller Begeisterung in das Konzept des ansteckenden Christseins stürzen, sollten wir vielleicht auf die Bremse treten und eine Kosten-Nutzen-Analyse anfertigen, um uns einen Einblick zu verschaffen, was uns bei diesem ganzen Unterfangen erwartet.*

Meinen Sie nicht auch, daß das nur vernünftig wäre?

Dabei wollen wir die Reihenfolge etwas abändern. Wir fangen mit der Nutzenseite an und benennen dann die Kosten. Anschließend wägen wir die beiden Seiten gegeneinander ab und kommen zu einer Entscheidung. Wenn der Preis zu hoch ist, können Sie dieses Buch gegen den neuesten Roman von Umberto Eco eintauschen. Ist das nicht der Fall, dann krempeln wir die Ärmel hoch und fangen an. Einverstanden?

Was bringt es mir, ein »ansteckendes« Christsein zu leben?

Abenteuer

Dies kommt vielleicht überraschend für Sie. Vermutlich haben Sie das Weitergeben Ihres Glaubens als eine wichtige Pflicht betrachtet, als etwas, das Sie tun müssen, um sich keine Schuldgefühle einzuhandeln. Doch erst wenn Sie den Sprung wagen, merken Sie, daß Ihre Beziehung zu Jesus, wenn Sie andere mit ihm bekannt machen, von einer spannenden Note des Unerwarteten geprägt wird.

Es bereitet Gott anscheinend große Freude, seine »Botschafter« zu geheimen Aufklärungseinsätzen loszuschicken und ihnen persönliche Anweisungen mit auf den Weg zu geben, von denen niemand anderer etwas ahnt. Er freut sich, wenn er uns aus unserer Bequemlichkeit herausrufen und uns Mut machen kann, uns an der Front seines Feldzugs immer wieder dem Risiko zu stellen. Er bereitet uns liebend gern Nervenkitzel, indem er uns zu dem aufregendsten, atemberaubendsten Kunstflug unseres Lebens mitnimmt. Das Beste daran ist, daß er dies tut, um unser inneres Wachstum zu fördern und zugleich immer mehr Menschen, die weit weg sind von ihm, mit seiner Liebe zu erreichen.

> *Anders ausgedrückt: Das Leben als Christ ist ein glaubensorientiertes Leben, bei dem wir ständig mit Vollgas fahren, doch das ist völlig in Ordnung so, denn Gott steuert das Fahrzeug, und er will ein bestimmtes Ziel damit erreichen.*

Begeistert Sie dieses Bild? Wenn das nicht der Fall ist, könnte das ein Anzeichen dafür sein, daß Sie in Ihrem geistlichen Leben zu sehr auf Ihre eigene Sicherheit bedacht sind. Vielleicht ist es an der Zeit, daß Sie gezielte Schritte in Richtung ansteckendes Christsein unternehmen, damit Gott Sie bei seiner spannenden Such- und Rettungsaktion einsetzen kann.

Ich weiß aus eigener Erfahrung, wie es ist, geistlich zu stagnieren und plötzlich von Gott eine Gelegenheit zu bekommen, für ihn zu sprechen. Ich fühle mich selten hundertprozentig dafür vorbereitet, aber es ist immer ein prickelndes Gefühl, trotzdem den Mund aufzumachen und zu spüren, wie er mich benutzt.

Mein Gang zum Fitneß-Center versprach nichts Außergewöhnliches, nur die gewohnten fünfundfünfzig Minuten, in denen ich meine Übungen machen und meine Runden drehen würde, bis mein indischer Freund, der Muslim, auf mich zukam und mir sein Herz ausschüttete. Plötzlich wußte ich, daß Gott aus einem routinemäßigen Alltagserlebnis ein außergewöhnliches Glaubensabenteuer gemacht hatte.

Einer meiner Freunde ließ vor einiger Zeit einen neuen Auspuff an seinen Wagen montieren. Das Herumsitzen im Warteraum der Werkstatt gehört nicht gerade zu seinen Lieblingsbeschäftigungen, doch er beschloß, das Beste daraus zu machen, und holte sein Arbeitsheft von dem Seminar über persönliche Evangelisation hervor, das in unserer Gemeinde stattgefunden hatte.

»Was lesen Sie denn da?« wollte ein Fremder plötzlich wissen. Im Handumdrehen war aus dem langweiligen Herumsitzen bei *Midas* eine goldene Gelegenheit geworden.

Ein Flugzeugpilot, der zur *Willow Creek*-Gemeinde gehört, saß wie üblich im Cockpit. Es war ein Routineflug von Chicago nach Los Angeles. Weder die Nacht noch das Wetter hatten etwas Ungewöhnliches an sich.

Alles verlief völlig normal – bis er mit seinem Copiloten auf geistliche Dinge zu sprechen kam und ihn um 4.30 Uhr morgens im Cockpit einer Boeing 727 in 8 500 m Höhe zum Glauben an Jesus führte! So etwas nenne ich Abenteuer – auch wenn die beiden mit offenen Augen beteten!

Fehlt es in Ihrem geistlichen Leben an *action*? Wünschen Sie sich, daß Gott aus der Routine ein Abenteuer macht? Gott wartet nur darauf, Ihnen diesen Wunsch zu erfüllen, und darin besteht einer der vielen Vorteile, die das Leben als »ansteckender« Christ mit sich bringt.

Sinn und Ziel

Wenn Sie anfangen, immer mehr von den Abenteuern zu erleben, die Gott aus alltäglichen Situationen machen kann, werden Sie mit einem neuen Bewußtsein um den tieferen Sinn von allem an Ihre täglichen Arbeiten herangehen. Sie werden ständig damit rechnen, daß Gott Sie mit einer Gelegenheit von Ewigkeitswert überraschen könnte.

> *Der Gang zum Fitneß-Center, zur Autowerkstatt oder zum Arbeitsplatz wird für Sie zu kaum getarnten Exkursionen in die Welt der von Gott geschaffenen Möglichkeiten. Sie werden anfangen, sich zu fragen: »Was könnte Gott wohl gerade in dieser Situation vorhaben?«*

Unter anderem ist diese Sicht der Dinge deshalb so begeisternd, weil Sie anfangen, auch hinter schwierigen Situationen und Umständen die Hand Gottes zu entdecken.

Vor einiger Zeit machte unsere Gemeinde eine eigene Zeitung. Weil wir einen Artikel über ein Krankenhaus bringen wollten, das wir unterstützten, schickten wir unseren Redakteur Rob Wilkins und unseren Fotografen Larry Kayser nach Haiti. Alles verlief nach Plan – bis die beiden am Flughafen ankamen und an Bord einer sechssitzigen Chartermaschine gingen, um den Rückflug anzutreten.

Plötzlich kletterten zwei Soldaten, die an einem gescheiterten Putschversuch teilgenommen hatten, über den Sicherheitszaun des Flughafens und stürmten das kleine Flugzeug mit Maschinenpistolen und Handgranaten. In gebrochenem Englisch verlangten sie, unverzüglich nach Miami gebracht zu werden.

Es war eine gefährliche Situation, die leicht in einer Katastrophe enden konnte. Doch Rob und Larry sahen hinter dem Ganzen noch etwas anderes: den Sinn, den Gott dieser schlimmen Situation geben konnte.

Nachdem die Maschine gestartet war, gelang es den beiden, das Eis zu brechen, indem sie die nervösen Entführer nach ihren Familien fragten. Es dauerte nicht lange, da waren die Waffen beiseite gelegt, und die Männer tranken eine Cola mit Larry und Rob und unterhielten sich dabei weiter mit ihnen. Es wurde sogar gelacht. Und als ob das noch nicht erstaunlich genug wäre, nutzten Larry und Rob die Gelegenheit dazu, den beiden Entführern das Evangelium anhand einer Skizze zu erklären, die sie auf einem Blatt Papier anfertigten, um ihnen die Liebe Gottes und die Vergebung, die er uns durch Jesus anbieten will, zu veranschaulichen.

Für Rob und Larry war es egal, wer diese Männer waren oder was sie getan hatten. Gott hatte trotz allem ein Interesse an ihnen, und das mußten sie wissen. Genau dieses Verantwortungsbewußtsein verlieh der Situation, die ansonsten außerordentlich schwierig und gefährlich war, einen tieferen Sinn.

Es ist einfach überwältigend, sich bewußt zu machen, daß unser Alltagsleben in dem größeren Zusammenhang von Gottes Plan einen ganz bestimmten Sinn und Zweck hat.

Erfüllung

Wenn wir anfangen, uns mit ganzer Kraft dafür einzusetzen, glaubenslose Menschen mit Gott bekannt zu machen, wenn wir gleichzeitig beginnen, einen Sinn hinter allem Alltäglichen zu sehen, verspüren wir eine innere Erfüllung, die über das Alltagsdasein weit hinausgeht. Was läßt sich mit dem Bewußtsein vergleichen, ein Instrument in der Hand Gottes zu sein, durch das er Menschen, für die er in den Tod gegangen ist, seine Liebe und seine Wahrheit mitteilen kann? Es gibt einfach nichts Befriedigenderes, als Gottes Plan für die Menschheit ein Stück voranzutreiben!

Wie sieht dieser Plan aus? Petrus bringt es auf die Kurzformel (2 Petr 3,9): » ... er ist nur geduldig mit euch, weil er nicht will, daß jemand zugrunde geht, sondern daß alle sich bekehren.« Jesus veranschaulichte dies durch sein Gespräch mit einer in Sünde lebenden Samariterin am Jakobsbrunnen (Joh 4).

Wir brauchen nicht den gesamten Text auseinanderzunehmen, um die Erfüllung zu sehen, die Jesus als Folge dieser kurzen Begegnung empfand. Als er anschließend von seinen Jüngern zum Essen gedrängt wurde, antwortete er: »Meine Speise ist es, den Willen dessen zu tun, der mich gesandt hat, und sein Werk zu Ende zu führen. ... Ich aber sage euch: Blickt umher und seht, daß die Felder weiß sind, reif zur Ernte« (Verse 34-35).

Sinngemäß sagte er damit: »Ich habe gerade Gottes Plan, diese chaotische Welt für ihn zu erreichen, ein Stück weiter vorangetrieben – und das ist schmackhafter als eure Fischbrote!« Tatsächlich! Sehen Sie sich die Verse noch einmal an. Dieses Handeln, diese Betätigung nannte er seine »Speise«. Das tat er deshalb, weil das Weitergeben unseres Glaubens an andere ein tiefes Gefühl der Erfüllung mit sich bringt.

Mark, der Mitverfasser dieses Buches, versuchte einmal, einem siebenundfünfzigjährigen Mann jüdischen Glaubens von Jesus zu erzählen. Sie können sich vorstellen, wieviel Zeit und Energie es gekostet hat, mit jemandem über Jesus zu sprechen, der so viele Jahre mit dem jüdischen Glauben und der jüdischen Kultur verwachsen war. Doch als dieser Mann zu guter Letzt mit Mark betete, um Jesus als seinen Messias anzunehmen, da verspürte Mark eine umwerfende Freude! Und als sie sich ein Jahr später trafen, um den ersten Glaubensgeburtstag dieses Mannes zu feiern, der inzwischen ein theologisches Seminar besuchte, um sich für den vollzeitlichen Dienst des Evangeliums vorzubereiten, da platzte Mark förmlich vor Freude!

Geistliches Wachstum

Hier haben wir einen der wichtigsten, doch häufig übersehenen Vorteile, die das ansteckende Christsein mit sich bringt. Oft begegne ich Christen, die geistliche Lähmungserscheinungen aufweisen. Sie halten am Glauben fest, doch sie machen keine nennenswerten Fortschritte darin. Das Wunder ihrer eigenen Bekehrung, von dem sie einst mit großer Leidenschaft sprachen, ist zu einer fernen, verblaßten Erinnerung geworden. Und der Gottesdienstbesuch – na ja, man geht halt aus Gewohnheit. Mechanisch wie ein Roboter und halben Herzens trotten diese Menschen durch die Monotonie des sterilen Christseins.

Doch wenn diese apathischen Gläubigen aus ihrer geistlichen Quarantäne ausbrechen und einem suchenden Menschen begegnen, passiert etwas ungeheuer Spannendes. Wenn sie nun die risikoreichen Gespräche führen, die so oft zwischen Christen und Kirchendistanzierten entstehen, stellen sie die Anfänge einer inneren Erneuerung bei sich fest. Bereiche des Glaubens, die man lange ignoriert hat, werden plötzlich aktuell und lebendig.

Das Bibellesen bekommt zum Beispiel einen ganz neuen Stellenwert. Früher nahm man sich die Bibel ab und zu aus dem Regal, teils um zu sehen, was man daraus lernen konnte, teils um Schuldgefühle abzubauen. Doch jetzt muß man sie einfach lesen – sogar Passagen daraus auswendig lernen –, um für das nächste Gespräch über geistliche Dinge besser gerüstet zu sein.

Das Beste daran ist, daß diese wachgerüttelten Christen sich nicht nur für den Austausch mit Nichtchristen rüsten, sondern daß sie auch ganz neu den Wunsch haben, Gottes Wesen und Wahrheit näher kennenzulernen. Was mit dem Pflichtbewußtsein einem anderen Menschen gegenüber begann, wird zu dem persönlichen Wunsch nach größerer Nähe zu Gott.

Ähnliches passiert auf dem Sektor Gebet. Das Gespräch mit Gott hat plötzlich einen neuen Sinn. Abgedroschene Phrasen werden durch leidenschaftliche Bitten ersetzt, Freunde oder Bekannte zu berühren, die auf dem besten Weg sind, Gott in Zeit und Ewigkeit zu verpassen. Und mit jedem geistlichen Fortschritt, den man an ihnen feststellt, wächst die Begeisterung für das Beten ganz von selbst um die Dimension des Dankens.

Doch damit nicht genug. Wie wir alle wissen, ist der Anfang beim Beten das Schwierigste. Doch unsere Sorge um unsere geistlich verirrten Freunde kann als Starthilfekabel fungieren, und unsere Gespräche mit Gott werden in alle möglichen anderen Bereiche überfließen. Unser ganzes Gebetsleben wird wieder munter und aktiv!

Auch unser Wunsch, Gott zu loben, wird stärker. Wie könnten Sie einem Gott nicht danken, der so voller Gnade und Geduld seine Liebe an »Rebellen« verschenkt, wie wir früher selbst einmal welche waren und wie viele unserer Freunde es noch immer sind? Sie fangen an, Gott für das, was er ist und was er tut, zu loben, und ehe Sie es selbst richtig merken, strömt ihr Herz über von Staunen und Anbetung.

Konsequente Lebensführung ist ein weiteres Argument auf der Plus-Seite. Ein Gewinn, den Sie verbuchen können, wenn Sie zu einem »ansteckenden« Christen werden, besteht darin, daß Sie höhere Maßstäbe an Ihre Lebensführung anlegen und befolgen werden. Sie sind sich deutlicher dessen bewußt, daß Sie Gottes »Aushängeschild« sind und daß Ihr Verhalten von großer Bedeutung ist, da Sie damit einen positiven oder negativen Einfluß auf andere ausüben.

Ich kenne einen Mann in unserer Gemeinde, der es einfach nicht lassen konnte, bei Pferderennen zu wetten. Nach vielen fehlgeschlagenen Versuchen, diese Sucht loszuwerden, entschloß er sich resigniert, einfach mit ihr zu leben. Doch dann forderte ihn einer unserer Mitarbeiter dazu heraus, radikal mit den Wettspielen aufzuhören – nicht etwa, weil es eine Todsünde wäre, sondern weil es ihn daran hindern würde, seine Freunde für Jesus zu gewinnen.

Neu motiviert, endlich aufzuhören, gab dieser Mann die Pferdewetten ein für alle Male auf. Interessanterweise ist er inzwischen einer der Christen unserer Gemeinde, dessen Glaubensleben besonders ansteckend ist!

Dieser Bereich der konsequenteren Lebensführung enthält übrigens noch einen weiteren Aspekt: Wenn Sie Ihre Mitmenschen davon in Kenntnis setzen, daß Sie es mit Ihrem Christsein ernst meinen, werden diese unverzüglich und instinktiv anfangen, Sie näher zu beobachten. Manche tun es aus Neugier, andere vielleicht auch nur, um ein Haar in der Suppe zu finden. In jedem Fall bringt dies ein höchst wirkungsvolles System der Verbindlichkeit in Gang. Ihre kirchendistanzierten Freunde helfen Ihnen dabei, ein echteres Leben zu führen. Welch eine hilfreiche Gratiszugabe zu Ihrer Liste der persönlichen Vorteile!

Was schließlich unser geistliches Wachstum auch nicht unerheblich fördert, ist die regelmäßige Teilnahme an Gemeindeveranstaltungen. Ein erhöhter Grad an Besorgtheit um die Menschen, die Gott nicht kennen, wirkt sich in zweierlei Hinsicht auf unsere Teilnahme aus. Erstens motiviert sie uns dazu, alle nur erdenklichen Hilfen zu größerer geistlicher Kraft und Ausdauer, die unsere Gemeinde zu bieten hat, in Anspruch zu nehmen. Zweitens veranlaßt sie uns dazu, Änderungen in solchen Bereichen unserer Gemeinde vorzuschlagen und anzubringen, die mit der Zeit veraltet, uneffektiv oder sogar hinderlich geworden sind. Wir machen uns klar, daß der Auftrag der Gemeinde zu wichtig ist, um ihn mit weniger als einem Acht-Zylinder-Turbomotor voranzutreiben. Mit frischer Motivation können wir nun dazu beitragen, daß die Gemeinde ihr volles Potential erreicht, um Menschen ohne Beziehung zu Gott zu erreichen und sie zu völlig hingegebenen Nachfolgern Christi zu machen.

Ist es nicht erstaunlich, wie unsere verstärkten Bemühungen, andere zu erreichen, zum Katalysator für unser eigenes persönliches Wachstum werden können? Doch falls Ihnen das nicht ausreicht, gibt es noch weitere Vorteile zu nennen.

Glaubensgewißheit

Wenn Sie aktiv daran arbeiten, Ihren Glauben an andere weiterzugeben, werden Sie erleben, wie Ihre Gewißheit, mit der Sie glauben, stärker wird. Zum Teil liegt dies daran, daß das Gespräch mit Menschen, die eine andere geistliche Perspektive haben, Sie dazu zwingt, sich zu vergewissern, daß das, was Sie über den christlichen Glauben sagen, den Tatsachen entspricht.

Das ist wie bei der Klausur zu Semesterende. Die Vorbereitungen zu dieser Klausur zwingen Sie dazu, Ihr Gedächtnis fit zu machen und Ihren Arbeitsstil auf Vordermann zu bringen, um dem Professor – und auch sich selbst – zu beweisen, wieviel Sie wissen. Seltsam, aber wahr: Der Prozeß, anderen zu beweisen, was man weiß, bringt einen nicht selten dazu, zum ersten Mal selbst die Zusammenhänge klarer zu erkennen.

Unser Kenntnisstand wird automatisch größer, wenn wir mit Freunden über unseren Glauben reden, die zu den Skeptikern gehören, zu den Mormonen, den Zeugen Jehovas, der *New-Age*-Bewegung oder sogar zu denen, die sonntags in die Kirche gehen, ohne Christ zu sein. Und wenn wir unseren Glauben in der Kontroverse erfolgreich darstellen können, ernten wir dadurch eine größere Glaubensgewißheit.

Und wenn Sie meinen, dies sorge für eine größere Selbstsicherheit in Glaubensdingen, stellen Sie sich nur vor, was passiert, wenn einer dieser Menschen Christ wird. Ihr Glaube schießt senkrecht durch die Decke! Vielleicht haben Sie dann Lust, mit einem islamischen Fundamentalisten oder einem hartgesottenen Atheisten ins Gespräch zu treten. Warum auch nicht? Auch solche Menschen sind Gott wichtig. Wer weiß, wen er durch Sie erreichen will, wenn Ihre Glaubensgewißheit erst mal im Aufwärtstrend liegt!

Krisenfeste Investitionen

Jesus warnte seine Nachfolger: »Sammelt euch nicht Schätze hier auf der Erde, wo Motte und Wurm sie zerstören und wo Diebe einbrechen und sie stehlen, sondern sammelt euch Schätze im Himmel, wo weder Motte noch Wurm sie zerstören und keine Diebe einbrechen und sie stehlen« (Mt 6,19-20). Petrus drückt sich sogar noch drastischer aus: »Der Tag des Herrn wird aber kommen wie ein Dieb. Dann wird der Himmel prasselnd vergehen, die Elemente werden verbrannt und aufgelöst, die Erde und alles, was auf ihr ist, werden (nicht mehr) gefunden. Wenn sich das alles in dieser Weise auflöst: wie heilig und fromm müßt ihr dann leben ...?« (2 Petr 3,10-11).

Ich werde nie die Wucht vergessen, mit der dieser Text mich traf, als ich ihn vor vielen Jahren zum ersten Mal las. Damals war ich ein »unverbindlicher« Christ, und mein Denken kreiste größtenteils um Anschaffungen und irgendwelche Vergnügungen. Ich weiß sogar noch, wie ich dachte: Ist ja toll. Das alles kann ich haben, und den Himmel auch noch dazu!

Damals nahm mir diese Bibelpassage den Wind aus den Segeln. Als ihre Aussage mein Wertesystem umformte, machte ein Freund einen interessanten Vorschlag. Er meinte, ich solle mir einen Stapel rote Aufkleber besorgen, »Zur baldigen Verbrennung« darauf schreiben und alles, was ich mein eigen nannte, mit einem solchen Aufkleber versehen! Dies würde mich davor bewahren, zu vergessen, daß jedes Auto, jedes Motorrad, jedes Boot, jedes Möbelstück, einfach alles, was ich besaß oder mir wünschte, verrosten, verrotten oder Dieben zum Opfer fallen und letztendlich in den Flammen des apokalyptischen Infernos aufgehen würde.

Was für niederschmetternde Aussichten! Und welch ein Fehler, soviel Zeit und Energie in Dinge zu stecken, die nicht von Bestand sind! Obwohl ich mein Eigentum nie mit solchen Aufklebern versehen habe, bin ich Gott dafür dankbar, daß er mir vor vielen Jahren dabei half, diese so wichtige Lektion zu lernen. Sie gab mir den Anstoß dazu, mein Leben bewußt auf das auszurichten, was zweifellos von Dauer ist: Gott, sein Reich und Menschen wie Sie, ich und alle, die wir für ihn erreichen werden. Dies allein ist unseren konzentrierten Einsatz wert.

Die Ehre, Gottes Agent zu sein

Wenn wir uns vor Augen führen, wie groß Gott ist und wie schwach und abhängig wir sind, dann werden die Worte Jesu fast unbegreiflich (Apg 1,8): »Aber ihr werdet die Kraft des Heiligen Geistes empfangen, der auf euch herabkommen wird; und ihr werdet meine Zeugen sein in Jerusalem und in ganz Judäa und Samarien und bis an die Grenzen der Erde.«

Sehen Sie nicht auch die Jünger vor sich, wie sie sich umdrehen und nach den Leuten suchen, mit denen Jesus redet? Ich kann sie förmlich fragen hören: »Wer denn ... wir? Herr, das muß ein Irrtum sein. Wir haben uns gerade daran gewöhnt, daß du auferstanden bist, und jetzt willst du dich aus dem Staub machen und dieses ganze Expansionsprojekt ›Reich Gottes‹ uns überlassen? Das ist doch nicht zu fassen!«

Und heute ist es nicht weniger erstaunlich – und wahr – als damals. So schwer es auch zu begreifen ist, Gott hat sich ausgerechnet uns als seine Botschafter ausgesucht. Er hat uns mit der hohen Ehre ausgestattet, ihn zu repräsentieren. Und er hat uns versprochen, uns mit der dazu notwendigen Vollmacht auszustatten.

Ich werde nie das Erlebnis vergessen, das mir dies besonders deutlich veranschaulichte. In meinen Anfangsjahren im Gemeindedienst war ich in der Jugendarbeit tätig. Für einen Mittwoch hatten wir ein großes evangelistisches Treffen geplant, und alle Mitglieder taten ihr Bestes, um ihre Freunde dazu einzuladen, von denen manche das Evangelium vielleicht zum ersten Mal im Leben hören würden.

Der Abend kam, der Raum war voll, und in wenigen Minuten sollte ich mich ans Rednerpult stellen. Ich weiß noch, wie ich von einem extremen Anfall von Minderwertigkeitsgefühlen gepackt wurde. Vielleicht geht es Ihnen selbst auch manchmal so. Man denkt plötzlich: »Wer bin ich schon, daß ich mir einbilde, diesen Kids etwas zu sagen zu haben? Ich weiß ja selbst kaum etwas über dieses Thema. Wieso bilde ich mir dann ein, ich könnte ihnen irgend etwas sagen, was ihnen nützen könnte?«

Kennen Sie diese Gedanken aus eigener Erfahrung? Auch jetzt noch, nach vielen Jahren als Pastor, überkommt mich manchmal eine Welle dieses Minderwertigkeitsdenkens. Aber dann hilft es mir, daran zu denken, daß es Gott selbst ist, der uns diese hohe Ehre verleiht. Wir sind nicht von selbst auf die Idee gekommen! Es ist zwar unsere Aufgabe, zu beten und Vorbereitungen zu treffen, doch was anschließend passiert, das ist im wahrsten Sinne des Wortes sein eigenes Problem. Und wie ich an diesem Abend vor vielen Jahren feststellte, ist es ein Problem, das er liebend gern löst, um uns seine Macht zu zeigen, denn er vollbringt Außergewöhnliches durch uns gewöhnliche Menschen.

Trotz meiner Selbstzweifel und meiner buchstäblich schlotternden Knie stand ich auf und erklärte diesen Jugendlichen so gut, wie meine begrenzten Fähigkeiten es zuließen, daß sie Gott wichtig seien. Und ich sagte ihnen auch, daß es nicht ausreiche, daran zu glauben, daß Gott sie liebte; sie müßten auch zu Jesus kommen, um seine Vergebung in Anspruch zu nehmen und ihr Leben unter seine Herrschaft zu stellen. Und als ich sie dazu aufforderte, diesen Schritt zu tun, sah ich zu meiner großen Überraschung, wie mehrere Hundert dieser Jugendlichen aufstanden!

Ich war sogar derartig fassungslos, daß ich befürchtete, mißverstanden worden zu sein. Deshalb sagte ich ihnen, sie sollen sich wieder setzen, damit ich das Evangelium und die verbindlichen Konsequenzen noch einmal erklären konnte, die dieser Schritt mit sich brachte. Und dann standen sogar noch mehr junge Leute auf!

Weit über meine kühnsten Träume hinaus hatte Gott die kläglichen Bemühungen eines seiner Botschafterlehrlinge dazu benutzt, die Ewigkeitsaussichten von mehreren Hundert Schülern drastisch zu verbessern. Ich weiß noch, wie ich nach der Veranstaltung hinter das Gebäude ging, mich an die Wand lehnte und überwältigt von Dankbarkeit und Erstaunen darüber war, daß er jemanden wie mich in seine Dienste genommen hatte.

Und wissen Sie was? Er kann auch jemanden wie Sie in seine Dienste nehmen. Vielleicht nicht unbedingt in einem Saal voller Teenager, aber über einen Zaun hinweg, an einem Schreibtisch, in einem Restaurant, an einer Baustelle, auf einer Zuschauertribüne oder auf einem Podium. Gott hat Ihnen die Ehre verliehen, als einer seiner Repräsentanten zu fungieren. Er hat versprochen, Ihre Bemühungen, ein Christ zu werden, der mit seinem Glauben andere anstecken kann, nicht ins Leere gehen zu lassen. Er wird Sie belohnen, indem er andere durch Sie anrührt.

Sind das genug persönliche Vorteile, um Ihr Interesse zu wecken? Dabei haben wir überhaupt noch nicht alle Vorteile erwähnt, welche die Empfänger unserer Bemühungen ernten werden. Sie wissen schon: Kleinigkeiten wie die Tatsache, daß sie der ewigen Verdammnis in der Hölle entrinnen, um sich dafür auf den Himmel freuen zu können, ganz zu schweigen von einem Leben hier auf der Erde voller Abenteuer, Sinn und Ziel, Erfülltheit, Wachstum, Glaubensgewißheit, krisenfester Investitionen und Ehre, zu Botschaftern des Gottes gemacht zu werden, der das Universum erschaffen hat!

Obendrein erntet auch Gott Vorteile. Ihm kommt der Gewinn zugute, seine Kinder dabei zu beobachten, wie sie seiner Liebe zu verlorenen Menschen nacheifern, eine Freude, die jeder Vater und jede Mutter nachempfinden kann. Jesus sagt (Joh 15,8): »Mein Vater wird dadurch verherrlicht, daß ihr reiche Frucht bringt ...«. Und denken Sie an das, was er über die Freude sagte, die im Himmel herrscht, wenn es uns gelingt, jemanden zum Glauben zu führen (Lk 15,10): »Ebenso herrscht auch bei den Engeln Gottes Freude über einen einzigen Sünder, der umkehrt.«

Wenn wir also anfangen zu versuchen, aktiv und zielorientiert Menschen für Jesus zu erreichen, wenn wir ansteckender in unserer Lebensführung werden und unseren Glauben zum Ausdruck bringen, dann machen wir die Entdeckung, daß wir daraus Vorteile ziehen, daß andere daraus Vorteile ziehen und daß selbst Gott Vorteile daraus zieht.

Doch eine Frage steht noch offen: Was sind die Kosten, die wir für diese Art der persönlichen Evangelisation aufwenden müssen, und können sie von unserer umfassenden Liste der Vorteile aufgewogen werden?

Was kostet mich das Leben als ansteckender Christ?

Zeit und Energie

Sie wissen so gut wie ich, daß es nicht einfach ist, Menschen für Jesus zu erreichen. Wir werden einiges an Zeit und Energie aufwenden müssen, unsere kostbarsten Güter also, um Beziehungen aufzubauen, christliche Nächstenliebe zu erweisen und beharrliche Fürbitte zu leisten. Wir werden die scheinbar so einfache frohe Botschaft immer wieder neu erklären und uns in Geduld fassen müssen, während unsere Gesprächspartner »es sich in Ruhe überlegen wollen« (wohl wissend, daß sie in manchen Fällen in Wirklichkeit davor Reißaus nehmen); wir werden mit einer Unzahl von schwierigen Fragen konfrontiert werden, und bei alledem sind wir uns voll und ganz darüber im klaren, daß sie sich sehr wohl letzten Endes gegen Jesus entscheiden könnten. Das klingt wie ein Patentrezept für Frust, nicht wahr?

> *Aber lassen Sie sich einmal folgendes fragen: Kann es etwas Lohnenderes geben, als Zeit und Energie in Menschen zu investieren, von denen viele Ihnen eine Ewigkeit lang im Himmel dafür danken werden? Welche andere Investition bringt so hohe Dividende?*

Beschäftigung mit der Bibel und christlicher Literatur

Um andere zu erreichen, ist es nötig, daß man Bibelarbeit betreibt und hin und wieder Bücher wie dieses hier liest. Aber ist das wirklich so eine Qual? Klar, man muß schon etwas Mühe aufwenden, um über das Bescheid zu wissen, von dem man redet, aber Sie wollen doch ohnehin über Ihre Glaubensinhalte im Bilde sein, oder nicht? Die Bibel fordert jeden von uns auf, eine größere Kenntnis und ein größeres Verständnis Gottes anzustreben. Außerdem geht es nicht an, Bibellesen und Bibelarbeit auf die Kostenseite der Rechnung zu setzen, wenn wir dies schon auf der Nutzenseite aufgeführt haben!

Geld

Es läßt sich nicht leugnen, daß die Investition in die Ewigkeit eines anderen Menschen mit finanziellen Opfern verbunden ist: Gemeinsame Mahlzeiten, Ferngespräche (einer meiner Freunde hat einmal ein dreieinhalbstündiges Ferngespräch mit einer Bekannten geführt, um mit ihr über den Glauben zu reden, und sie wurde später tatsächlich Christ!), Bücher, Seminare und die manchmal stattlichen Beträge, die dazu nötig sind, um notleidenden Menschen zu helfen – diese Dinge gehören zu den Anforderungen, die an das Portemonnaie eines Menschen mit einem ansteckenden Christsein gestellt werden können.

Aber wenn wir die Beträge zusammenzählen, sind die Kosten trotz allem relativ niedrig, besonders wenn man sie in Beziehung zu den überwältigenden Ergebnissen setzt. Und bei Fällen, in denen die Kosten tatsächlich recht hoch sind, spricht Jesus uns mit folgenden Worten Mut zu: »... sondern sammelt euch Schätze im Himmel, wo weder Motte noch Wurm sie zerstören und keine Diebe einbrechen und sie stehlen. Denn wo dein Schatz ist, da ist auch dein Herz« (Mt 6,20f). Ich wüßte keine Investition, die krisensicherer ist. Wissen Sie eine?

Das Risiko, verlacht, verachtet oder verfolgt zu werden

Aller Wahrscheinlichkeit nach werden nur die wenigsten von uns offene Verfolgung erleiden, aber mit einer abgeschwächteren Form von Widerstand muß man durchaus zu rechnen. Vielleicht werden sich unsere Freunde auf unsere Kosten lustig machen oder vielleicht werden wir Einsamkeit verspüren, wenn wir uns aus bestimmten Gesprächen oder Zusammenkünften ausgeschlossen fühlen. Es kann jedoch auch ernster werden, wenn wir diskriminiert werden oder man uns Schikanen aussetzt.

Ich habe keine Patentrezepte. Ich möchte Ihnen einfach nur Mut machen, Gott um seine Perspektive zu bitten, wenn Sie die Vorteile des Gehorsams ihm gegenüber in Betracht ziehen. Er bietet uns seinen Trost an, indem er uns Verse gibt wie: »Selig seid ihr, wenn ihr um meinetwillen beschimpft und verfolgt und auf alle mögliche Weise verleumdet werdet. Freut euch und jubelt: Euer Lohn im Himmel wird groß sein« (Mt 5,11f) und: »Laßt uns nicht müde werden, das Gute zu tun; denn wenn wir darin nicht nachlassen, werden wir ernten, sobald die Zeit dafür gekommen ist« (Gal 6,9).

Es kompliziert das Leben

Für die meisten von uns besteht der Hauptkostenfaktor bei dem Versuch, andere Menschen für Gott zu erreichen, darin, daß es uns in deren Probleme und Aktivitäten »hineinwickelt«. Es schränkt uns in unserer Unabhängigkeit ein. Es macht unseren ohnehin schon überladenen Tagesablauf noch voller. Kurz gesagt, macht es unser kompliziertes Leben noch komplizierter.

Aber dasselbe gilt für das Heiraten. Und das Kinderkriegen. Und das Hausbauen. Und im Grunde genommen auch für das Christwerden an sich. Denken Sie mal darüber nach. All diese Dinge verlangen Zeit, Energie, Dazulernen, eine gewisse Risikobereitschaft und zweifellos eine Stange Geld. Das meiste, das wir für wichtig erachten, macht unser Leben komplizierter. Aber ist es uns das wert? Selbstverständlich ist es das!

Wenn Sie eine Mutter fragen, ob ihr Säugling ihr Zeit und Energie abverlangt, dann werden Sie vermutlich kaum ein »Ja« oder »Nein« zu hören bekommen. Viel eher die Einladung, einen Tag und eine Nacht lang mit ihr mitzuhalten! Wenn sie das Baby nicht gerade füttert, im Arm hält oder badet, liest sie Bücher über Säuglingspflege und Erziehung, weil der Lernprozeß nie endet. Und vom Geld reden Sie am besten erst gar nicht! Die Frau wird Ihnen meterweise Kassenzettel vor die Nase halten, um Ihnen zu zeigen, wieviel alles kostet, von der Babynahrung bis zu den Strampelanzügen. »Wissen Sie eigentlich, wie teuer Pampers heutzutage sind?«, wird sie vielleicht zurückfragen.

Aber wenn Sie dann wissen wollen, ob sie angesichts des enormen Aufwandes bereut, ein Kind bekommen zu haben, wird sie antworten: »Sind Sie verrückt? Dieses Kind ist das größte Glück meines Lebens. Ich liebe mein Baby!«

Das Resultat

Zu dem gleichen Ergebnis läßt sich auch die Kosten-Nutzen-Rechnung für den Bereich »Ansteckendes Christsein« führen. Sehen Sie sich nur die Listen an! Es steht eindeutig fest, daß mit Kosten, Mühen, Risiken und Komplikationen gerechnet werden muß, aber diese rentieren sich – tausendfach! Je genauer Sie hinsehen, desto deutlicher wird, daß der Gewinn hoch ist und der Einsatz relativ niedrig, besonders wenn wir uns klarmachen, daß der Einsatz letztendlich gar nicht als Kostenfaktor zu werten ist. Er ist vielmehr eine Investition, die hohe, dauerhafte Dividende bringt.

Ich weiß nicht, wie es Ihnen ergeht, aber wenn ich die Waage in unserer Kosten-Nutzen-Analyse eindeutig in die eine Richtung ausschlagen sehe, dann brennt es mir unter den Nägeln, das Abenteuer, um das es hier geht, gezielt in Angriff zu nehmen, nämlich dieses: Welche Schritte können wir tun, um unseren »Ansteckungsgrad« zu erhöhen und um in den Genuß aller Vorteile zu kommen, die Gott für uns bereithält? Mit diesem Thema beschäftigt sich das nächste Kapitel.

Kapitel 3

Eine Formel, mit der Sie
Ihre Welt verändern können

Nichts ist so frustrierend wie ein Auftrag ohne mitgelieferte Anleitungen. Leider passiert so etwas am laufenden Band. Ihr Chef setzt eine astronomisch hohe Absatzquote fest und läßt keinerlei Zweifel an der Tatsache, daß er von Ihnen erwartet, diese zu erfüllen. Er teilt Ihnen mit, daß die Einkünfte gesteigert, die Kosten gesenkt und die Ertragszahlen verbessert werden müssen, doch wie Sie das alles bewerkstelligen, das überläßt er Ihnen selbst.

Oder Ihr Professor brummt Ihnen immer mehr Aufgaben auf, bis sich der Schreibtisch unter den Büchern und abgehefteten Mitschriften biegt und Ihr Frust wächst. Lesen Sie dies, schreiben Sie das, lösen Sie dieses Problem, geben Sie jene Hausarbeit ab, schreiben Sie die Klausur, machen Sie den Schein. Dabei kümmert es den Professor nicht im geringsten, daß Sie vier weitere Seminare und Kolloquien belegt haben, die Ihnen ebensoviel an Arbeit abfordern. Sie müssen irgendwie zu Rande kommen, aber wie Sie das schaffen, das ist ein Examen, das Sie allein bestehen müssen. Kein Wunder, daß so viele Leute oft Alpträume über abgebrochene Semester haben!

Sogar in der Kirchengemeinde werden wir mit Erwartungen bombardiert, intakte Ehen zu führen, gehorsame Kinder heranzuziehen, unsere Finanzen in Ordnung zu halten, ein ethisches Geschäftsverhalten an den Tag zu legen, regelmäßig zu beten und mitmenschliche Beziehungen sinnvoll zu gestalten. Das »Ihr solltet« ist nicht zu überhören, doch das »Wie« bleibt manchmal auf der Strecke.

Ein Bereich, auf den dies ganz besonders zutrifft, ist die Aufforderung, Menschen in unserem Umfeld mit dem Evangelium zu erreichen. »Diese Leute sind auf ewig verloren«, ermahnt der Prediger. »Sie gehen unweigerlich dem Verderben entgegen. Gott will sie ansprechen, und ihr seid seine auserwählten Botschafter. Macht euch endlich an die Arbeit und führt sie zu Jesus!«

Wer könnte dem widersprechen? Es ist biblisch, es entspricht den Tatsachen, und es macht Sinn. Höchste Zeit, daß ich die Ärmel hochkrempele und anfange – aber wo? Kann mir jemand bitte genauer sagen, was der Fachausdruck »an die Arbeit machen« bedeutet? Wie fange ich an? Wie sieht der Vorgang als Ganzes aus? Wer hilft mir dabei, den ersten Schritt zu tun?

Eine Strategie Gottes

Glücklicherweise hat Gott uns nicht in einem solchen Zustand der Ratlosigkeit gelassen. Gott stellt zwar Erwartungen an uns, aber er gibt uns auch die notwendigen Hilfen dazu. Er sagt uns nicht nur, daß ihm diese Welt voller ablehnender Menschen am Herzen liegt, sondern er gibt uns auch die Informationen, die wir dazu brauchen, um diese Menschen auf effektive Weise zu erreichen.

Über diese Strategie sprach Jesus vor langer Zeit einmal, als er mit seinen Nachfolgern auf einem Berghang in der Nähe von Kafarnaum saß. Mit Worten, die jeder versteht, erläuterte er Grundsätze, die wir – nur ein wenig komplizierter – in folgender »Formel für Evangelisation« zusammenfassen:

$$hE + uN + kK = mE$$

Was steckt hinter dieser rätselhaften Gleichung? Diese Formel sieht aus, als hätte man sie aus dem Mathematiklehrbuch abgeschrieben, doch in Wirklichkeit enthält sie Gottes Strategie, um Menschen zu erreichen, die noch sehr weit weg von ihm sind.

Wir weichen einfach einmal von den Regeln der Algebra ab und fangen gleich bei dem letzten Element an. »**mE**« steht für »maximaler Effekt«. Es geht darum, unseren Mitmenschen die größtmögliche geistliche Hilfe zukommen zu lassen. Dies ist das Ziel Gottes, das in der ganzen Bibel immer wieder zum Ausdruck kommt.

Im ersten Kapitel der Apostelgeschichte Vers 8 lesen wir, daß wir seine Zeugen sein sollen, um durch die Kraft des Geistes Gottes die Menschen in nah und fern für ihn zu erreichen. Paulus sagt (2 Kor 5,19), daß wir durch Jesus mit Gott versöhnt worden sind und nun den Auftrag haben, gottfernen Menschen zu helfen, ebenfalls Frieden mit Gott zu schließen. Matthäus überliefert uns den Text, der unter der Bezeichnung »Missionsbefehl« bekannt ist (Mt 28,19-20). Er weist uns an, in die ganze Welt zu gehen, das Evangelium zu verbreiten, Menschen zu Jesus zu führen und sie zu taufen und sie in ihrem Glauben zu unterstützen. An einer anderen Stelle spricht Jesus davon, daß wir Menschenfischer werden sollen.

Sie sehen also, daß sich in der Bibel eine Reihe eindeutiger Aufforderungen an uns finden, unser Leben so zu gestalten, daß es unseren Mitmenschen die größtmögliche geistliche Hilfe bietet. Es ist unsere Aufgabe, diesen Aufforderungen nachzukommen; welche Früchte unser Engagement dann bringt, ist seine Sache, und er sorgt dafür, indem er Menschen zu sich zieht.

Bevor wir uns mit den übrigen Komponenten dieser Formel befassen, müssen wir ihre Quelle genauer betrachten. Sie gründen sich auf zwei Begriffe, die Jesus als Anschauungsmaterial benutzte: Salz und Licht.

Mitten in der bedeutendsten Predigt der Menschheitsgeschichte, der Bergpredigt, sprach Jesus diese uns allen wohlbekannten Worte: »Ihr seid das Salz der Erde. ... Ihr seid das Licht der Welt.« Er wollte, daß seine Nachfolger sich in ihrer Lebensführung als Salz und Licht verstehen.

Salz, mal ganz anders betrachtet

Sehen wir uns das erste Beispiel an. Warum mag Jesus wohl ein Bild wie das Salz benutzt haben? Wie verhält sich Salz? Heutzutage macht es uns nervös, weil es zu Bluthochdruck führen kann. Jedesmal, wenn wir zum Salzstreuer greifen, bekommen wir Schuldgefühle. Aber lassen Sie uns einmal einen Blick in die Geschichte werfen und überlegen, zu welchen Zwecken Salz hauptsächlich verwendet wurde.

Als erstes fällt uns ein, daß Salz durstig macht. Aus diesem Grund gehen die Kneipen auch so großzügig mit Salzbrezeln und gesalzenen Nüssen um, denn dann werden mehr Getränke bestellt. Zumindest habe ich mir das einmal sagen lassen!

Salz hat aber noch andere Funktionen. Es verleiht dem Essen Würze. Wer wollte seinen Maiskolben schon ohne Salz essen? Wenn uns etwas zu fade schmeckt, greifen wir automatisch zum Salzstreuer, um den Geschmack zu verbessern.

Salz konserviert auch. Heute verwenden wir es nicht mehr so häufig zu diesem Zweck, aber in der Zeit vor dem Kühlschrank wurde Salz oft dazu benutzt, um Lebensmittel vor dem Verderben zu schützen. Bestimmte Fleischsorten halten sich lange, wenn sie sorgfältig in Salz eingelegt worden sind.

Salz regt also den Durst an, es läßt Fades aufleben, und es schützt vor dem Verfall. Das bringt uns nun zu der großen Frage: An welche dieser Funktionen dachte Jesus, als er seine Nachfolger ansah und zu ihnen sagte: »Ihr seid das Salz der Erde«?

Kurz gesagt, lautet die Antwort: »Wir wissen es nicht.« Ehrlicher geht es nicht! Wenn Sie die Kommentare zu dieser Bibelstelle wälzen, dann werden Sie feststellen, daß die Experten, um es in der Pokersprache darzustellen, die drei Karten hochhalten und sagen: »Nimm dir eine Karte, irgendeine. Oder nimm sie alle drei, wenn du willst.«

Es ist möglich, daß Jesus mit seiner Metapher auf das Durstigmachen abzielte. Wo Christen mit dem Heiligen Geist auf einer Wellenlänge liegen, wo sie in ihrem Umfeld mit einem Sinnbewußtsein, mit Frieden und Freude leben, da entsteht oft ein geistlicher Durst in den Menschen um sie herum.

In der *Willow Creek*-Gemeinde hören wir oft Zeugnisse dieser Art: »An meinem Arbeitsplatz ist mir jemand in unserer Abteilung aufgefallen, der etwas anders lebte und etwas anders redete und ein etwas anderes Wertesystem hatte. Das hat mich neugierig gemacht. Ich verspürte einen wachsenden geistlichen Durst, wie ich ihn noch nie erlebt hatte.«

Wenn Christen ihren Glauben auf authentische und unerschrockene Art ausleben, bringen sie hier und da Geschmack in eine fade Suppe. Sie sorgen für Überraschungen und gespitzte Ohren. Sie rütteln ihre Mitmenschen durch ihre Herausforderungen und scheinbar radikalen Ansichten wach. Und ab und zu werfen sie die schöne Ordnung über den Haufen. Kurz gesagt, streuen sie etwas Würze in das Dasein ihrer Mitmenschen.

Wenn Christen ein Leben führen, das Christus Ehre macht, dann halten sie dadurch den moralischen Verfall der Gesellschaft auf. Ich hoffe, daß dies im Hinblick auf die Abtreibungsfrage, auf Umweltprobleme, auf Rassismus und auf den Verfall der Familie zutrifft. Wo Christen ihr Leben auf Gott ausrichten, da benutzt er sie, um die Welle des Bösen aufzuhalten, die unser Land zu überrollen droht.

Suchen Sie sich also eine Karte aus, irgendeine. Jede von ihnen – oder auch alle – könnte das treffen, was Jesus meinte, als er das Wort Salz gebrauchte. Doch beim weiteren Nachdenken lassen sich vielleicht weitere Gründe entdecken, weshalb Jesus das Bild vom Salz gebrauchte, Gründe, die leicht übersehen werden können. Dies führt uns zu der Formel zurück:

$$hE + uN + kK = mE$$

Wir haben schon dargestellt, daß das Ergebnis dieser Gleichung darauf abzielt, einen maximalen Effekt zu erreichen, und können nun an den Anfang zurückgehen, um die ersten beiden Elemente, die zu diesem Ergebnis notwendig sind, zu betrachten: »hE« und »uN«. »HE« steht für »hoher Echtheitsgrad« und »uN« für »unmittelbare Nähe«.

Genau dies brauchen wir als Christen, wenn wir Menschen helfen wollen, die nicht zur Familie Gottes gehören. Wir brauchen einen hohen Grad an konzentrierter Echtheit, indem wir derartig stark von Jesus geprägt sind, daß Kirchendistanzierte seine Macht und Gegenwart nicht leugnen können. Ebenso brauchen wir einen hohen Grad an persönlicher Nähe. Wir müssen dicht an die Menschen herankommen, die wir erreichen wollen, um seinem Wirken überhaupt die Möglichkeit zu geben, etwas in Glaubensdistanzierten in Gang zu setzen.

In demselben Abschnitt sagt Jesus auch (Mt 5,13), daß Salz wertlos wird, wenn es seinen Geschmack und seine Qualität eingebüßt hat. Es hat keine Kraft mehr. Es wird nicht viel Durst erregen, es wird nicht viel Würze bringen, wird auch nicht effektiv vor Verfall schützen. Es kann ganz nahe mitten unter den Leuten sein – wir können es von allen Seiten auf das Objekt unserer Bemühungen schütten –, doch wenn ihm die Kraft fehlt, dann ist es laut Jesus wertlos. Die Leute zertreten es mit den Füßen.

Umgekehrt kann hochkonzentriertes, frisch hergestelltes Salz voller geballter Kraft stecken, aber es bewirkt einfach nichts, wenn es nicht mit dem Gegenstand, den es verändern soll, in Berührung kommt. Wie Becky Pippert vor vielen Jahren schrieb, ist Salz, das im Salzstreuer bleibt, nur eine Tischdekoration, weiter nichts.

Diese Beschreibung trifft leider auf viele Leute zu, die sich für Top-Christen halten. Ihre persönliche Beziehung zu Christus ist unglaublich stark. In ihrem täglichen Lebenswandel sind sie voll und ganz auf Gott ausgerichtet. Doch sie vermeiden den Kontakt zu Menschen, die auf ihre geistliche Hilfe angewiesen wären. Sie sind hübsche Tischdekorationen, aber leider ist der positive Einfluß, den sie auf andere haben, nur sehr gering.

Sehen Sie jetzt, weshalb das Bild vom Salz, das Jesus gebrauchte, so ausdrucksstark ist? Am Beispiel des Salzes konnte er zeigen, daß beide Komponenten – der hohe Konzentrationsgrad und die Nähe – unabdingbar sind, wenn wir unseren Auftrag erfüllen wollen, einen guten, geistlichen Einfluß auf unsere Familien und Freunde auszuüben.

Ein eindrucksvolles Vorbild

Vor ein paar Jahren haben meine Frau und ich einen Tag bei Billy und Ruth Graham in den Bergen von North Carolina verbracht. Am Abend merkte ich Billy seine beginnende Erschöpfung an und sagte ihm, wir würden gleich zu unserem Hotel zurückfahren. Doch zu meiner Überraschung reichte er mir seine Bibel und sagte: »Bill, bevor Sie gehen, geben Sie mir eine Stärkung aus Gottes Wort.«

Ich dachte: Dieser dreiundsiebzigjährige Mann ist offensichtlich kein Säugling im Glauben. Und auch an konzentrierter Würzkraft fehlt es ihm nicht! Außerdem hat noch nie jemand so vielen Menschen das Evangelium gebracht wie er. Trotzdem sagte er sinngemäß: »Ich liebe und brauche nach wie vor die Stärkung aus Gottes Wort.«

Dieses Erlebnis hat mir verdeutlicht, wie Billy Graham so lange einen so starken »Echtheitsfaktor« aufrechterhalten konnte. Er ergreift unablässig und gezielt Maßnahmen, um seine »Salzkraft« zu erhöhen. Von allem, was ich an diesem Tag erlebte, beeindruckte mich dieses am nachhaltigsten. Ich verabschiedete mich und hoffte dabei, daß meine »Salzkraft« haushoch sein würde, wenn ich einmal in seinem Alter bin. Mit dreiundsiebzig möchte ich geradezu gefährlich sein, Sie nicht auch?

Wie erreichen wir dieses Ziel? Wir erreichen es, indem wir mit achtzehn, mit achtunddreißig und achtundfünfzig gezielte Schritte unternehmen, die unseren »Salzfaktor« erhöhen. Worin bestehen sie? Ich wünschte, ich könnte Ihnen eine packende, spannungsgeladene Antwort geben, aber das kann ich nicht. Wir erreichen das Ziel, indem wir die altbewährten geistlichen Disziplinen praktizieren, durch die die Gläubigen schon seit Tausenden von Jahren salziger geworden sind, und diese haben nichts Ausgefallenes oder High-Tech-mäßiges an sich.

Ein hoher Echtheitsgrad resultiert aus dem Lesen und Aufnehmen der Aussagen der Bibel. Er wächst aus Gebet. Er resultiert aus der Teilnahme an Hauskreisen und Kleingruppen, in denen sich andere Christen treffen, die sich einen ansteckenden Glauben wünschen, und in denen Brüder und Schwestern in Christus ihre Masken ablegen können, um einander mit Aufrichtigkeit zu begegnen. Er resultiert aus der tatkräftigen Mitarbeit in einer bibelorientierten Kirchengemeinde. Er resultiert aus Ihren Bemühungen, Ihren Glauben aktiv an andere weiterzugeben, wobei Sie sowohl Erfolge als auch Fehlschläge erleben werden. Er resultiert aus der Selbstdisziplin, die darauf abzielt, einen stabilen »Salzigkeitsgrad« zu wahren.

> *Was das Aufbauen und Aufrechterhalten eines hohen Echtheitsgrades betrifft, so gibt es kein Zaubermittel und keine Patentrezepte. Unser »Salzgehalt« steht in einem direkten Verhältnis zu dem Maß, in dem wir die altbewährten geistlichen Disziplinen ausüben.*

Täglicher Kontakt mit Gott und seinem Wort macht uns offen für die Führung des Geistes, motiviert uns, Menschen außerhalb der Glaubensfamilie zu erreichen und für ein Leben mit Gott zu gewinnen, erfüllt uns mit Liebe und Empfindsamkeit Gott und unseren Glaubensgeschwistern gegenüber und gibt uns eine Antenne für das wahrhaft Wichtige.

Diese Dinge werden nicht nur dafür sorgen, daß wir an Gottes Stromnetz angeschlossen bleiben, sondern sie werden uns auch dabei helfen, die Wesensmerkmale eines Christen, dessen Glauben ansteckend ist, zu entwickeln, von denen im nächsten Teil dieses Buches die Rede sein wird.

Es gibt nicht viele »Billy Grahams« auf dieser Welt, aber jeder von uns kann Stufen nehmen, um ein besseres Verständnis von dem zu gewinnen, was einen hohen Echtheitsgrad ausmacht. Zweifellos können wir alle gut und gern ein Stück Wachstum vertragen, was unseren Charakter und unsere Nähe zu Gott betrifft, um ein »kräftigeres Salz« zu werden. Dann kann das Leben, das Sie führen, Durst verursachen, dem Leben das Fade nehmen und Wichtiges in unserer Gesellschaft vor dem Verfall schützen. Das alles geschieht aber nur, wenn Sie im Kontakt mit Ihren Mitmenschen leben.

Was wir vom Licht lernen können

Wie wir schon gesehen haben, war »Salz« eines der beiden Bilder, mit denen Jesus seinen Nachfolgern klarmachen wollte, wie sie leben sollen. Das andere Sinnbild war das Licht. Er sagte (Mt 5,14): »Ihr seid das Licht der Welt.« Auch hier lohnt sich die Frage, warum Jesus zu diesem Bild griff. Wie verhält sich denn »Licht« eigentlich?

Die einfache, aber grundlegende Antwort besteht darin, daß Licht Gegenstände sichtbar macht und es uns ermöglicht, sie so zu sehen, wie sie in Wirklichkeit sind. Genau das meinen wir, wenn wir davon sprechen, »Licht in eine Angelegenheit zu bringen«.

In der Bibel geht es bei dem Begriff »Licht« in erster Linie um den Gedanken, anderen Menschen Gottes Wahrheit klar und auf ansprechende Weise zu vermitteln, sie zu beleuchten, um sie so darzustellen, wie sie ist. Das Bild enthält zwar auch den Aspekt von einer Lebensführung, die sich deutlich von dem trüben Dunkel eines Lebens ohne Christus abhebt, doch das Hauptgewicht scheint mir auf der Aufforderung zu liegen, die Aussagen der Frohen Botschaft auf »einleuchtende« Weise weiterzugeben.

Dies läßt sich aus anderen Bibelpassagen ersehen, in denen von Licht die Rede ist. Beispielsweise sagt Paulus (2 Kor 4,5f), daß Gott, nachdem uns das Evangelium übermittelt wurde, in unseren Herzen aufgeleuchtet ist, »damit wir *erleuchtet werden zur Erkenntnis des göttlichen Glanzes* auf dem Antlitz Christi« (Hervorhebung durch den Autor). Sehen Sie den Zusammenhang zwischen dem Licht und dem Vermitteln der Evangeliumsbotschaft?

Analog dazu bringt Jesus in der Predigt, die Matthäus überlieferte, zum Ausdruck, daß seine Nachfolger andere geistlich »erleuchten« sollen, und zwar nicht nur dadurch, daß sie seine Lehren in die Praxis umsetzen, sondern auch dadurch, daß sie seine Botschaft der Vergebung und Gnade genau und zuverlässig weitergeben. Das bedeutet Licht sein.

Wie das Bild vom Salz uns die ersten beiden Komponenten unserer Formel, nämlich »**hE**« (hoher Echtheitsgrad) und »**uN**« (unmittelbare Nähe) lieferte, so liefert uns nun die Lichtmetapher das dritte Element unserer Formel, die ja zu einem maximalen Effekt im Leben von glaubenslosen Menschen führen soll. Sie heißt »**kK**« und steht für »klare Kommunikation« der Evangeliumsbotschaft. Alles in allem haben wir nun folgende Formel:

$$hE + uN \ (Salz) + kK \ (Licht) = mE$$

Wenn Licht seine beabsichtigte Wirkung haben soll, dann darf es nach den Worten Jesu (Mt 5,15f) nicht verdeckt oder auf sonstige Weise eingedämmt werden. Wenn wir wirklich Menschen, die weit weg sind von Gott, so wirkungsvoll erreichen möchten, wie es dem Herzen Gottes entspricht, dann müssen wir die Aussagen des Evangeliums im Schlaf beherrschen und bereit sein, sie zutreffend und klar zu vermitteln.

Daraus folgt, daß wir uns bemühen müssen zu lernen, wie man die Hauptaussagen des Evangeliums ohne Umschweife, klar und in Schlichtheit erläutert und, wenn nötig, verteidigt. Wir müssen darauf vorbereitet sein, anderen Verständnishilfen zu geben, damit sie Gottes Wesen, ihren eigenen geistlichen Zustand und das, was Jesus für uns getan hat, begreifen können. Sie sollten durch uns eine klare Vorstellung von dem Schritt bekommen, durch den Gott uns anbietet, Vergebung und neues Leben zu empfangen.

Wo diese Kommunikation fehlt, tappen unsere Mitmenschen im Dunkeln und rätseln, was wohl hinter unserer auffallend anderen Lebensführung stecken mag. Gerade so entstehen oft Zweifel, jemals selbst zu einem Leben kommen zu können, das so verändert ist, wie sie es an uns sehen.

Können wir es wagen, die Dinge beim Namen zu nennen?

> *Viel zu viele Christen geben sich der Illusion hin, daß sie einfach nur ihren Glauben auf offene und konsequente Weise auszuleben brauchten, und die Menschen um sie her würden das dann sehen, Gefallen daran finden und irgendwie von selbst darauf kommen, wie man dieses Leben erlangt.*

Oder sie argumentieren so, daß diese Menschen auf sie zukommen würden, um sie zu fragen, welches Prinzip hinter ihrer Lebensführung stecke, und dann würden sie die Gelegenheit beim Schopf ergreifen und ihnen den Glauben erklären. Aber machen wir uns nichts vor: Das passiert so gut wie nie.

Sicher, wir sollen ein »salziges« Leben als Christ führen – ein Leben, das echt ist und im Kontakt zu anderen Menschen gelebt wird –, aber das allein reicht nicht aus. Möge Gott uns davor bewahren, an diesem Punkt stehenzubleiben! Eine solche »Strategie« würde die Menschen, denen wir doch auf ihrem Weg in eine Beziehung zu Gott helfen wollen, im Dunkeln lassen – vielleicht sogar für eine ganze Ewigkeit. Es führt kein Weg an dem vorbei, die Botschaft so klar und einfach auszudrücken, daß sie unsere Freunde verstehen können, um danach zu handeln.

Paulus stellt ein paar interessante Fragen (Röm 10,14): »Wie sollen sie an den glauben, von dem sie nichts gehört haben? Wie sollen sie hören, wenn niemand verkündigt?« Jesus möchte, daß wir nicht nur Salz sind, sondern auch Licht, indem wir seine Botschaft der Gnade ganz klar und unmißverständlich weitergeben. Wenn wir dazu in der Lage sind, ermöglichen wir den Menschen, um die wir besorgt sind, das zu tun, was Jesus so beschrieben hat (Mt 5,16). Nachdem diese Menschen die Gelegenheit hatten, »eure guten

Taten [zu] sehen« und die wichtigsten Aussagen des Evangeliums zu begreifen, werden sie »euren Vater im Himmel preisen«.

Ein ehrlicher Blick in den Spiegel

An dieser Stelle wollen wir haltmachen, um die Preisfrage zu stellen: Ist diese Gleichung eine zutreffende Beschreibung Ihres gegenwärtigen Zustandes? Sehen Sie sich die Gleichung noch einmal, während Sie sich Gedanken über diese wichtige Frage machen:

$$\mathbf{hE} \text{ (hochgradige Echtheit)} + \mathbf{uN} \text{ (unmittelbare Nähe)} + \mathbf{kK} \text{ (klare Kommunikation)} = \mathbf{mE} \text{ (maximaler Effekt)}$$

Ich kenne viele Menschen, auf die diese Formel zutrifft. Ich staune über den Grad an Echtheit in ihrem geistlichen Leben. Und ich bin zutiefst davon beeindruckt, wie sie keine Mühen scheuen, um sich unter Menschen zu mischen, die dem Glauben kritisch bis ablehnend gegenüberstehen, und wie sie unermüdlich versuchen, Menschen zu Christus zu führen. Das Vorbild dieser Leute begeistert mich und fordert mich immer wieder heraus.

Doch viele andere Christen halten es lieber mit einer seltsamen Gleichung. Sie versuchen, eine neue Mathematik in Gang zu setzen. Ihre – oft uneingestandene – Strategie ist: »Ich bastele mir ein Verfahren zurecht, bei dem hochgradige Echtheit plus seltene Nähe zu anderen einen maximalen Effekt ergeben.« Doch diese Rechnung kann nicht aufgehen, weil sie sich genau von den Menschen distanzieren, die sie erreichen wollen.

Andere sagen: »Eine größere Nähe wie meine kann man sich gar nicht vorstellen. Ich mische mich derartig gründlich unter diese Leute, daß ich gar nicht mehr von ihnen zu unterscheiden bin! Und dadurch werde ich den maximalen Effekt erzielen.« Irrtum, das werden sie nicht. Dazu brauchen sie ihr kennzeichnendes Anderssein, ihre geballte »Salzkraft«.

Wieder andere versuchen es mit der folgenden Logik: »Also gut, ich schraube meinen Salzgehalt höher, indem ich konsequent als Christ lebe, und dann werde ich die nötigen Anstrengungen unternehmen, um in Reichweite der Leute zu kommen, die ich erreichen will. Aber bitte zwingen Sie mich nicht dazu, den Mund aufzumachen! Ich werde einfach meinen Glauben vor diesen Leuten ausleben, und dann wird vielleicht einiges auf sie abfärben.«

Doch dies wird sich letztendlich als illusorisch erweisen. Wie Worte ohne Taten nutzlos sind, so fehlt Taten, die ohne Worte bleiben, jeglicher Sinn und Inhalt. Sehen Sie jetzt ein, warum Jesus betonte, daß wir sowohl Salz als auch Licht sein müssen? Es ist von großer Bedeutung, daß wir nicht nur einen hohen Salzgehalt aufweisen, sondern auch die Bereitschaft und die Fähigkeit in uns tragen, die Botschaft Christi ein*leuchtend* weiterzugeben.

Eine kleine Programmvorschau

Da wir mit dazu beitragen wollen, daß Gott den größtmöglichen geistlichen Einfluß auf unser Umfeld ausüben kann, sollten wir diese Themen ausführlicher untersuchen, um jede Komponente der Gleichung zu untermauern. Dies werden wir auf den verbleibenden Seiten dieses Buches tun.

Wenn wir die Hoffnung haben, andere mit Christus bekannt zu machen, dann müssen wir den ersten Teil der Formel erfüllen, indem wir einige wichtige Wesensmerkmale entwickeln, darunter eine authentische Lebensführung, ein Herz für andere und Opferbereitschaft. Mit diesen Aspekten befassen sich die nächsten drei Kapitel, die zu einer Einheit mit dem Titel »Die Voraussetzungen zu hochgradiger Echtheit« zusammengefaßt sind.

Anschließend werden wir in Teil 3, der den Titel »Das Potential der unmittelbaren Nähe« trägt, auf das zweite Element der Formel eingehen. Dort geht es um praktische Wege, über die man in die Reichweite von anderen gelangt. Wir werden in Alltagsbegegnungen nach schon bestehenden Gelegenheiten zur geistlichen Beeinflussung suchen. Hier fängt das Abenteuer erst richtig an!

Als ich mir beispielsweise neulich die Haare schneiden ließ, fiel mir auf, daß der Friseuse eine Laus über die Leber gelaufen zu sein schien. Ich wollte versuchen, sie etwas aufzumuntern, doch mir fiel einfach nichts ein, womit ich eine Unterhaltung anfangen konnte. Dann hörte ich ein Lied über den Lautsprecher. Das Hauptinstrument darin war ein Saxophon, und ich beschloß, einen Schuß ins Blaue zu wagen. Aufs Geratewohl sagte ich: »Das ist doch Kenny G, nicht wahr?« Voller Enthusiasmus antwortete sie: »Ich bin ein großer Fan von Kenny G! Kennen Sie Kenny G?«

Übrigens muß ich Ihnen gestehen, daß ich mich hier ein wenig aufs Glatteis gewagt hatte. Ich glaube, ich hatte Kenny G einmal in irgendeiner Talkshow gesehen; das Ganze konnte höchstens fünfzehn Sekunden gedauert haben. Ich erinnerte mich nur noch daran, daß er das Mundstück des Saxophons beim Spielen seitwärts im Mundwinkel hatte. Am liebsten wäre ich ans Ende des Sofas gerutscht, um mir das aus der Nähe anzusehen. Jetzt war ich einfach nur froh, daß sie mich nicht danach fragte, was das »G« in seinem Namen zu bedeuten hatte, denn davon hatte ich nicht den geringsten Schimmer!

Nachdem wir eine Weile über Kenny Gs Musik geredet hatten, kamen wir allmählich auf etwas bedeutsamere Dinge zu sprechen, darunter ihre persönliche Situation. Sie erzählte mir, daß sie eine alleinerziehende Mutter sei, und daraufhin unterhielten wir uns über ihre gescheiterte Ehe und darüber, wie die Kinder mit der Umstellung zurechtkamen.

»Eigentlich verarbeiten sie es ganz gut«, sagte sie, »weil sie eine Menge an Hilfe von einer Gemeinde hier in der Nähe kriegen – *Willow Creek* heißt sie übrigens.«

»Ist ja interessant«, sagte ich und versuchte dabei, meine Begeisterung in Schach zu halten.

Ich fragte sie, ob sie selbst schon einmal dort gewesen sei, was sie bejahte: Vor langer Zeit habe sie die Gottesdienste dort besucht. Als ich sie fragte, warum sie damit aufgehört habe, sagte sie, das wisse sie selbst nicht so genau. Daraufhin sagte ich zu ihr, ich hätte gehört, die Gemeinde veranstalte demnächst eine Amnestiewoche: Egal, was man getan habe oder warum man sich so lange nicht blicken ließ – man könne einfach wiederkommen, ohne kritisiert zu werden! Sie sah mich zweifelnd an und fragte: »Tatsächlich?«, worauf ich antwortete: »Ja, so ähnlich läuft das«, denn diese Amnestiepolitik betreibt die *Willow Creek*-Gemeinde grundsätzlich jede Woche!

Ich weiß zwar nicht, ob sie seitdem zur Gemeinde zurückgekommen ist, aber ich hatte das deutliche Gefühl, daß Gott sich über den Versuch freute und ihn vielleicht dazu benutzen würde, seinen Einfluß in ihrem Leben zu vergrößern. Es begeistert ihn, wenn wir uns in allernächste Nähe von Menschen begeben, die ihn verzweifelt brauchen. Er freut sich, wenn wir bei Gesprächen mutig sind und es wagen, vom Belanglosen auf das wirklich Wichtige zu sprechen zu kommen. Es bereitet ihm Freude, wenn er gewöhnliche Leute wie Sie und mich dazu benutzen kann, andere aus nächster Nähe zu erreichen.

Wenn das passieren soll, dann müssen wir lernen, etwas heller zu leuchten. Deshalb trägt Teil 4 dieses Buches den Titel »Die Macht der klaren Kommunikation«. Dieser Teil ist von größter Wichtigkeit, weil die Notwendigkeit, das Evangelium verbal zu vermitteln, so dringend ist und das

Selbstvertrauen vieler Christen auf diesem Gebiet so angeschlagen. Auch wenn Sie Ihren Glauben schon seit langem aktiv weitergeben, werden Sie es nützlich finden, sich den Inhalt der Botschaft noch einmal anzusehen und das Erläutern zu üben. Wenn Sie das nicht tun, verrosten Sie. Und wenn das passiert, werden Sie sich dabei ertappen, wie sie instinktiv Gelegenheiten, geistliche Themen zur Sprache zu bringen, aus dem Weg gehen, weil Sie sich nicht fit genug fühlen.

Durch den Prophet Hosea beklagt sich Gott (Hos 4,6): »Mein Volk kommt um, weil ihm die Erkenntnis fehlt.« Der äthiopische Hofbeamte sagte über die Schriftrolle, die er gerade las (Apg 8,31): »Wie könnte ich es [verstehen], wenn mich niemand anleitet?« Gott hat Ihnen und mir den Auftrag gegeben, den Menschen auf der ganzen Welt seine Botschaft zu erläutern. Dieser Teil des Buches über klare Kommunikation soll Ihnen eine Hilfe sein, es auf eine Weise zu tun, die zu Ihnen paßt und die wirkungsvoll ist.

Meine Ausführungen zu dem Thema wären unvollständig ohne den letzten Teil mit dem Titel »Das positive Ergebnis: maximaler Effekt«. Hier wird Ihnen gezeigt, wie Sie persönlich jemandem dabei helfen können, den Schritt zum Glauben an Christus zu wagen. Dieser Teil zeichnet auch ein Bild davon, wie eine Gemeinde aussehen kann, wenn immer mehr Gemeindemitglieder diese Formel anwenden und ihr Christsein in zunehmendem Maß ansteckend wird.

Es ist begeisternd zu wissen, daß dieses Vorhaben einen hohen Stellenwert unter den Zielen Gottes einnimmt und wir dabei eine wichtige Rolle spielen dürfen. Wir dürfen mithelfen, daß Gott seinen Einfluß auf Menschen ausüben kann, das Beste, was uns für Zeit und Ewigkeit geschehen kann. Ich weiß nicht, ob Sie das kalt läßt oder nicht; mich jedenfalls reißt es vom Stuhl!

Wie wird das geschehen? Nachdem wir viele Jahre lang von den diversen Begründern bekannter christlicher Organisationen Grandioses darüber gehört haben, wie wir »unser Land erreichen« und »die Welt verändern« können und wie »wir vor einer geistlichen Revolution stehen, die in Kürze unser Land ergreifen wird«, muß ich sagen, daß ich reichlich skeptisch geworden bin. Bestimmt geht es Ihnen nicht anders.

Ist es da nicht hilfreich zu wissen, daß Jesus vor zweitausend Jahren an einem Berghang über der glitzernden Oberfläche des Galiläischen Meeres eine Strategie formulierte, mit der wir unsere Welt verändern können? Dazu sind zwei Leute nötig: ein »hochsalziger« Christ und ein Mensch, der Christus braucht. Beide in einem Gespräch, das um die wirklich wichtigen Dinge des Lebens kreist.

> *Jesus ist nicht wie der Chef, der Professor oder der Prediger, die uns nur eine Aufgabe übertragen, es dann aber uns selbst überlassen, wie wir ihn erfüllen. Jesus gab uns einen klar formulierten Auftrag, und dann setzte er alle seine Möglichkeiten ein, damit dieser Auftrag erfolgreich umgesetzt werden kann.*

Wo ein hoher Salzgehalt, ein unmittelbarer Austausch und eine klare Darstellung der Wahrheit aufeinandertreffen und gleichzeitig der Heilige Geist am Werk ist, da geschieht etwas mit einem Menschen, der in großer Distanz zu Gott sein Leben führt. Diese Veränderung ist, nach allem, was die Schrift sagt, Gott unendlich wichtig.

»Ihr seid das Salz der Erde«, sagte Jesus. »Ihr seid das Licht der Welt.« Damit meinte er *Sie*.

Teil II

Die Voraussetzungen für hochgradige Echtheit

$$hE + uN + kK = mE$$

Kapitel 4

Mit authentischem Christsein
Neugier wecken

Eine populäre Werbekampagne im Fernsehen wollte uns einreden: »Image ist alles«. Anscheinend haben viele Leute es geglaubt, besonders in den christlichen Kreisen. Sehen Sie sich doch nur einmal an, wieviel Geld von Einzelpersonen und Organisationen für eine schöne Fassade ausgegeben wird, selbst wenn dahinter vor Konflikten und Ungereimtheiten das eigentliche Gebäude zerbröckelt.

Im Gegensatz dazu lautet das Motto vieler aufrichtiger Wahrheitssucher: »Substanz ist alles«. Und diese Leute merken den Unterschied zwischen »echt« und »Fassade« aus meilenweiter Entfernung. Sie haben einen ausgesprochenen Riecher dafür, das Echte vom Unechten zu unterscheiden, und was sie riechen, entscheidet darüber, ob sie sich angezogen oder angewidert fühlen.

Lee Strobel war ein Reporter der *Chicago Tribune*. Anfang der 80er Jahre besuchte er die Veranstaltungen der *Willow Creek*-Gemeinde, um seine Frau Leslie zufriedenzustellen, die gerade Christin geworden war. In seinem aufschlußreichen Buch »Beim Wort zum Sonntag schalt' ich ab« schreibt Lee: »Als skeptischer Nichtchrist betrat ich die Kirche und tastete die Umgebung mit meinem ›Heuchler-Radar‹ nach Anzeichen dafür ab, daß die Leute dort nur eine Show abzogen. Ich hielt regelrecht gezielt Ausschau nach ›frommem Falschgeld‹, nach Opportunismus und Bauernfängerei, weil ich mir folgendes dachte: Wenn ich einen Anlaß dazu fand, die Kirche aufgrund ihrer Heuchelei abzulehnen, dann stand es mir frei, das ganze Christentum ebenfalls abzulehnen.«

Doch Lee entdeckte das Gegenteil. Er stellte fest, daß die Kirche voller Leute war, die in aller Aufrichtigkeit danach fragten, was es heißt, Christus in ihrem täglichen Leben zu ehren und ihm nachzufolgen. Und dies hinterließ einen derartig nachhaltigen Eindruck bei ihm, daß er sich nicht nur von seinem Atheismus abkehrte und Gottes Vergebung für sich in Anspruch nahm, sondern sich letztendlich auch zum vollzeitlichen Dienst ausbilden ließ. Heute ist er einer der Pastoren im Lehrdienst der *Willow Creek*-Gemeinde.

> *Mangelnde Übereinstimmung zwischen Glauben und Leben unter jenen, die sich als Christen bezeichnen, kann zu einer nahezu unüberwindlichen Barriere für Menschen werden, die sich für den Glauben interessieren.*

Vor einigen Jahren wurde genau dieser Punkt in einem Hit mit dem Titel *Jacob's Ladder* (»Jakobs Leiter«) dargestellt. Huey Lewis besang einen schwabbelig dicken Mann, der ihm auf den Fersen war, um ihm die ewige Erlösung anzudrehen. Es überrascht nicht, daß er ihm antwortete, mit solchen Sachen habe er es nicht eilig, um dann den bissigen Zusatz anzubringen: »Und außerdem will ich nicht so werden wie du.«

Die meisten Leute würden es nicht so direkt sagen, aber glauben Sie mir: Sie denken es. Sie sind nicht daran interessiert, eine verbindliche Entscheidung für Christus zu treffen, wenn sie keine positiven und konsequenten Verhaltensmuster bei den Christen in ihrem Bekanntenkreis feststellen können. Joe Aldrich, der Verfasser des Buches *Life-Style Evangelism* (»Evangelisation als Lebensstil«), drückt es so aus: »Christen sollten selbst *good news* (im Sinne von: etwas Positives) sein, bevor sie anderen die *good news* (im Sinne von: die Gute Nachricht) weitergeben.«

Jesus sagte (Joh 15,15): »Wer in mir bleibt und in wem ich bleibe, der bringt reiche Frucht.«

Das Wichtigste zuerst

Es ist zwar verlockend, jedoch verfrüht, ein paar Stufen zu überspringen und über praktische Tips für die Weitergabe unseres Glaubens zu reden. Bevor wir zu hochgradig ansteckenden Christen werden können, müssen wir zuerst ein Leben führen, das die Menschen um uns herum davon überzeugt, daß wir selbst mit der »Krankheit infiziert« sind!

Wenn wir zu den durchdringend salzigen Christen werden wollen, die Jesus haben möchte, müssen wir zuerst eine Selbstbeurteilung vornehmen und dann dazu bereit sein, die notwendigen charakterlichen Änderungen anzugehen. Wir müssen dafür sorgen, daß unsere Lebensführung zu dem paßt, was wir sagen. In Abwandlung des Liedtextes wollen wir erreichen, daß andere uns beobachten und dabei denken: »Ich hätte nie gedacht, daß geistliche

Dinge mich so brennend interessieren würden, aber ich wünschte, ich könnte so wie diese Leute werden!«

Logischerweise müssen wir an dieser Stelle fragen: Wie schneiden die Christen insgesamt dabei ab? Um eine Antwort darauf zu bekommen, fange ich manchmal eine zwanglose Unterhaltung mit Leuten an, die nicht wissen, was ich von Beruf bin. »Ich bin einfach neugierig«, sage ich dann vielleicht. »Kennen Sie jemand, der Christ ist? Welchen Eindruck haben Sie von ihm oder ihr?«

Junge, Junge, manchmal bekomme ich einen wahren Wortschwall ab! Sie sollten es einmal selbst probieren. Viel häufiger, als mir lieb ist, bekomme ich eine unerfreuliche Antwort. Der Befragte sagt vielleicht in etwa: »Ja, ich kenne da ein paar Christen, und die muß ich leider als – na, sagen wir: engstirnig und kleinkariert bezeichnen. Sie wissen schon: die ganz sturen Typen!« Oder er sagt: »Sie sind so abgekapselt. So ganz für sich. Ich kenne sie nicht näher, weil sie in einer anderen Welt leben.«

Es kommt aber noch schlimmer: »Ich kenne ein paar ›Wiedergeborene‹, und ich muß Ihnen sagen, diese Leute gehen mir echt auf die Nerven. Ich habe das Gefühl, daß ich jedesmal, wenn ich an ihnen vorbeigehe, von ihnen in Grund und Boden verurteilt werde. Sie sind einfach zu selbstgerecht.« Oder: »Sie sind entsetzlich naiv und haben für jedes komplexe Problem immer gleich einen Gemeinplatz aus der Bibel.« Und hin und wieder wird mir gesagt: »Ich halte sie durch die Bank für einen Verein von Heuchlern.«

Ich finde es sowohl interessant als auch enttäuschend, wie wenig positive Beurteilungen ich von Außenstehenden über Christen zu hören bekomme. Ich wünschte, daß ich auf meine Frage als erstes hören würde: »Christen? Das sind verläßliche, couragierte Leute.« Oder: »Sie haben ein Herz für andere. Sie sind immer hilfsbereit, besonders denen gegenüber, die es nicht so gut wie sie selbst haben.« Oder: »Christen sagen immer die Wahrheit; man kann sich darauf verlassen, daß sie mit offenen Karten spielen.« Wünschen Sie sich nicht auch, daß das allgemeine Image dessen, was ein Christ ist, positiver als das wäre, das viele Leute mit sich herumtragen? Wir brauchen eine »bessere Presse«, denn der Eindruck, den andere von uns haben, hat tiefgreifende Konsequenzen auf das Bild, das sie sich von Gott machen.

Wie Jesus die Sache sieht

Jesus wußte, wie wichtig Eindrücke sind. Deshalb wies er uns auch so unmißverständlich dazu an, Salz und Licht zu sein. Er weiß: Wenn Sie lernen, diese Richtlinien in die Praxis umzusetzen, werden die Menschen um Sie herum Ihre »guten Werke sehen und [Ihren] Vater im Himmel preisen.«

Sehen Sie, worauf Jesus hinauswill? Er sagt uns, daß jeder seiner Nachfolger mit seinen Ansichten und seinem Verhalten entweder andere zu einer Beziehung mit Gott ermutigt oder sie davon abhält.

> *Daher bat Jesus seine Leute – damals wie heute –, ein Leben zu führen, das andere Menschen zum Vater hinzieht. Denken Sie einmal darüber nach: Unser tagtägliches Verhalten hat Konsequenzen, die bis in die Ewigkeit hineinreichen.*

Neulich las ich einen Brief, den eine vor kurzem bekehrte Christin an die Frau geschrieben hatte, die eine so lebensverändernde Wirkung auf sie gehabt hatte. In diesem Brief listet sie eine ganze Reihe von ansteckend wirkenden Eigenschaften der Frau auf, die schon seit längerem Christ war:

> *»Weißt du, als ich dich kennenlernte, da hatte ich das Gefühl, zu dir kommen zu können, ich spürte eine Wärme und in allem eine große Echtheit. Das imponierte mir. Ich sah eine blühende Lebendigkeit in dir – keinerlei Anzeichen für inneren Stillstand. Ich konnte dir anmerken, daß du ein im Wachstum begriffener Mensch bist, und das gefiel mir. Ich sah, daß du ein gesundes Selbstwertgefühl besitzt, das nicht auf dem künstlichen Fundament von Selbsthilfebüchern aufgebaut war, sondern auf etwas viel, viel Tieferem. Ich sah, daß du dich von Überzeugungen und Prioritäten leiten ließest, nicht von Bequemlichkeit, Eigensucht und Gewinnstreben. Und so jemanden hatte ich noch nie kennengelernt.*
> *Ich spürte eine tiefe Liebe und Anteilnahme deinerseits, als du mir zuhörtest, ohne mich zu verurteilen. Du versuchtest, mich zu verstehen, du littest mit mir und feiertest mit mir, du begegnetest mir mit Freundlichkeit und Großzügigkeit – und nicht nur mir, sondern auch anderen Menschen.*
> *Und du vertratest etwas. Du warst dazu bereit, gegen den Strom unserer Gesellschaft zu schwimmen und dem zu folgen, was du für richtig erkannt hattest, egal, was andere Leute darüber sagten, und egal, wie hoch der Preis war. Und aus diesen und tausend anderen Gründen wollte ich das, was du hattest, auch für mich selbst. Jetzt, wo ich Christ geworden bin, wollte ich dir schreiben und dir sagen, daß ich dir unsagbar dankbar dafür bin, wie du dein Christsein vor meinen Augen gelebt hast.«*

Auf eine Kurzformel gebracht, besagt dieser Brief: »Danke, daß du ein ansteckender Christ bist.« Ein solcher Brief motiviert mich dazu, ebenfalls ein Leben als »ansteckender« Christ zu führen. Sie auch? Bestimmt wünschen auch Sie sich einen tieferen Lebensinhalt als Nippes, Nettigkeiten und Nullen auf der Lohn- bzw. Gehaltsüberweisung.

Weil dieses Thema von so großer Bedeutung ist, werden wir drei Kapitel darauf verwenden, die Hauptqualitäten zu betrachten, die geistlich interessierte Sucher dazu ermutigen, das Christsein ernsthaft in Betracht zu ziehen. Obwohl auch andere Qualitäten genannt werden könnten, sind es im wesentlichen diese drei Wesenszüge – authentische Lebensführung, ein Herz für andere und Opferbereitschaft –, die dazu notwendig sind, aus einem Christen einen »ansteckenden« Christen zu machen. Fehlen sie, so wird der Wahrheitssuchende garantiert woanders weitersuchen. Werden sie aber gelebt, erhöht sich die Möglichkeit einer »Ansteckung« um ein Vielfaches.

Die Elemente der authentischen Lebensführung

Wenn ich vor einer kleineren Gruppe von Zuhörern stehe, frage ich manchmal die Teilnehmer, welche Wesenszüge sie an anderen am meisten stören. Wissen Sie, was so gut wie immer ganz oben auf der Liste steht? Unaufrichtigkeit oder mangelnde Übereinstimmung zwischen Glauben und Leben, kurz: keine Authentizität.

»Ich kann nicht ausstehen, wenn jemand anders handelt, als er redet«, heißt es dann meistens. »Ich finde es abstoßend, wenn einer ein Versprechen macht und es dann nicht einhält, oder wenn er eine falsche Fassade vor anderen aufbaut und ich genau weiß, wie es dahinter aussieht.« Oder: »Ich finde es gut, wenn jemand seine eigenen Fehler zugeben kann.«

Immer wieder habe ich die Feststellung gemacht, daß Menschen sich zu Aufrichtigkeit hingezogen fühlen. Daraus folgt: Einer der wichtigsten Wesenszüge, durch den Sie Freunde und Angehörige zu Christus führen können, besteht darin, einfach echt zu sein. Darauf zu verzichten, sich größer darzustellen, als Sie sind, oder vorzugeben, weniger zu sein, als Sie sind. Durch die befreiende Macht Gottes die Freiheit zu haben, einfach Sie selbst zu sein.

Einmal hörte ich eine Geschichte, welche die gewaltige Versuchung veranschaulicht, uns als glorreicher auszugeben, als wir sind: Während der Golfkrise zog ein frisch beförderter Oberst in ein provisorisches Büro. Er war soeben eingetroffen und hatte mit dem Einräumen begonnen, als er einen Gefreiten mit einem Werkzeugkasten in seine Richtung kommen sah.

Weil er einen möglichst imposanten Eindruck bei dem jungen Gefreiten hinterlassen wollte, nahm er schnell den Telefonhörer zur Hand.

»Ja, General Schwarzkopf, selbstverständlich. Das halte ich für eine ausgezeichnete Idee«, sagte er. »Sie können sich auf meine Unterstützung verlassen. Vielen Dank für die Nachfrage. Halten Sie mich auf dem laufenden, Norman. Wiederhören!« Und er hängte energisch ein und drehte sich um.

»Und was kann ich für Sie tun?« fragte er den Gefreiten.

»Äh ... ich wollte nur eben schnell Ihr Telefon anschließen«, lautete die verlegene Antwort.

Die Welt steckt voller Lug und Trug. Wo man auch hinsieht, gibt es falsche Fassaden. Zu viele Leute versuchen, sich größer zu machen, als sie in Wirklichkeit sind.

> *Auf dem Parkett unserer Gesellschaft bewegen sich heutzutage so viele, die ein falsches Image vorgeben, daß aufrichtige Menschen ein großes Aufsehen erregen, wenn sie ihr unverfälschtes Ich zeigen.*

Um das, wovon ich hier rede, näher zu betrachten, wollen wir vier Bereiche nennen, die den Wahrheitssuchenden in ihrer Echtheit entscheidend imponieren und ihnen den Weg in Richtung »Christsein« weisen werden.

Einfach so sein, wie ich bin

Der erste Bereich ist eine *authentische Identität*. Ich kann Ihnen gar nicht sagen, wie viele frisch bekehrte Christen nach unseren Wochenend-Gottesdiensten auf mich zukommen, um mir zu sagen, welch eine große Rolle die Entdeckung der Vielfalt innerhalb der Familie Gottes bei ihrer Entscheidung für Jesus gespielt hat. Ich erinnere mich an einen Mann, der zu mir sagte:

> *»Ich kam mit der Erwartung hierher, daß die leitenden Leute jeden in dasselbe Schema zwängen würden. Und ich erwartete bis ins letzte ausgewalzte Richtlinien darüber, wie ein Christ auszusehen, sich zu verhalten, zu reden, zu riechen, sich zu kleiden und zu denken hat. Irrtum. Genau das Gegenteil habe ich hier vorgefunden!*

Ich habe eine erstaunliche Vielfalt an Leuten angetroffen: jung, alt, reich, arm, gebildet, weniger gebildet, schwarz, weiß und sämtliche Zwischenschattierungen. Ich hörte Aufrufe wie: ›Findet heraus, zu welch einem Menschen Gott euch erschaffen hat. Entdeckt, mit welchen Begabungen er euch ausgestattet hat. Versucht, seine ganz spezielle Berufung für euch zu entdecken, und folgt ihr dann!‹«

Weiter sagte er: »Ich war regelrecht schockiert, als ich merkte, daß es hier überhaupt kein Einheitsschema gibt, in das alle gezwängt werden.« Dann fügte er noch etwas hinzu, was ich nie vergessen möchte:

»Ich machte die Entdeckung, daß ich meine Identität nicht verleugnen muß, um mit Christus zu leben und ihm nachfolgen zu können. Ich fand es sagenhaft, daß Gott ein großes Interesse an mir hat, daß er mich so liebt, wie ich bin, und daß er mich auf eine Art gebrauchen möchte, die der Persönlichkeitsstruktur entspricht, die er mir gegeben hat.«

Sehen Sie, wie wichtig eine authentische Identität ist? Dieser Mann fühlte sich zu Christus hingezogen, weil er Christen traf, die Gott mit ihrem ganzen Herzen, ihrer ganzen Seele, ihrem ganzen Verstand und ihrer ganzen Kraft liebten, ohne dabei ihre Wesensart oder ihre Persönlichkeit aufzugeben.

Einer der größten Fehler, die ein Christ machen kann, besteht darin, seine gottgegebene Einzigartigkeit zu unterdrücken, um sich dadurch einen frommeren Anstrich zu geben. Dieser Fehler ist in zweifacher Hinsicht fatal. Erstens kann man nach zehn oder fünfzehn Jahren, in denen man seine Persönlichkeit unterdrückt hielt, völlig den Blick für das verlieren, was man eigentlich ist. Zweitens gibt es Menschen, die der Familie Gottes fernstehen und deren Gottesbild sehr stark von dem abhängt, was sie an seinen Verehrern erkennen können: entweder eine unechte, weltfremde Fassade oder die Faszination der Einmaligkeit, die sich in seinen einzigartigen Kindern, seinen Söhnen und Töchtern, widerspiegelt.

Wollen Sie ein Christ werden, dessen Glauben ansteckend wirkt? Dann hören Sie auf, sich ständig für Ihre gottgegebene Wesensart zu entschuldigen. Lassen Sie das Verleugnen Ihrer Individualität. Machen Sie Schluß damit, sich selbst in das von anderen aufgestellte Schema, was einen guten Christen ausmacht, zu zwängen. Das sind meistens nicht die Spielregeln, die Gott für Sie vorgesehen hat.

Es begeistert mich total, daß ein mir bekannter, überzeugter Christ als einer der erfolgreichsten und einsatzfreudigsten *Linebacker* innerhalb der *NFL*

(Nationale Football-Liga) in der Geschichte des Footballs geehrt wurde. Ich bin ebenso begeistert über die Tatsache, daß eine nicht minder überzeugte Christin eine brillante Anwältin ist, die sich mit demselben Elan, den Mike Singletary in den Football einbringt, für die Rechte von mißbrauchten und vernachlässigten Kindern einsetzt.

Gott hat viele Menschen auf dieser Welt mit Elan und Feuer ausgestattet. Und es ist eine großartige Sache, wenn ein Suchender entdeckt, daß er Christus nachfolgen kann, ohne seinen angeborenen Tatendrang und leidenschaftliche Lebensfreude unterdrücken oder verleugnen zu müssen.

Im Kaleidoskop der Familie Gottes ist Platz für alle Begabungen und Temperamente. Vielleicht hat Gott Ihnen ein Herz voller Erbarmen geschenkt, eine Menge Geduld, eine umfassende Weisheit oder die Fähigkeit, abenteuerbewußt zu leben oder in der Abgeschiedenheit und Stille aufzublühen. Und irgendwo in Ihrer Umgebung verbirgt sich wahrscheinlich ein Suchender, der nur noch einen kleinen Schritt vom Glauben an Jesus Christus entfernt ist, doch der den Kontakt mit jemandem wie Ihnen braucht: jemand mit Ihrer Persönlichkeit, Ihrem Temperament, Ihrer Passion und Ihren Interessen. Wenn dieser Suchende sehen kann, wie Gott durch Sie lebt und handelt, ist das vielleicht schon genug, um ihm über die Schwelle des Glaubens zu helfen.

Die Verse 14 und 15 aus Psalm 139 besagen, daß wir »wunderbar« und »kunstvoll« erschaffen wurden. Indem Sie Ihre Einzigartigkeit nicht verdrängen, sondern leben, werden Sie zu einem überzeugenden Vorbild, das andere zu der Quelle Ihrer persönlichen Freiheit hinziehen wird.

Echtheit der Gefühle

Ein weiterer starker Magnet, der Menschen zu Gott hinzieht, ist ein authentisches Gefühlsleben. Tragischerweise haben viele Christen es verlernt, ihre Gefühle zum Ausdruck zu bringen. Einige wohlmeinende, doch schlechtberatene Pastoren und Gemeindeleiter haben die Ansicht verbreitet, ein engagierter Christ dürfe niemals zornig werden und das Zeigen von Traurigkeit, Verletztsein oder Kummer sei ein Zeichen von mangelndem Glauben oder Charakterschwäche. Ungezählte Gläubige haben inmitten der schwierigsten Situationen versucht zu lächeln und zu sagen: »Preist den Herrn!« und dies für einen Beweis ihrer geistlichen Reife gehalten.

70

Doch ihre tapferen Bemühungen hatten leider negative Folgen. Die erste nenne ich »Wirrwarr der Emotionen«: Man unterdrückt bestimmte Empfindungen so lange, bis man gefühlsmäßig vollkommen die Orientierung verliert. Letztendlich verliert man sogar die Fähigkeit, überhaupt Emotionen zu empfinden. Man erkennt sie nicht, wenn sie an die Oberfläche dringen wollen, oder man weiß nicht, wie man sie jemand anders gegenüber zum Ausdruck bringen soll.

Durch seinen verzweifelten Versuch, seine Gefühle zu »verchristlichen«, hat ein solcher Mensch sie so lange manipuliert, daß er sich nun in einem hilflosen Zustand der gefühlsmäßigen Apathie und Orientierungslosigkeit befindet. Eine Menge Arbeit – und nicht selten auch Psychotherapie bei einem christlichen Therapeuten – ist erforderlich, um aus diesem Zustand wieder herauszufinden.

Die zweite Folge besteht darin, daß Außenstehende sich sehr schnell von gefühlsmäßiger Unechtheit abgestoßen fühlen. Sie hören Alarmsirenen, wenn beispielsweise ein junges Ehepaar ein Baby verliert und angesichts des niederschmetternden Verlustes nur trockenen Auges dasitzt und unaufhörlich irgendwelche frommen Floskeln wie »Gott sei trotzdem gelobt« vom Stapel läßt.

Ein Außenstehender schüttelt da nur den Kopf und denkt: »Wißt ihr, eigentlich ist hier richtige Trauer angesagt. Irgend etwas stimmt hier nicht. Nennt mich ruhig einen Heiden, aber ein Verlust wie dieser muß betrauert werden, ganz egal, welcher Religion ihr angehört.«

Stellen Sie dieses Beispiel dem Beispiel Jesu gegenüber. Erinnern Sie sich, was er tat, als sein Freund Lazarus gestorben war? Er weinte ganz offen. In der Gegenwart anderer brach er in Tränen aus. Und ich bin mir sicher, daß seine gefühlsmäßige Echtheit ihn in den Augen Außenstehender noch glaubwürdiger machte.

Vor kurzem hörte ich, wie ein Vater von dem Abend erzählte, an dem er die Nachricht bekam, daß sein achtzehnjähriger Sohn bei einem Autounfall ums Leben gekommen war. Während dieser engagierte Christ mir das furchtbare Ereignis schilderte, füllten sich seine Augen mit Tränen. Einen Moment lang konnte er nicht weitersprechen. Dann sagte er: »Weißt du, fast jeden Tag und jede Stunde spüre ich ein Loch in meinem Herzen.«

Als er zu Ende erzählt hatte, fühlte ich mich geistlich zu ihm hingezogen. Und ich fühlte mich zu dem Gott hingezogen, der ihm die Macht verliehen hatte, derartig menschlich und echt zu sein. Ich dachte: Dieser Mann hat eine große innere Freiheit. Er weiß, wer er ist und was in ihm vorgeht.

Wissen Sie, was Suchende dringender an Ihnen sehen müssen als trockene Augen und ein aufgesetztes Lächeln? Sie müssen sehen, wie Sie mit Angst und Traurigkeit und Zorn und Eifersucht und Verlust kämpfen. Sie müssen hören, wie Sie offen darüber reden. Sie müssen sehen, wie Sie Ihren Glauben ausleben, ohne die täglichen gefühlsmäßigen Realitäten des Lebens zu ignorieren.

Verstecken Sie also nicht den inneren Kampf. Versuchen Sie nicht, ihn zu übertünchen oder zu verchristlichen, denn Ihre Gefühle sind wichtig. Gott hat sie in Sie »eingebaut«. Er hat sogar selbst solche Gefühle! Und wenn Sie ihnen auf eine gesunde und offene Weise begegnen, wird Ihre gefühlsmäßige Echtheit andere auf den Gott hinweisen, der in Ihnen am Werke ist.

Das Geständnis, versagt zu haben

Ein dritter Bereich, über den wir reden müssen, ist ein authentisches Geständnis. Mit diesem Begriff meine ich die Art, auf die Christen mit ihren Fehltritten und ihrem Versagen umgehen. Leider haben die meisten von uns fälschlicherweise geglaubt, unser Versagen um jeden Preis verstecken zu müssen. Uns wurde gesagt, daß unsere moralischen Fehltritte den christlichen Glauben in den Augen anderer abstoßend machen würden, und deshalb sollten wir tunlichst dafür sorgen, daß niemand davon erfährt.

Ich werde nie meine Unterhaltung mit einem Geschäftsinhaber vergessen, der am christlichen Glauben interessiert war und im Laufe der Jahre viele Christen in seinem Betrieb eingestellt hatte. Er beobachtete sie mit Adleraugen.

»Wissen Sie, ich fühlte mich auf ganz natürliche Art zu Gott hingezogen, als ich sah, wie gewissenhaft, gütig, gründlich und fleißig die gläubigen Angestellten waren«, erzählte er mir. »Aber ein Erlebnis beeindruckte mich besonders nachhaltig. Eines Tages bat ein Mann, der gerade vor kurzem Christ geworden war, darum, mich nach der Arbeit zu sprechen. Ich verabredete mich also mit ihm, aber dann kam mir die Befürchtung, daß er als frommer Fanatiker, der er nun war, womöglich versuchen könnte, mich zu bekehren.

Ich war überrascht, als er mit hängendem Kopf zu mir ins Büro kam und zu mir sagte: ›Sir, ich will Sie nicht lange aufhalten, aber ich möchte Sie um Verzeihung bitten. Seitdem ich bei Ihnen arbeite, habe ich das getan, was andere Angestelle auch tun, zum Beispiel: Firmeneigentum ausleihen. Außerdem habe ich hin und wieder überschüssiges Material mitgehen lassen; ich habe auf Ihre Kosten private Telefongespräche geführt, und ich habe auch manchmal mit der Stechuhr gemogelt.

Aber vor ein paar Monaten bin ich Christ geworden, und das war echt – kein Hokuspokus. Aus Dankbarkeit für das, was Christus für mich getan hat, und aus Gehorsam ihm gegenüber möchte ich meinen Betrug Ihnen und der Firma gegenüber in Ordnung bringen. Wären Sie bereit, gemeinsam mit mir eine Lösung zu suchen? Wenn Sie mich für das, was ich angerichtet habe, an die Luft setzen wollen, dann habe ich vollstes Verständnis dafür. Ich habe es nicht anders verdient. Oder wenn Sie mein Gehalt kürzen wollen, dann kürzen Sie es um den Betrag, den ich Ihnen schulde. Wenn Sie mir zusätzliche Arbeit geben wollen, ohne mich dafür zu bezahlen, wäre mir das auch recht. Mir liegt einfach sehr viel daran, die Sache mit Gott und Ihnen ins reine zu bringen.‹«

Die beiden einigten sich tatsächlich. Und dieser Geschäftsinhaber sagte mir, dieses Gespräch habe ihn am nachhaltigsten von allem beeindruckt. Es sei die deutlichste Bekundung echten Christseins gewesen, die er je erlebt habe.

Was machte diesen jungen Christen so ansteckend? War es eine clevere neue Darstellung des Evangeliums? War es ein gut einstudiertes Glaubenszeugnis? Offensichtlich nicht. Es war schlicht und einfach ein aufrichtiges und demütiges Geständnis, gepaart mit der Bereitschaft, Schadenersatz zu leisten.

Ein ehrliches und mutiges Geständnis zeugt auf eindrückliche Weise von der lebensverändernden Macht Christi in Ihrem Leben. Es bildet einen scharfen Kontrast zu unserer Kultur, wo niemand bereit ist zuzugeben, Unrecht getan zu haben. Wir leben in einer Zeit, in der wir unsere Fehler rechtfertigen, unsere Spuren verwischen und erfolgreiche Anwälte bemühen, um den Konsequenzen zu entgehen. Niemand scheint bereit zu sein, sein Versagen zuzugeben.

Wer die Hinweise der Bibel in diesem Punkt ernst nimmt und in aller Demut seine Schnitzer zugibt, beweist damit einen hohen Echtheitsgrad seines Christseins. Und es macht dem Suchenden in unserer regreßsüchtigen, verantwortungsscheuen Gesellschaft deutlich, daß jemand nur durch die Kraft des lebendigen Gottes sagen kann: »Es ist meine Schuld, und es tut mir leid.«

Wie sieht es bei Ihnen aus? Bringen Sie Ihre Angelegenheiten ins reine, indem Sie Ihre Schnitzer zugeben? Oder machen Sie heroische Anstrengungen, um sich Ihren Mitmenschen als unfehlbar darzustellen, weil Sie befürchten, Hopfen und Malz wäre verloren, wenn andere merken, daß Sie nicht vollkommen sind? Unterschätzen Sie nicht die Macht einer ehrlichen Bitte um Entschuldigung. Sie könnte die überzeugendste Bekundung echten Christseins sein, die Ihre Freunde je erlebt haben.

Vielleicht gibt es etwas, was Sie am Arbeitsplatz, zu Hause oder in Ihrer Nachbarschaft eingestehen sollten. Oder vielleicht gibt es einen Bereich in Ihrem Leben, bei dem Sie genau wissen, daß es so nicht richtig ist, doch Sie versuchen noch immer, alles zu übertünchen, und hoffen, daß niemand davon erfährt. Vielleicht drängt der Geist Gottes Sie nun, auf einen Mitmenschen zuzugehen und zu sagen: »Weil ich es ernst mit meiner Beziehung zu Gott meine und weil ich die Sache mit ihm und dir ins reine bringen will, muß ich dich um Entschuldigung bitten.«

Darf ich Ihnen etwas verraten? Leute, die das Christsein für sich ausloten wollen, erwarten keine Perfektion von Christen. Dazu kennen sie das Leben zu gut! Statt dessen halten sie Ausschau nach jemandem, der den Mut hat, die eigenen Schnitzer zuzugeben und die Sache in Ordnung zu bringen.

Sie suchen Leute, die zu Reue und Demut und auch Schadenersatz bereit sind. Und wenn sie so jemanden gefunden haben, gibt ihnen das die Gewißheit, daß derjenige seinen Glauben ernst nimmt. Es zeigt ihnen, daß sie nicht unter der Gewaltherrschaft des Perfektionismus leben müssen, wenn sie Christus ihr Leben anvertrauen. Und glauben Sie mir: Das wird sie ungeheuer erleichtern und entscheidend offener machen.

Das leben, was man glaubt

Lassen Sie uns kurz ein letztes Thema anführen, das ebenfalls eng mit Echtheit verbunden ist: *aus echter Überzeugung handeln.*

Erinnern Sie sich an die Bilder im Fernsehen, die den chinesischen Studenten vor dem heranrollenden Panzer auf dem »Platz des Himmlischen Friedens« zeigten? Was ging in Ihnen vor, als Sie zuschauten, wie dieser Mann buchstäblich sein Leben vor diesem Panzer niederlegte? Ich für meinen Teil war zutiefst bewegt, und das Herz schlug mir bis zum Hals.

Ich hatte ähnliche Gefühle, als ich die Deutschen mit ihren Spitzhacken und Hämmerchen auf die Mauer einschlagen sah, während Soldaten mit Gewehren im Anschlag dabeistanden.

Ich schäme mich nicht zuzugeben, daß es mich tief bewegt, wenn ich Menschen sehe, die um einer bedeutenden Sache willen ein Risiko eingehen oder einen hohen Preis bezahlen. Selbst wenn ich ihre Ansichten über die Sache, um die es geht, nicht teile, bin ich von ihrer Verbindlichkeit und ihrer Bereitschaft, von der Zuschauertribüne auf das Spielfeld zu gehen, beeindruckt und bewegt.

Über die Jahre hinweg habe ich die Erfahrung gemacht, daß Suchenden fehlendes Rückgrat keineswegs imponiert. Dies muß ich deshalb betonen, weil viele Christen befürchten, Außenstehende automatisch vor den Kopf zu stoßen, wenn sie sagen, was sie glauben, wenn sie sich aus dem Versteck hervorwagen oder wenn sie sich ganz offen von biblischen Grundsätzen leiten lassen. Doch dies ist fast nie der Fall.

Die meisten Suchenden, ob sie dies nun explizit zugeben oder nicht, respektieren und bewundern Christen, die den Mut haben, zu ihrem Glauben zu stehen. Vergessen Sie nicht, daß viele Außenstehende mit sich ringen, was sie mit den Ansprüchen Christi anfangen sollen. Wenn nun ein Christ für das eintritt, was gut und richtig ist, das Christentum auf intelligente Weise verteidigt oder seinen Glauben offen und echt lebt, werden Kirchendistanzierte dazu gezwungen, sich dem zu stellen, was das Christentum eigentlich ausmacht.

Sie müssen sich fragen: »Woran glaube ich eigentlich? Wofür wäre ich bereit, auf die Barrikaden zu gehen? Habe ich den gleichen Mut wie mein christlicher Freund, das zu tun, was richtig ist?« Letztendlich führen solche Fragen nicht selten zu Antworten, die in Christus gefunden werden.

Das größte Vorbild

Die Bibel berichtet von einem römischen Hauptmann, der zuschaute, wie Jesus gekreuzigt wurde. Er wurde Zeuge eines der größten Ereignisse der Geschichte. Er sah zu, wie Jesus auf den Boden geworfen wurde, an das Kreuz genagelt und dann dem öffentlichen Gespött preisgegeben wurde. Er sah interessiert zu, wie Jesus den Anspruch aufrechterhielt, der Sohn Gottes, der Erretter der Welt zu sein. Er hörte zu, wie Jesus die weitere Versorgung seiner Mutter regelte und wie er einem reumütigen Verbrecher Gnade erwies.

Dann erschauerte dieser im Kampf abgehärtete Soldat, als Jesus laut ausrief: »Es ist vollbracht! ... Vater, in deine Hände lege ich meinen Geist.«

Als Jesus gestorben war, wurde dem Hauptmann der hohe Preis klar, den Jesus bezahlt hatte, die feste Verbindlichkeit, mit der er zu seinem Auftrag gestanden hatte, und seine Bereitschaft, sogar sein Leben dafür zu geben. Das, was dieser Hauptmann gesehen hatte, ging ihm nach. In ihm herrschte Chaos. Und letztendlich gelangte sein Herz zu demselben Schluß, zu dem sein Verstand schon gekommen war. Aus tiefster Seele rief er: »Wahrhaftig, dieser Mensch war Gottes Sohn.«

Dieser zynische römische Hauptmann hätte sich durch nichts außer der Todesbereitschaft Jesu auf die Knie bringen lassen. Es war die echte und mutige Hingabe Jesu, die den Hauptmann zu dieser Erkenntnis bewegte.

Die Herausforderung

> *Lassen Sie es mich noch einmal sagen: Schwache Christen imponieren Kirchendistanzierten nicht. Im Grunde ihres Herzens suchen sie jemanden – egal, wen –, der aufsteht, die Wahrheit verkündet und diese unerschrocken lebt. Und ich muß einfach fragen: Warum können wir nicht dieser »Jemand« sein?*

Warum können wir nicht authentisch und unerschrocken an unserem Arbeitsplatz, in unserer Nachbarschaft, an unseren Unis und in unserer Welt leben? Wovor haben wir eine solche Angst? Was hält uns davon ab? Wir haben den Heiligen Geist, wir haben das Wort Gottes, und wir haben die Kirche.

Wir wollen doch Christen sein, die andere mit ihrem Glauben anstecken oder nicht? Dann sollten wir uns auch als echt erweisen. Zeigen wir doch eine authentische Identität, und leben wir als Menschen, wie Gott uns erschaffen hat – nicht großartiger, aber auch nicht unter unserem Wert. Leben wir doch echt, was unsere Gefühle betrifft, und stellen wir uns dem, was das Leben uns zumutet. Und nicht zuletzt: Gestehen wir ruhig unsere Fehler ein! Wenn wir dann noch unerschrocken vertreten, woran wir glauben, können andere zu demselben Schluß gelangen wie damals der römische Hauptmann.

Darin besteht die Macht, die Anziehungskraft und das Potential eines authentischen Lebens als Christ.

Kapitel 5

Die Anziehungskraft des Mitfühlens

S agen Sie, was tun Sie denn, um den Armen in Ihrem Umfeld zu helfen? Haben Sie Aktionen, mit denen Sie den Hungrigen zu Essen verhelfen, den Bedürftigen Kleidung verschaffen oder den Obdachlosen ein Dach über den Kopf geben?

Wenn ich in verschiedenen Ländern der Erde über das spreche, was die *Willow Creek*-Gemeinde unternimmt, um Menschen zu erreichen, die weit weg sind von Gott und Kirche, werde ich zwangsläufig mit solchen Fragen konfrontiert. Ich bin froh, daß sie immer wieder gestellt werden.

Ich finde es nämlich ermutigend, daß unzählige Menschen in so vielen Teilen der Welt, sowohl aus der christlichen als auch aus einer nichtchristlichen Perspektive heraus, genau wissen, daß das Lindern des menschlichen Elends untrennbar mit echtem Christsein verbunden ist. Sie scheinen instinktiv gemerkt zu haben, was Jakobus uns in seinem Brief schreibt (Jak 1,27): »Ein reiner und makelloser Dienst vor Gott, dem Vater, besteht darin: für Waisen und Witwen zu sorgen, wenn sie in Not sind ...«

In der gesamten Bibel kommt immer wieder zum Ausdruck, welch große Bedeutung es hat, Notleidenden zu helfen. Im Alten Testament sagt Gott: »Darum mache ich dir zur Pflicht: Du sollst deinem notleidenden und armen Bruder, der in deinem Land lebt, deine Hand öffnen« (Dtn 15,11). Im Neuen Testament sagt Jesus es noch anschaulicher: »Amen, ich sage euch: Was ihr für einen meiner geringsten Brüder getan habt, das habt ihr mir getan« (Mt 15,40). Und nachdem Paulus geschildert hat, wie er und Barnabas von der Kirche in Jerusalem ausgesendet worden waren, berichtet er von der einzigen Auflage, die er und Barnabas mit auf den Weg bekamen (Gal 2,10): »Nur sollten wir an ihre Armen denken; und das zu tun, habe ich mich eifrig bemüht.«

> *Wo tatkräftige Hilfsbereitschaft fehlt, da stimmt auf geistlicher Ebene etwas nicht. Egal, ob es nun an der Organisation oder dem einzelnen liegt: Kaltherziges Christsein übt keinerlei Anziehungskraft auf Außenstehende aus.*

Ein klares und konsequentes Handeln, das der Liebe Christi entspricht, funktioniert dagegen wie ein starker Magnet, der Menschen zu ihm hinzieht.

Ein Beispiel am Straßenrand

Jesus illustrierte die Bedeutung der Hilfsbereitschaft in einer seiner bekanntesten Geschichten (Lk 10). Sie handelt von einem jüdischen Mann, der zu Fuß von Jerusalem nach Jericho unterwegs war. Plötzlich sprangen ein paar zwielichtige Typen hinter den Felsbrocken hervor und überfielen ihn. Sie prügelten ihn bewußtlos, nahmen ihm sein Geld ab, rissen ihm die Kleidung vom Leib und ließen ihn am Straßenrand liegen.

Wenig später kam ein Priester des Wegs. Der verletzte Jude sah ihn kommen und hoffte auf Hilfe, doch der Priester machte einen Bogen um ihn und ging auf der anderen Straßenseite weiter, ohne seine Schritte auch nur zu verlangsamen. Kurze Zeit später kam ein weiterer Geistlicher, ein Levit, des Wegs. Zur unsäglichen Enttäuschung des Überfallenen ging auch er hastig an ihm vorbei.

Dann, so erzählte Jesus seinen Zuhörern, kam ein Mann aus Samarien auf der Straße näher. Obwohl das Verhältnis zwischen den Samaritern und den Juden äußerst konfliktbelastet war, verspürte dieser Samariter Mitleid mit dem Opfer des Überfalls und blieb stehen, um Erste Hilfe zu leisten. Nachdem er sich ein Bild von der Sachlage gemacht hatte, beugte er sich über den Verletzten, reinigte seine Wunden mit Öl und Wein und verband ihn.

Dann hob er den jüdischen Mann auf seinen Esel und brachte ihn zu einem Gasthaus, wo er dafür sorgte, daß der Mann ein sauberes, warmes Bett bekam. Er gab dem Wirt sogar Geld.

»Ich komme für alle Kosten auf, bis der Mann wieder auf den Beinen ist«, sagte er zu ihm. »Kümmere dich um ihn. Ich komme später wieder und bezahle alles, was über diesen Betrag hinaus an Kosten entsteht.«

Ich habe mich oft gefragt, was in diesem überfallenen und verletzten Mann vorging, als er am nächsten Tag in einem bequemen Bett aufwachte und feststellte, daß jemand, den er nicht einmal kannte, seine Wunden verbunden und seine Unterkunft und Verpflegung bezahlt hatte.

»Wer ist dieser Mann eigentlich?« fragte er vielleicht. »Und warum ist er nicht einfach wie die anderen an mir vorbeigegangen?«

Sind das nicht genau dieselben Fragen, die sich manche stellen, denen irgendwo ganz konkret geholfen wird? Sie wollen einen Blick hinter die Kulissen dieser großzügigen Hilfeleistung werfen, um das Motiv dahinter zu ergründen.

»Was bringt diesen Menschen nur dazu, so etwas für mich zu tun?« fragen sie sich überwältigt.

Der Ruf zu mehr Mitgefühl

Einer der Hauptgründe dafür, daß Gott von seinen Nachfolgern eine außergewöhnliche Bereitschaft zu helfen erwartet, besteht darin, daß nichts das Herz eines Menschen so öffnen kann wie aktive Nächstenliebe. Anders ausgedrückt: Schon eine einzige Hilfsleistung übt eine ungeheure, geradezu magnetische Kraft aus. Und Gott möchte diese Kraft dazu benutzen, Menschen an sich zu ziehen.

Jesus faßte es einmal in folgende Worte (Joh 13,34f): »Ein neues Gebot gebe ich euch: Liebt einander! Wie ich euch geliebt habe, so sollt auch ihr einander lieben. Daran werden alle erkennen, daß ihr meine Jünger seid: wenn ihr einander liebt.« So schlicht, und dennoch ungeheuer überzeugend!

Wenn wir unsere Nächstenliebe füreinander zum Ausdruck bringen, werden Außenstehende dies als das Wahrzeichen des authentischen Christseins erkennen. Es verleiht ihnen ein besseres Verständnis davon, wie Gott ist, wer seine Kinder sind und warum auch sie ihm persönlich vertrauen können.

Wie oft haben Sie in letzter Zeit Mitleid mit einem Menschen in Not verspürt? Haben Sie diesen Gefühlen Folge geleistet und in der Tat jemandem geholfen, indem Sie ihm einen Dienst erwiesen, ihn ermutigt, ihn besucht oder ihm in irgendeiner Form Zuwendung gezeigt haben?

Um Ihnen zu helfen, Ihre Antwort griffiger zu machen, möchte ich Sie dazu einladen, sich eine Zahl aufzuschreiben, die Ihren gegenwärtigen Stand der Nächstenliebe darstellt – nennen wir sie Ihren persönlichen »Nächstenliebe-Quotienten«. Wählen Sie eine Zahl zwischen null und zehn, wobei null bedeutet, daß Ihr Herz Tiefkühltemperatur hat und zehn Sie als eine zweite Mutter Teresa ausweist.

Achten Sie darauf, daß Ihr Quotient Ihren gegenwärtigen Zustand anzeigt, nicht den von vor einigen Jahren oder den, den Sie für die Zukunft anstreben. Und um die Sache etwas spannender zu machen, erkläre ich die Zahl fünf für unzulässig! Dadurch sehen Sie sich gezwungen, Ihre Punktzahl in eine bestimmte Richtung festzulegen. Und jetzt schreiben Sie Ihre Zahl auf ein Blatt Papier oder an den Rand dieser Buchseite. Alles klar?

Eine persönliche Lernerfahrung

Als ich vor einigen Jahren einen Studienurlaub in Michigan machte, dachte ich über das Gleichnis Jesu vom barmherzigen Samariter nach. Ich erinnere mich noch genau daran, wie ich allein an einem Tisch in einem kleinen Schnellrestaurant saß und mit den Tränen kämpfte, während ich diese Verse immer wieder las. Erschütternd wurde mir klar, daß mein »Nächstenliebe-Quotient« auf einen gefährlich niedrigen Stand abgesunken war.

Zu dieser ernüchternden Erkenntnis gesellte sich noch der Gedanke an die Worte des Paulus (1 Kor 13,1-3):

> »Wenn ich in den Sprachen der Menschen und Engel redete, hätte aber die Liebe nicht, wäre ich dröhnendes Erz oder eine lärmende Pauke. Und wenn ich prophetisch reden könnte und alle Geheimnisse wüßte und alle Erkenntnis hätte; wenn ich Glaubenskraft besäße und Berge damit versetzen könnte, hätte aber die Liebe nicht, wäre ich nichts. Und wenn ich meine ganze Habe verschenkte, und wenn ich meinen Leib dem Feuer übergäbe, hätte aber die Liebe nicht, nützte es mir nichts.«

Diese Verse, die so oft wie eine Art blumige Poesie gelesen werden, trafen mich mit der Wucht eines Vorschlaghammers. Ich mußte mir eingestehen, daß ich ausgerechnet auf dem Gebiet, dem Gott die größte Bedeutung beimißt, kläglich versagt hatte: Nächstenliebe. Es tat weh, zugeben zu müssen, daß dieses göttliche Geschenk, das mir selbst in so reichlichem Maß von Gott und anderen entgegengebracht worden war und über das ich oft Vorträge hielt, bei mir selbst so auffallend fehlte.

Doch mit seiner typischen Sanftmut und Bestimmtheit führte Gott mich durch die Beschämung und die Schuldgefühle hindurch, die mit dieser Erkenntnis einhergingen. Das Ergebnis dieser Erfahrung war, daß ich einige Dinge lernte, die mir halfen, meine Einstellung grundlegend zu ändern. Auf den verbleibenden Seiten dieses Kapitels werde ich einiges von dem, was ich gelernt habe, ausführen.

Ich bin froh, sagen zu können, daß sich mein persönlicher »Nächsten-liebe-Quotient« seitdem langsam, aber stetig erhöht hat. Hin und wieder erlebe ich Rückschläge und habe sicherlich noch viel zu lernen. Meine Hauskreisgruppe hilft mir dabei, das Ziel nicht aus den Augen zu verlieren. Nächstenliebe ist etwas, was mir nicht unbedingt leicht fällt, aber ich kann voller Dankbarkeit sagen, daß mein Herz insgesamt eine »Expansionstendenz« aufweist, keine »Schrumpfungstendenz«.

Als ich Gelegenheiten beim Schopf ergriffen habe, um Nächstenliebe und Anteilnahme in konkretes Handeln umzusetzen, habe ich erlebt, wie die Herzen der Suchenden zu schmelzen begannen und sich für Gott öffneten, die Quelle aller Nächstenliebe. Ich habe sogar voller Freude erlebt, wie einige dieser Menschen Christus als ihren Herrn und Erlöser annahmen! Wenn so etwas passiert, dann würde ich am liebsten einen noch viel größeren Bereich in meinem Leben für den konkreten Dienst der Nächstenliebe einrichten.

Bestimmt würden auch Sie gern solche Dinge in Ihrem Bekanntenkreis erleben. Wenn das der Fall ist, dann wollen wir gemeinsam überlegen, wie Sie Ihren persönlichen »Nächstenliebe-Quotienten« dauerhaft im oberen Bereich halten können.

Dinge, die unsere Nächstenliebe im Keim ersticken

Lassen Sie mich einmal die Rolle eines Herzspezialisten spielen, der eine Untersuchung vorzunehmen und eine Diagnose zu stellen hat. Diese Untersuchung ist besonders dann angesagt, wenn Ihr gegenwärtiger »Nächsten-liebe-Quotient« nicht über sechs liegt. Wenn dies der Fall ist, verspüren Sie vielleicht einige der Emotionen, die mich vor mehreren Jahren in Michigan quälten. Lassen Sie sich dadurch nicht entmutigen, sondern lassen Sie sich ganz im Gegenteil zur Tat anspornen. Wenn Ihr Quotient höher ist, werden Sie vielleicht einige Ideen finden, durch die Sie ihn auf die nächste Stufe erhöhen können.

Im folgenden wollen wir ein paar Faktoren betrachten, die Ihre Punktzahl torpedieren können. Anschließend werden wir ein Rezept für die notwendigen Veränderungsmaßnahmen schreiben.

Wo Sie leben

Das erste mögliche Problem besteht darin, daß Sie vielleicht ein unproduktives, negatives Familien- oder Betriebsklima hinter sich haben oder noch darin stecken. Es ist eine einfache, jedoch häufig übersehene Tatsache, daß Nächstenliebe reproduktiv ist. Liebe produziert Liebe. Eine rücksichtsvolle Umgebung fördert rücksichtsvolles Verhalten.

Manche von uns haben einen relativ hohen »Nächstenliebe-Quotienten«, weil sie in einem liebevollen Elternhaus aufgewachsen sind. Ihre Kindheitserinnerungen sind voller Gelächter, Liebe, Geborgenheit und Akzeptiertsein. Andere unter uns haben den großen Vorteil, in einem positiven Betriebsklima zu arbeiten, wo Hilfsbereitschaft und Kollegialität gedeihen können, und dies sorgt für einen höheren Quotienten.

Wenn ich Sie damit beschrieben habe, dann lassen Sie sich dazu ermutigen, an Ort und Stelle ein inniges Dankgebet zu sprechen, denn Sie können sich wirklich glücklich schätzen. Ihr »Nächstenliebe-Quotient« könnte dank Ihrer positiven Entwicklungsjahre oder Ihres positiven Betriebsklimas im Bereich sieben bis neun liegen. Betrachten Sie dies nicht als Selbstverständlichkeit, denn es gibt so viele Menschen, die verzweifelt bemüht sind, sich von den Folgen einer Umgebung zu befreien, durch die sie im Defizitbereich gelandet sind.

Viele Menschen haben schon früh im Leben durch bittere Erfahrungen gelernt, daß Verachtung Verachtung hervorruft. Zorn erzeugt weiteren Zorn. Haß facht weiteren Haß an. Mißbrauch löst Kettenreaktionen aus. Wenn diese Situation auf Sie zutrifft, wissen Sie vielleicht nicht, wie Sie auf das »traute Heim« reagieren sollen, in dem manche unter uns aufgewachsen sind. Einerseits möchten Sie sich darüber freuen. Andererseits würden Sie am liebsten laut rufen: »Warum konnte ich nicht in einer solchen Familie aufwachsen? Ich habe doch immer nur Angst/Mißbrauch/Verrat/Kummer gekannt. Wie soll ich da Nächstenliebe austeilen, wenn ich kaum selbst weiß, was das ist?«

Unzählige Menschen haben zu mir gesagt: »Ich habe kein einziges Mal von meinen Eltern Verständnis oder Liebe entgegengebracht bekommen. Ich hatte keine Verwandten oder andere Bezugspersonen, denen ich etwas bedeutete. Ich hatte nicht einmal Freunde, die mich liebhatten.« Kein Wunder, daß diese Menschen sich schwertun, anderen Nächstenliebe zu erweisen!

Dazu kommt ein negatives Betriebsklima, wie Michael Maccoby es in seinem Buch *The Gamesman* (»Der Gewinnertyp«) beobachtet und beschrieben hat. »Die selbstlosesten [Leute] waren keineswegs diejenigen, die eine steile Karriere machten«, schrieb er über die gegenwärtige Situation in amerikanischen Betrieben. »In den Betrieben herrscht ein Wertesystem, das die Leistung des Kopfes weitaus höher einstuft als die des Herzens.«

Ein Geschäftsmann sagte neulich zu mir: »In den letzten fünf Jahren greift ein widerwärtiger Trend in der Geschäftswelt um sich. Wenn ich meinen Arbeitsplatz nicht verlieren will, muß ich mein Herz am Eingang abgeben.« Er sah zu Boden und setzte hinzu: »Das Schlimme ist, daß ich oft vergesse, es bei Feierabend wieder abzuholen.«

Können Sie sich in dem, was er da sagt, wiederfinden? Vielleicht arbeiten Sie in einer unglaublich ehrgeizigen Firma, in der man mehr oder weniger davon ausgehen kann, daß niemand eine Träne vergießt, wenn er weniger freundlich behandelt wird. Vielleicht sind Sie von Leuten umgeben, denen nichts zu schäbig ist, um ein Geschäft zu machen. Und Sie stecken mittendrin und möchten Ihr Bestes tun, um Gott zu ehren und anderen durch Ihre Nächstenliebe auf einladende Art ein Wegweiser zu Gott zu sein.

Wenn Sie sich in dieser Beschreibung wiederfinden, dann fühlen Sie sich bestimmt ab und zu regelrecht schizophren, habe ich recht? Sie möchten gern mehr Nächstenliebe an den Tag legen, doch Sie wissen einfach nicht, wie Sie sich in der Geschäftswelt behaupten sollen, ohne Ihr Herz am Eingang abzugeben. Deshalb fühlen Sie sich deprimiert und kommen sich manchmal sogar wie ein Heuchler vor, weil Sie sonntags ein anderer Mensch sind als wochentags am Arbeitsplatz.

Es läßt sich oft durchaus erklären, wie manche Menschen zu ihrem niedrigen »Nächstenliebe-Quotienten« gekommen sind. Ihr Familien- oder Betriebsklima hat sie schon zum Verlierer gemacht, bevor sie an die Startlinie gehen konnten.

Oder Sie müssen sich mit den Schatten einer schlimmen Kindheit herumschlagen. Für Sie kann es notwendig sein, mit einem verständnisvollen Freund oder einem Seelsorger darüber zu reden. Wenn Sie noch immer in belastenden Situationen leben, werden Sie einige mutige Maßnahmen ergreifen müssen, um die Umgebung zu ändern oder sogar in eine gesündere Umgebung überzuwechseln.

Oder vielleicht ist es die Situation an Ihrem Arbeitsplatz, die Sie hemmt, so zu leben, wie Sie es in Ihrem Herzen eigentlich wollen. Sind Sie es nicht leid, sich von Ihren Kollegen in die falsche Richtung drängen zu lassen? Sind

Sie bereit, durch Gottes Führung und Macht ein paar gezielte Maßnahmen zu ergreifen, sei es eine kleinere Verhaltensänderung oder etwas Radikaleres – vielleicht sogar ein Stellenwechsel?

> *Das Leben ist zu kurz und die Welt zu unterversorgt mit Nächstenliebe, als daß Sie es sich leisten könnten, weiterhin in Situationen zu existieren, die Sie in die Tiefe ziehen und Ihre Mitarbeit am Bau des Reiches Gottes einschränken. Zuviel steht auf dem Spiel.*

Gott ist durchaus fähig und willens, Ihnen zu helfen, Ihre Umgebung zum Positiven hin zu verändern.

Wie Sie leben

Ein weiterer Grund, weshalb manch einer so einen niedrigen »Nächstenliebe-Quotienten« hat, besteht darin, daß wir ein ungesundes Lebenstempo vorlegen.

Denken Sie an das Gleichnis vom barmherzigen Samariter. Ich bin davon überzeugt, daß der Priester und der Levit im Grunde genommen freundliche und mitfühlende Leute waren. Die meisten Geistlichen sind dies, oder zumindest sind sie es zu Anfang ihrer Tätigkeit. Aber oft »entgleist« etwas bei ihnen, und uns übrigen kann es genauso ergehen. Wir stürzen uns in unsere Karriere, wir ziehen Kinder groß, wir kämpfen mit immer größeren Lebenshaltungskosten – und das Leben rast immer schneller voran.

Das bilden wir uns nicht nur ein. Lou Harris veranstaltete eine Umfrage, um die amerikanische Arbeitssituation von 1988 mit der von 1973 zu vergleichen. In diesen fünfzehn Jahren erhöhte sich die Zahl der Arbeitsstunden pro Woche von einundvierzig auf siebenundvierzig. In der Chefetage stieg sie sogar auf zweiundfünfzig bis neunundfünfzig Wochenstunden. Im gleichen Zeitraum schrumpfte die Freizeit um siebenunddreißig Prozent. Da häufig der Streß einer Familie dazukommt, in der sowohl der Vater als auch die Mutter berufstätig sind, oder die unglaubliche Belastung des Alleinerziehens, leben viele Leute permanent in einem Zustand, den ich »Alarmstufe rot« nenne.

Alarmstufe rot zeigt an, daß Ihr Lebenstempo völlig außer Kontrolle geraten ist und sich unaufhörlich weiter beschleunigt. Wenn Sie sich in diesem

Zustand befinden, überlegen Sie ständig krampfhaft, wie Sie nur alle Bälle in der Luft und alle Teller kreisend halten sollen.

Es braucht nicht viel Phantasie, sich vorzustellen, daß Leute, die ständig in diesem Krisenzustand leben, im allgemeinen keine Luft mehr für irgendwelche »Nächstenliebe-Aktionen« haben. Es gelingt ihnen ja nur mit Mühe, von Woche zu Woche den Kopf über Wasser zu halten. Sie glauben, kein bißchen emotionale Energie erübrigen zu können, um Wärme und Mitgefühl an andere Unglücksraben zu verschenken. Hier gilt: Jeder ist sich selbst der Nächste!

Ich kenne die Anforderungen und den Streß, den Gemeindearbeit mit sich bringt, und kann förmlich hören, wie der Priester und der Levit im Vorüberhasten an dem im Graben liegenden Verletzten vor sich hinflüstern: »Dessen Sorgen möchte ich haben! Schließlich habe ich noch sechs Besprechungen vor Sonnenuntergang!«

Oder wie mir ein stark gestreßter Manager neulich sagte: »Ich habe eingesehen, daß ich, wenn ich beruflich erfolgreich sein will, alles, was nicht direkt mit meiner Arbeit zu tun hat, permanent auf Eis legen muß, und das schließt diesen ganzen Bereich Nächstenliebe mit ein.« Die Leute in der Chefetage sind nicht die einzigen, die im roten Drehzahlbereich operieren. Eltern von kleinen Kindern, berufstätige Mütter und überlastete Kirchenmitglieder stehen manchmal vor ihrem erschöpften Spiegelbild und fragen sich: »Wie lange soll das noch so weitergehen? Mache ich Gott eigentlich Ehre mit dieser verrückten Hetzerei?«

Ein ungesundes Lebenstempo wirkt sich dutzendfach destruktiv aus, doch eines folgt automatisch: Ihr »Nächstenliebe-Quotient« sackt nach unten ab. Sie haben weder die Zeit noch die innere Energie, sich um Leute zu kümmern, die Hilfe brauchen. Irgendwie möchten Sie zwar etwas unternehmen, aber Sie meinen, einfach nicht in der Lage dazu zu sein.

Auch hier spreche ich aus eigener Erfahrung. Wenn ich eine Gelegenheit, Nächstenliebe zu üben, links liegen gelassen habe, sagt mir das mittlerweile mit aller Deutlichkeit, daß ich meinen Terminkalender zu voll gepackt habe. Mir fehlt dann einfach die Energie oder Zeit, die ich dafür bräuchte. Verlangsame ich aber gezielt das Tempo meines Alltags, dann stelle ich mit großer Regelmäßigkeit fest, daß sowohl mein Wunsch als auch die Zahl der Gelegenheiten, anderen Menschen zu helfen, wie von selbst größer werden.

Einmal waren Lynne und ich zu Vorträgen in einem anderen Bundesstaat unterwegs, und wir frühstückten in einem kleinen Restaurant. Die Serviererin machte einen auffallend niedergeschlagenen Eindruck; sie sah aus, als kämpfe sie mit den Tränen. Nachdem ich sie ein paar Minuten lang beobachtet hatte, verspürte ich Mitleid mit ihr. Ich wartete eine passende Gelegenheit ab und ging dann unauffällig auf sie zu, um sie zu fragen, ob ich ihr irgendwie helfen könne.

»Nein, aber trotzdem vielen Dank«, sagte sie. »Wissen Sie, mein früherer Mann kommt heute, um meine fünfzehnjährige Tochter abzuholen. Ich werde sie erst in einem halben Jahr wiedersehen, und das liegt mir wie ein Stein auf der Seele.«

Ich berührte ihre Schulter und sagte: »Das tut mir leid für Sie. Ich weiß, ich kann nichts an der Lage ändern, aber Sie tun mir wirklich sehr leid. Meine Frau und ich sind dort drüben an dem Tisch, falls Sie jemanden brauchen, mit dem Sie reden oder beten können, oder falls wir Ihnen sonst irgendwie helfen können. Ich wollte Ihnen nur sagen, daß Sie uns nicht egal sind. Ich wünschte, wir könnten irgend etwas für Sie tun.«

Dann bin ich wieder an unseren Tisch zurückgegangen. Wenig später herrschte Hochbetrieb in dem Restaurant, so daß wir keine Gelegenheit mehr zu einem Gespräch fanden. Als wir aber dann gingen, warf sie uns einen dankbaren Blick zu.

Wissen Sie, in diesem Moment verspürte ich ein Mitleid, das ich schon seit langem nicht empfunden hatte. Später an diesem Tag kam mir dann die Erkenntnis, daß mein langsameres Lebenstempo mir dazu verholfen hatte, häufiger und regelmäßiger Liebe für Menschen zu empfinden, die mir »zufällig« begegnen. Ich fing wieder an, mit einer Gefühlsreserve zu leben, die jederzeit angezapft werden kann, wenn Not am Mann ist. Auch bei Ihnen ist es vielleicht so, daß Sie sich nur aus dem roten Alarmbereich entfernen müssen, um Ihren »Nächstenliebe-Quotienten« um zwei oder drei Stufen zu erhöhen. In manchen Fällen kann es erst dazu kommen, wenn Sie irgendwann einmal einige radikale Maßnahmen ergreifen, um Ihr Tempo zu verlangsamen.

Wie Sie schenken

Eine dritte Erklärung für einen niedrigen »Nächstenliebe-Quotienten« trifft zwar auf relativ wenige Menschen zu, doch wenn Sie einer davon sind, sollten wir unbedingt darüber reden. Es geht um übertriebene Hilfsbereitschaft.

Ob Sie es glauben oder nicht, es ist möglich, zuviel des Guten zu tun. Ich kenne mehrere Leute in unserer Gemeinde, die als neubekehrte Christen von einem solchen Enthusiasmus erfüllt waren, daß sie sich jedes Hilfsbedürftigen annahmen, dem sie begegneten. Sie waren so überwältigt von Gottes Gnade, daß sie seine Liebe an jeden Notleidenden weitergeben wollten, den sie auftreiben konnten. Und so gaben und gaben sie; sie gaben in einem solchen Übermaß, daß sie sich dabei fast verausgabten.

Dann verspürten sie eines Tages ganz kurz ein Gefühl des Grolls gegen jemanden, dem sie halfen. Doch dadurch ließen sie sich nicht von ihrer Helferschiene abbringen, zumindest nicht sofort. Sie ignorierten das Warnsignal und schenkten weiter, wenn auch nicht mit derselben Begeisterung wie früher.

Und dann stürzte das Dach über ihren Köpfen ein. Diese Leute gelangten an einen Punkt, an dem sie sich sagten: »Das ist doch totaler Irrsinn. Ich lege mich für andere ins Zeug, aber wer hilft mir? Ich fühle mich so leer, so wütend und durcheinander. Da gebe ich mein letztes Hemd her, aber keiner denkt an mich!« Sie können sich denken, daß das Pendel der Nächstenliebe in das extreme Gegenteil ausschlägt, das dann ganz andere Töne kennt: »Andere interessieren mich nicht (mehr)!« und: »Jetzt denke ich endlich mal an mich selbst.« Leider bleibt das Pendel in vielen Fällen lange Jahre dort hängen.

Vielleicht sind Sie von Natur aus überhaupt nicht kaltherzig, sondern Sie sind es geworden, weil Sie es mit Ihrem Helfenwollen übertrieben haben. Sie haben derartig herbe Enttäuschungen erlebt, daß das Pendel auf der Gegenseite hängengeblieben ist. Wenn Sie jetzt Aufrufe dazu hören, notleidenden Menschen zu helfen, sagen Sie sich automatisch: »Nicht mit mir. Das kann ich nicht. Durch so etwas bin ich beinahe vor die Hunde gegangen!«

Leider wissen viele Menschen nicht, daß das Sorgen für andere in einem gesunden Verhältnis zum Wahrnehmen der eigenen Belange stehen muß. Auf diese Weise schützt man sich vor der totalen Verausgabung, und diesen Grundsatz hatte auch Jesus. Er verschenkte Unmengen an Hilfsleistungen, doch dann sagte er regelmäßig: »Genug für heute. Ich gehe jetzt auf den Berg, um zu beten und allein zu sein, damit ich mich ausruhen und erholen kann.«

Es gibt eine bestimmte Zeit zum Geben und, wie der Prediger sagt (Koh 3,1-8), eine Zeit für das Gegenteil: das Beachten der eigenen Bedürfnisse. Das bedeutet: ausruhen, die Füße hochlegen, lachen, das Leben genießen und durch Gottes »gesunden« Zeitplan wieder neue Reserven für den liebevollen Dienst am Nächsten auftanken.

Womit Sie beschenkt wurden

Lassen Sie mich eine letzte Erklärung für den niedrigen »Nächstenliebe-Quotienten« vorbringen, den manche unter uns haben. Wie wir schon gesehen haben, erzeugt Liebe in ihrem Empfänger mehr Liebe, und Mitgefühl läßt weiteres Mitgefühl aufkeimen. Daraus folgt, daß Menschen, die regelmäßig immer neu mit Gottes Liebe in Berührung kommen und versorgt werden, ihrerseits mit einer ähnlichen Liebe und Freundlichkeit auf andere Menschen zugehen. Wir sind Kanäle der Liebe Gottes, keine Stauseen.

Mutter Teresa hat es treffend so ausgedrückt: »Der Draht, das sind Sie und ich; der Strom ist Gott. Es liegt an uns, den Strom durch uns fließen zu lassen, uns zur Verfügung zu stellen und das Licht der Welt leuchten zu lassen: Jesus.«

Ab und zu empfangen Menschen wie Sie und ich die Gnade und Liebe Gottes, vergessen dabei jedoch die Aufforderung aus dem Epheserbrief (5,1): »Ahmt Gott nach als seine geliebten Kinder.« Wir versagen in unserer Funktion als Kanal. Wir empfangen seine guten Gaben, darunter die Erlösung, seine Führung, die Freundschaft mit ihm, die Vergebung unserer Sünden, Gebetserhörungen und manchmal auch ein Wunder. Doch wir saugen all diese Dinge auf, ohne sie an andere weiterzugeben, und die Folge ist, daß unser »Nächstenliebe-Quotient« absackt.

Wir gleichen dem treulosen Verwalter, von dem Jesu erzählt (Mt 18). Dieser Mann hatte riesige Summen unterschlagen, und am Abrechnungstag sagte sein Herr: »Tut mir leid, aber ich kann nicht anders. Wenn du deine Schulden nicht bezahlen kannst, verkaufe ich dich und deine Frau und Kinder als Sklaven, und ihr verbringt den Rest eures Lebens damit, eure Schulden abzuarbeiten.«

Der Mann fing an zu schwitzen. Er wußte genau, daß er den Betrag nie im Leben abarbeiten konnte. Deshalb überwand er seinen Stolz und warf sich auf den Boden.

»Herr, hab Erbarmen mit mir«, flehte er. »Wenn du nur ein Gramm Güte besitzt, dann sei mir gnädig. Bitte! Ich flehe dich an!«

Und der Herrscher ließ sich tatsächlich erweichen und erließ dem Mann den gesamten Betrag! Er zerriß das Urteil, ließ die Darlehenspapiere in Flammen aufgehen und sagte: »Du bist frei.« Wenn das keine Nächstenliebe war! Können Sie sich vorstellen, wie diesem Mann zumute gewesen sein muß? Frei! Seine gesamten Schulden waren ihm erlassen worden!

Aber reagierte dieser Mann mit Nächstenliebe auf diese Großzügigkeit? Begegnete er seinen Mitmenschen von jetzt an mit mehr Güte? Keineswegs!

Die Bibel sagt, daß er den Mann, der ihm bloß ein paar Mark schuldete, beim Kragen packte.

»Her mit dem Geld, Freundchen«, drohte er ihm, »sonst bring' ich dich vor Gericht!« Der Schuldner rief: »Ich brauche noch etwas mehr Zeit. Hab Erbarmen mit meiner schwierigen Situation. Bitte habe doch etwas Nachsicht!« Doch der Mann sagte: »Kommt nicht in Frage. Vertrag ist Vertrag!« Und er ließ ihn festnehmen und ins Gefängnis werfen.

Sie wissen selbst, wie die Geschichte endet. Der großzügige Herrscher hört von dieser schlimmen Tat, ruft den herzlosen Verwalter zu sich und sagt: »Du hast mich um Gnade gebeten, und ich habe sie dir mit vollen Händen gegeben. Ich habe dich mit Erbarmen überschüttet. Und jetzt wagst du es, einen armen Kerl, der dir bloß fünf Mark schuldet, unter Druck zu setzen? Kein guter Zug von dir, mein Freund. Kein guter Zug. Jetzt wirst du deine Schuld auch bezahlen – du und deine Familie, und zwar den Rest eures Lebens.«

Mit dieser Geschichte wollte Jesus veranschaulichen, daß Erbarmen ein Echo des Erbarmens hervorrufen sollte. Gnade sollte weitere Gnade produzieren. Und als Christen sind wir – das gehört zu unserem Wesen – die Empfänger einer unbegreiflich großen Gnade.

Wie der charakterlose Verwalter haben wir eine riesige Sündenschuld angehäuft, die wir niemals bezahlen könnten, auch wenn wir tausendmal so lange lebten. Unsere einzige Hoffnung bestand in der Güte Gottes. Und, Wunder aller Wunder, unser Herr erwies uns seine Liebe am Karfreitag, als er den Preis für unsere Sünden bezahlte. An dem Tag, an dem Sie sein Geschenk für sich in Anspruch nahmen, ließ er die Liste aller Übertretungen, die Sie sich zuschulden kommen ließen, in Flammen aufgehen.

An den Tag, an dem ich sein Geschenk annahm, erinnere ich mich so deutlich, als wäre es gerade heute passiert. Am liebsten wäre ich auf den höchsten Gipfel geklettert und hätte gerufen: »Ich bin frei! Ich bin frei! Meine Sünden sind vergeben! Meine Strafe ist mir erlassen worden! Gott ist voller Güte!«

Ich erinnere mich auch noch daran, wie es mir unter den Nägeln brannte, seine Güte an andere weiterzugeben. Die paar Dollar, die mir der eine oder andere schuldete, kümmerten mich überhaupt nicht mehr, weil Gott mir eine so überströmende Gnade erwiesen hatte. Davon wollte ich so viel wie möglich Menschen weitergeben.

Vielleicht ist es schon lange her, seitdem Sie Gottes Erbarmen zum letzten Mal verspürt haben. Vielleicht haben Sie sich schon wie Ijob gefragt, ob Gott seine Gegenwart und Liebe von Ihnen genommen hat. Dieser Mann, der so viel erleiden mußte, klagte (Ijob 23,8-9): »Geh' ich nach Osten, so ist er nicht da, nach Westen, so merke ich ihn nicht, nach Norden, sein Tun erblicke ich nicht; bieg' ich nach Süden, sehe ich ihn nicht.«

In seinem Buch *Disappointment with God* (»Enttäuscht über Gott«) beschreibt Philip Yancey viele Menschen, die Gottes Gegenwart nicht verspüren. Wenn Sie sich wie eine tote Stromleitung vorkommen, die sich nach einem kräftigen Stromstoß von Gott sehnt, dann sind Sie mit Sicherheit nicht der einzige, dem es so ergeht.

Erinnern Sie sich an Zeiten, in denen Sie Gottes Gnade empfingen? Können Sie sich, abgesehen von Ihrer Bekehrung, an Wundergeschenke Gottes erinnern? Neue Bekanntschaften, in denen Sie Freude und Ermutigung fanden? Führung in trüben Gewässern? Kraft in schweren Zeiten? Überraschende Beweise seiner Gnade? Wenn Sie Rückschau halten, werden Sie sicherlich sehen, daß Gott Ihnen gnädig gewesen ist, nicht nur zum Zeitpunkt Ihrer Errettung, sondern auch an jedem Tag, der seitdem vergangen ist. Und selbst wenn Sie es in letzter Zeit nicht bemerkt haben, ist Gottes Güte und Erbarmen immer für Sie da, selbst auf den harten Wegstrecken Ihres Lebens.

Aber manch einer gewöhnt sich zu schnell an die Gnade Gottes. Wir betrachten seine Güte als eine Selbstverständlichkeit. Das Empfangen seiner Liebe wird uns zur Routine, und wir erreichen den Punkt, an dem wir sie erwarten, sie absorbieren und sie nicht mehr an andere weitergeben. Dann ertappen wir uns dabei, wie wir achtlos an der Not anderer vorbeigehen oder, was noch schlimmer ist, unsere fünf Mark von anderen zurückfordern, anstatt Kanäle der Anteilnahme und der Liebe Gottes zu sein. Wir müssen uns nicht nur an Gottes Güte und Freundlichkeit uns gegenüber erinnern lassen, sondern auch an sein Vorhaben, anderen durch uns seine Liebe und sein intensives Interesse zu vermitteln.

Erhöhung des Quotienten

Sind Sie mit dem gegenwärtigen Stand Ihres »Nächstenliebe-Quotienten« zufrieden? Haben Sie Problembereiche entdeckt, durch die Ihr Quotient nach unten gesackt ist? Sehen Sie bestimmte Stellen, an denen Sie arbeiten müssen, um Ihren Quotienten eine oder zwei Stufen anzuheben? Stellen Sie sich nur vor, was in Ihrer Familie, in Ihrer Verwandtschaft, an Ihrem Arbeitsplatz, an Ihrer Schule oder Ihrer Hochschule passieren könnte, wenn Ihr Quotient um drei oder vier Stufen ansteigen würde! Wie viele Menschen könnten Sie dadurch erreichen? Stellen Sie sich vor, wie viele Menschen sagen würden: »Vielleicht gibt es ja wirklich einen Gott, denn es ist schon umwerfend, wieviel Liebe dieser Mensch da ausstrahlt. Das kann unmöglich alles auf seinem Mist gewachsen sein.«

Bringt ein ungesundes Familien- oder Betriebsklima Sie ins Stolpern? Dann bitten Sie Gott um seine Macht und Führung, entweder gegen den Strom zu schwimmen oder diese Umgebung zu verlassen. Denken Sie daran, daß Ihnen das Wort Gottes gewissermaßen einen Schleudersitz verspricht (1 Kor 10,13). Nehmen Sie dieses Versprechen für sich in Anspruch, und folgen Sie Gottes Führung.

Hat Ihr Lebenstempo Ihren »Nächstenliebe-Quotienten« beeinträchtigt? Nur Sie allein wissen, was dazu notwendig ist, um den Fuß vom Gas zu nehmen und weniger Zeit im roten Alarmbereich zu verbringen. Und wenn Sie das tun, werden Sie die Feststellung machen, daß Ihr »Nächstenliebe-Quotient« automatisch wieder ansteigt.

Oder vielleicht gehören Sie zu denen, die es mit der Hilfsbereitschaft übertreiben. Sie kennen die verbitterten Gefühle, von denen vorhin die Rede war. Sie haben mehr gegeben, als Sie bekommen, und jetzt sind Sie verausgabt! Höchste Zeit, daß Sie dem Beispiel Jesu folgen und eine gesündere Mischung von Ruhe, Erholung, Freizeit und heilsamen Freundschaften entwickeln.

Oder leiden Sie darunter, anderen etwas geben zu sollen, was Sie selbst noch nie empfangen haben? Brauchen Sie eine frische Begegnung mit der Liebe Gottes, damit Sie etwas zum Weitergeben haben?

Jeder Mensch steckt in einer besonderen Situation. Dem einen täte vielleicht nichts so gut wie ein Gang in den Wald, um zu beten und Gott zu loben. Jemand anders braucht vielleicht dringender den Austausch mit einem anderen entschiedenen Christen, der ihn ermutigt und ihm hilft, eine innigere Beziehung zu Gott zu entwickeln. Bei manchen ist es notwendig, sündige Ansichten und Verhaltensmuster abzulegen. Bei anderen ist es erforderlich, mehr Zeit mit der Bibel zu verbringen und sich darauf zu besinnen, wer Gott ist und wie sehr er sie liebt. Tun Sie das, was Ihnen hilft, seine Gegenwart und seine Liebe deutlicher zu spüren.

Wenn Sie nun aber diese Erfahrung mit Gott machen, denken Sie daran, sie nicht für sich selbst zu horten. Gott möchte, daß Sie seine Gnade annehmen und sich derartig von ihr prägen lassen, daß sie sein Erbarmen an andere Menschen weitergeben können. Lassen Sie seine Liebe und Gnade durch Sie zu anderen weiterströmen!

Alles, was wir tun, um unseren »Nächstenliebe-Quotienten« zu erhöhen, ist entschieden der Mühe wert. Je mehr wir Christus ähnlich werden, desto ansteckender wird unser Glaube sein.

Kapitel 6

Die Kraft der aufopfernden Tat

anche Szenen vergißt man nie. So war ich einmal tief bewegt, als ich in den Fernsehnachrichten diesen Soldaten sah. Er schien den Reporter kaum zu bemerken, der da versuchte, in diesen besinnlichen Moment der wachgewordenen Erinnerungen einzudringen.

Sie befanden sich vor dem Vietnam-Denkmal in Washington, D. C. Der Soldat stand vor der schwarzen Granitmauer, in welche die Namen aller im Vietnamkrieg umgekommenen Amerikaner eingraviert sind.

Er stand einfach nur da und starrte mit tränennassen Augen auf die Mauer und zeichnete mit dem Finger den eingravierten Namen eines anderen Soldaten nach. Er wandte sich nicht einmal zu dem Reporter und der Kamera um, doch man konnte ihm seinen Schmerz anmerken.

»Er hat sein Leben für mich gegeben«, flüsterte er nur und hörte nicht auf, mit dem Finger über den Namen seines Kameraden zu fahren.

Opfer bewegen Menschen zutiefst. Sie schmelzen ihre Herzen. Sie bringen sie zum Staunen und zwingen sie zu der Frage: »Warum? Warum tust du so viel für mich? Was motiviert dich dazu, meine Interessen vor deine eigenen zu stellen?«

Waren Sie schon einmal zutiefst berührt von einem Opfer, das für Sie gebracht wurde? Hat jemand seine Interessen hinter Ihre zurückgestellt und dabei großen Verzicht geübt? Wenn das der Fall ist, dann werden Sie das sicherlich nie vergessen. Aufopfernde Taten hinterlassen einen tiefen Eindruck.

Vor vielen Jahren machte ich eine Reise nach Mittel- und Südamerika. Unter anderem besuchte ich auch einen abgelegenen Indianerstamm in Mittelamerika, der ausschließlich über einen Fluß zu erreichen war. Nachdem mein Freund und ich unseren Auftrag in diesem heruntergekommenen Indianerdorf erfüllt hatten, wurden wir von einer der Familien dort zum Essen eingeladen.

Bei Kerzenlicht saßen wir auf Matten auf dem Lehmfußboden in ihrer kleinen Hütte und sahen zu, wie unsere Gastgeber großzügig das kleine Lebensmittelregal ausräumten, um eine Mahlzeit für uns daraus zuzubereiten. Während sie es taten, fielen mir die ängstlichen Gesichter der Kinder auf. Dann dämmerte mir der Grund: Die Kinder befürchteten, daß die Eltern die letzten Lebensmittel der Familie restlos für unsere Mahlzeit verbrauchen würden, so daß sie am nächsten Tag nichts mehr zu essen hätten.

Dieser Gedanke verfolgte mich während der ganzen Mahlzeit. Nachdem wir gegessen hatten, holte ich deshalb etwas Geld aus der Tasche und versuchte, den Gastgebern die Kosten für die Lebensmittel zu ersetzen, doch davon wollten sie nichts wissen. Sie wollten dieses Opfer bringen, um dadurch ihre Liebe und Gastfreundschaft uns gegenüber zum Ausdruck zu bringen. Und über zwei Jahrzehnte später ist mir dieses Erlebnis noch immer in deutlichster Erinnerung.

Opfer beeindrucken Menschen ein Leben lang. Und in einer Zeit, in der das narzißtische Motto »Jeder ist sich selbst der Nächste« zu einer höheren Kunstform erhoben worden ist, erregt so gut wie jedes Opfer Aufsehen.

Kleine Investition mit hoher Dividende

Vor längerer Zeit kaufte Mark in einem Supermarkt ein, und er beschloß, seiner Frau Heidi einen Blumenstrauß mitzubringen. Als er vor der Kasse wartete, kam er mit einer älteren Frau ins Gespräch, die in der Schlange vor ihm stand.

»Mein Mann hat mir früher auch öfters Blumen mitgebracht«, sagte sie nachdenklich und mit einer Spur von Sehnsucht in der Stimme, »aber er ist schon seit Jahren tot.«

Mark merkte ihr an, wie sehr sie ihren Mann auch jetzt noch vermißte. Er versuchte, sie aufzumuntern und ihr Mut zuzusprechen, bis sie an der Kasse bezahlt hatte und sich verabschiedete.

Sie verließ den Supermarkt, während Marks Einkäufe über die Theke gingen. Dann kam ihm plötzlich eine Idee: Lauf schnell hinter ihr her und schenk ihr Heidis Blumen! Eilig bezahlte er, lief nach draußen und fand die Frau auf dem Parkplatz. Er streckte ihr den Blumenstrauß entgegen.

»Ihr Mann kann es nicht mehr tun, deshalb möchte ich Ihnen die Blumen schenken«, sagte er und verspürte dabei eine Mischung von Freude und Verlegenheit.

Wie Sie sich vorstellen können, hinterließ dieses kleine Opfer einen tiefen Eindruck bei dieser Frau. Sie bestand sogar darauf, daß er zum Tee zu ihr kam, und so lernten sie sich näher kennen.

Seither sind Mark und Heidi fünfmal umgezogen. Die Frau machte sich jedoch die Mühe, ihre gegenwärtige Adresse in Erfahrung zu bringen, und schickte ihnen ein Päckchen mit Geschenken für ihre Kinder und einem Brief, in dem sie ihnen berichtete, wie sie ihren Freunden auch jetzt noch – zehn Jahre später! – von Marks Blumenstrauß und ihrer Freude darüber erzählen würde.

Merken Sie, wie selbst die kleinsten Opfer in unserer Zeit einen großen Wirbel verursachen? Wir leben in einer derartig selbstsüchtigen Welt, daß sich jede selbstlose Tat wie ein Kontrastprogramm abhebt.

Die Bibel sagt, daß jene, die Christus nachfolgen, ein ansteckendes Leben als Christ führen sollen. Wir sollen ein Verhalten an den Tag legen, das unseren Glauben unwiderstehlich in den Augen aller macht, die Gott noch nicht kennen. Wir sollen »als Lichter in der Welt« leuchten (Phil 2,15). Oder mit dem Bild vom Salz ausgedrückt: Wir sollen hochkonzentriert und kräftig sein, damit die Menschen in unserem Umkreis die Kraft schmecken können, die Veränderungen schafft.

Wir haben schon gesehen, wie man mit authentischem Christsein Neugier wecken und mit Nächstenliebe Brücken schlagen kann. Ich muß Ihnen allerdings sagen, daß ich den ausdrucksstärksten und ansteckendsten Aspekt für den Schluß des Teils »Die Voraussetzungen zu hochgradiger Echtheit« aufgehoben habe.

Denken Sie einmal darüber nach.

Manchmal gelingt es nicht, andere durch Echtheit neugierig zu machen; Hilfsbereitschaft wird ab und zu als das »Opium der Weltverbesserer« abgetan, die damit einen ganz bestimmten Zweck verfolgen. Doch Opferbereitschaft, deren Motiv echte Liebe und Anteilnahme ist, läßt sich nicht so einfach wegdiskutieren.

Sie schreit nach irgendeiner Reaktion, und das ist vermutlich ein Hauptgrund dafür, daß Jesus ein so aufopferndes Leben führte und uns dazu aufruft, ihm darin nachzueifern.

Drei Opfergaben

Es gibt zwar viele Arten, unsere Liebe durch Opfer für andere zum Ausdruck zu bringen, doch ich möchte hier besonders drei Bereiche nennen, die meines Erachtens den größten Effekt auf unsere Mitmenschen machen. Wenn wir Opfer dieser Art bringen, werden wir damit garantiert Aufmerksamkeit erregen und, wenn wir es langfristig tun, auch Neugier. In Kapitel 2 haben wir schon einige Punkte dazu erwähnt, als wir die Kosten des ansteckenden Christseins aus unserer eigenen Sicht aufführten. Nun werden wir ihre Auswirkungen auf andere beleuchten.

Das Beste aus dem Augenblick machen

Diesen ersten Bereich haben Sie vielleicht schon erraten, und seine Wirkung ist gewaltig. Es geht um das Opfern von Zeit. Zeit ist Geld, heißt es immer, und sie wird dementsprechend auch immer knapper. Die Arbeitswoche ist länger geworden, der Urlaub kürzer und das Lebenstempo hektischer. Die Zeitung *USA Today* legte kürzlich ihren Finger auf den Irrsinn unseres chaotischen Lebenstempos und rechnete ihren Lesern vor, daß jemand, der alles tut, was nach Meinung der Experten zu einem ausgewogenen Leben gehört, dazu zweiundvierzig Stunden pro Tag braucht! Es ist ein echtes Kunststück, alle absolut lebensnotwendigen Arbeiten erledigt zu bekommen, ohne dabei das tägliche Pflichtprogramm von Sporttreiben, Zähneputzen, Zeitunglesen, Hobbypflegen und Aufrechterhalten möglichst vieler enger, sinnerfüllter Freundschaften zu vernachlässigen. Das alles zu bewältigen ist nicht schwierig, es ist schlichtweg unmöglich.

Inmitten einer solchen Welt sorgen Sie für Aufsehen, wenn Sie einem anderen Menschen voller Freude das Geschenk Ihrer Zeit machen. Das ist auf jeden Fall keine leere Geste.

Und das war es zur Zeit Jesu auch nicht. Erinnern Sie sich an das, was Jesus tat, als er auf einer Vortragsreise durch Jericho kam? Dieses Ereignis finden Sie im Lukasevangelium in Kapitel 19 beschrieben. Zu diesem Zeitpunkt folgte ihm ständig eine riesige Menschenmenge auf Schritt und Tritt – eine *Rose-Bowl*-Parade, nur ohne die bunten Festwagen!

Plötzlich überraschte Jesus die vielen Anwesenden damit, daß er die Prozession anhielt und einen Mann namens Zachäus fragte, ob er ein paar Stunden Zeit für ihn habe, um in Ruhe mit ihm zu essen und dabei über Glaubensfragen zu reden. Dem Zachäus müssen vor Staunen Augen und Mund offengestanden haben! Doch er war einverstanden, und bevor die Uhr Mitternacht schlug, war er ein neuer Mensch geworden! Er hatte eine geistliche Neugeburt erlebt, die ihn radikal von innen heraus veränderte.

Der springende Punkt war, daß Jesus ihm Zeit schenkte. Er brachte die ganze Prozession zum Stillstand und widmete sich diesem einen Mann. Das Ergebnis war, daß Zachäus nun einer total anderen Zukunft entgegenblicken durfte.

Zachäus war wie viele Leute in Ihrem Bekanntenkreis. Er war durchaus an der geistlichen Dimension des Lebens interessiert. Er war offen genug, um sich einen strategisch günstigen Platz am Straßenrand zu suchen, damit er einen Blick auf Christus erheischen konnte. Aber um ihm aus der Neugierphase hinauszuhelfen und weiterzubringen, mußte jemand die Zeit opfern, um das Abendessen zu arrangieren und die Unterhaltung auf geistliche Inhalte hin zu steuern. Jesus nahm sich diese Zeit, und das war das Entscheidende.

Fast jeder von uns hat täglich mit Menschen zu tun, die auf der Suche sind. Sie suchen jemanden, dem die Zeit und die Mühe nicht zu schade sind, um ihnen Antworten auf ihre Fragen über das letztendlich Wahre zu geben. Man kann es in ihren Augen sehen, nicht wahr? Man braucht nur etwas genauer hinzuschauen und man stößt auf die Sehnsucht nach etwas Tieferem, nach etwas Echtem und Wahrem und Dauerhaftem.

Wir neigen dazu, die Wirkung zu unterschätzen, die es oft hat, wenn wir mit Menschen ein wenig Zeit verbringen, die in Distanz zu Gott leben. Ein gemeinsames Frühstück etwa oder ein Mittagessen kann tatsächlich »Ewigkeitswert« erhalten. Wenn wir uns zu einer solchen Verabredung durchringen und dann im Gespräch riskieren, darüber zu reden, was es bedeutet, Christus persönlich zu kennen, dann weiß der Himmel allein, was das für Folgen hat.

Vor kurzem hörte ich das Zeugnis eines Mannes namens John, der in unserer Gemeinde-Band Saxophon spielt. Er erzählte, daß er sein ganzes Leben lang eine innere Stimme schreien gehört habe: »Wenn ich doch nur den Weg zu Gott kennen würde! Die Musik hilft mir nicht weiter. Alles religiöse Abstrampeln nützt nichts. Ich weiß nicht, wo ich noch suchen soll!«

Doch dann freundete sich ein Mitglied unserer Band mit John an, investierte Zeit für ihn und hörte sich sogar gemeinsam mit ihm ein paar Kassetten über die Grundzüge des Christseins an, damit John den Unterschied zwischen Religion und einer echten Beziehung zu Christus begreifen konnte.

Zu guter Letzt begriff John es tatsächlich! Er verstand das Evangelium und empfing die Vergebung und nahm Christus als seinen Herrn und Erlöser an. Heute versucht er durch sein Engagement im Musikbereich andere, die wie er die Botschaft brauchen, zu Gott hinzuziehen.

Ich finde es bemerkenswert, daß das kostbarste Opfer, das Johns Freund brachte, seine Zeit war. Dazu mußte er an einer anderen Stelle Zeit einsparen und auf andere Dinge verzichten – sicherlich gute, nützliche und wichtige Dinge –, um John dieses Geschenk machen zu können.

Ich bin sicher, daß John sich unter anderem zu Christus hingezogen fühlte, weil er von den vielen Stunden beeindruckt war, die sich sein Freund für ihn nahm. Bestimmt hat er sich gefragt:»Wieso ist dieser Typ eigentlich dazu bereit, soviel von seiner Zeit für mich zu opfern? Er muß echt von dem überzeugt sein, was er mir da erzählt, und ihm muß eine Menge daran liegen, daß ich es begreife, weil er sonst nie im Leben so viel Zeit opfern würde.«

Dieses »Opfer« der Zeit, verbunden mit einer klaren Kommunikation der Wahrheit, führte dazu, daß wieder ein Mensch, der jahrelang auf der Suche war, seinen Erlöser fand.

Dies haben wir wiederholt in unseren Kleingruppen für Suchende in der *Willow Creek*-Gemeinde erlebt. Diese Gruppen sind für Leute gedacht, die aktiv Antworten auf ihre Fragen zum Christsein suchen, und sie bestehen aus einem speziell geschulten Gruppenleiter, mindestens zwei »Lehrlingen« und einer Handvoll Suchender. Gemeinsam bilden sie ein ideales Forum, in dem biblische Aussagen ehrlich und offen hinterfragt und diskutiert werden können.

Das Faszinierende an der Sache ist, daß der Suchende in manchen Fällen schon nach dem ersten oder zweiten Treffen bereit ist, sich für Christus zu entscheiden – manchmal sogar schon bei einem Vorgespräch! Einer, bei dem das so war, ist Barry, der sich für Garry Pooles Kleingruppe eingetragen hatte. Garry Poole ist einer unserer Mitarbeiter; er leitet den ganzen Bereich »Kleingruppen für Suchende«.

Vor dem ersten Gruppentreffen rief Barry ihn an und sagte, er habe ein paar Fragen über das Christsein, mit denen er nicht bis zu dem ersten Termin warten könne. Die beiden verabredeten sich und verbrachten einen ganzen Nachmittag damit, über geistliche Themen zu reden. Am Abend dieses Tages rief Barry bei Garry an, um ihm zu sagen, er habe zu Jesus Christus gebetet und seine Vergebung und Herrschaft für sich persönlich angenommen. Diese Entscheidung war die Folge davon, daß ein Gruppenleiter Zeit investiert hatte, weil er ganz einfach eine evangelistische Gelegenheit beim Schopf packen wollte.

Haben Sie in den letzten Wochen jemandem das Geschenk Ihrer Zeit gemacht? Wann haben Sie zum letzten Mal auf den »Pause«-Knopf Ihres überladenen Terminkalenders gedrückt und einfach ein oder zwei Stunden an einen geistlich Suchenden verschenkt?

Machen wir uns nichts vor: Man braucht schon etwas Mut und Beharrlichkeit, die alten Gewohnheiten des Zuviel-Arbeitens und des hektischen Beschäftigt-Seins energisch abzustellen. Das Lebenstempo in einen kleineren Gang herunterzuschalten ist nie leicht, doch oft ist es notwendig. Deshalb war unsere Diskussion über einen niedrigeren Drehzahlbereich im vorigen Kapitel auch so wichtig. Wir brauchen ausreichende Emotionsreserven dazu, um mit Nächstenliebe auf andere zuzugehen. Und ein Nebeneffekt dieses langsameren Lebenstempos besteht darin, daß Sie nun hier und da über Stunden verfügen, die Sie in einen Zachäus des 20. Jahrhunderts wie John oder Barry investieren können.

Die Bedeutung von Zeit wurde mir neulich bei einem Gastvortrag in einer anderen Gemeinde wieder neu vor Augen geführt. Nach der Veranstaltung wartete eine Frau in der Schlange darauf, mit mir zu sprechen. Als sie zu guter Letzt vor mir stand, legte mir diese Frau, die ich nicht persönlich kannte, ihre Hände auf die Schulter und sagte: »Bill, ich warte schon seit Jahren auf die Gelegenheit, Ihnen etwas zu sagen: Vor langer Zeit habe ich angefangen, in Ihre Kirche zu gehen, aber mir fehlte der geistliche Durchblick. Nachdem ich eine Zeitlang zu den Veranstaltungen gekommen war, versuchte ich, nach einem Gottesdienst mit Ihnen zu sprechen. An dem betreffenden Tag hatten Sie schon mit einer ganzen Menge von Leuten geredet und wollten gerade gehen, als ich Sie ansprach und Sie bat, mir zu erklären, was es bedeutet, Christ zu werden.

Sie haben mir Ihre Zeit geschenkt«, sagte sie. »Sie sind noch eine ganze Weile geblieben und haben mir erklärt, wie ich Christus annehmen konnte. Und später an diesem Tag habe ich dann gebetet, um genau das zu tun! Seitdem lebe ich jeden Tag mit Jesus. Er hat mein Leben verändert, und er verändert jetzt auch meine Familie. Ich wollte mich nur bei Ihnen dafür bedanken, daß Sie sich die Zeit genommen haben, um mir zu helfen.«

Als ich an diesem Abend nach Hause fuhr, dachte ich: »Das hat sich aber mächtig gelohnt! Ein Mensch, der heute ein verändertes Leben und morgen den Himmel hat – und das nur, weil ich noch ein bißchen länger geblieben bin ...« Und ich versprach, wenn mir Gott wieder eine solche Gelegenheit zuschieben sollte, auch in Zukunft das Zeitgeschenk niemandem vorzuenthalten.

Materielle Investitionen

Eine zweite Art des Opferns, die Menschen auf der Suche nach geistlicher Wahrheit verwundert aufmerken läßt, ist das Verschenken von materiellen Gütern oder Mitteln.

> *In einer Zeit, in der die meisten Geld und materielle Güter an allererste Stelle setzen, brauchen Sie nur eines zu tun, um einen Suchenden restlos zu verblüffen: Nehmen Sie seine materiellen Bedürfnisse ernster als Ihre eigenen. Damit könnten Sie heutzutage sogar Schlagzeilen machen!*

Nachdem ich bei einer unserer Wochenend-Veranstaltungen gesprochen hatte, kam eine alleinerziehende Mutter auf mich zu. Sie weinte so heftig, daß ich sie einen Moment lang stützen mußte. Nachdem sie sich wieder halbwegs gefaßt hatte, erzählte sie mir die ermutigende Geschichte ihrer Hinkehr zum Glauben.

»Jahrelang bin ich an diesem ganzen Gebäudekomplex an der Algonquin Road *vorbeigefahren. Jedesmal, wenn ich an Ihrer Kirche vorbeikam, hatte ich nur ein paar verächtliche Gedanken für ›die Leute da‹ übrig. Wie konnten diese Leute ernsthaft behaupten, es gäbe einen Gott, einen Sohn Gottes namens Jesus, einen Himmel oder eine Hölle? Ich war glücklich verheiratet, hatte keine finanziellen Sorgen und drei niedliche Kinder. Ich konnte mir beim besten Willen nicht vorstellen, wie die Leute nur so naiv sein konnten, um auf Religion hereinzufallen.*
Dann bröckelte mir der Boden unter den Füßen weg. Mein Mann und ich mußten katastrophale finanzielle Verluste hinnehmen. In unserer Ehe fing es an zu kriseln. Aus dem gegenseitigen Anschreien wurden bald Handgreiflichkeiten, und letzten Endes war ich der Verlierer. Ich habe meine Ehe verloren. Ich habe unser Geld verloren. Ich habe einfach alles verloren.
Als ich vor mehreren Monaten zum ersten Mal in diese Kirche ging, war ich vermutlich der heruntergekommenste Mensch nordwestlich von Chicago. Sie können sich gar nicht vorstellen, wie tief mich die Leute dieser Kirche beeindruckten! Diese Christen, die mich überhaupt nicht kannten – und für die ich früher nur Verachtung übrig hatte, wenn ich hier vorbeikam –, sie begegneten mir mit Liebe, sie sorgten für mich, und sie

nahmen mich bei sich auf. Sie sagten nicht: ›Sieh zu, wie du allein zurechtkommst!‹, sondern sie machten sich an die Arbeit und halfen mir ganz konkret.
Die Leute in der Vorratsverwaltung versorgten die Kinder und mich lange mit Lebensmitteln. Ihnen haben wir zu verdanken, daß wir nicht hungern mußten. Die Leute in der Autohilfe beschafften uns einen fahrbaren Untersatz, weil mein Mann mit unserem Auto auf und davon war. Das Nothilfeteam half uns mit einer Geldsumme durch die härteste Zeit. Die kircheninternen Finanzberater gaben mir Tips, wie ich mit meinen mageren Einkünften auskommen kann. Die Berufsberater hier zeigten mir, wie ich mir eine Arbeit suchen kann. Der Rainbows-Club hat meinen Kindern, für die diese ganze Situation unsagbar schwer war, neuen Mut gemacht. Und ein paar Seelsorger hier in der Kirche halfen mir, mit meinen eigenen seelischen Wunden fertigzuwerden.«

Wieder brach sie in Tränen aus. Schließlich rief sie schluchzend: »Und durch die großzügige Hilfe der Leute hier in der Kirche habe ich endlich auch die Liebe Christi entdeckt! Ich weiß gar nicht, wie ich all diesen Menschen danken soll!«

Inzwischen waren nicht nur ihr die Tränen gekommen. Was sie erlebt hatte, bewegte mich tief. Die Begegnung mit ihr ließ mich neu die Wirkung schätzen, die auch ein materiell greifbares Geschenk auf seinen Empfänger haben kann.

Wenn Sie je einen Räumungsbefehl oder eine Benachrichtigung vom Gerichtsvollzieher im Briefkasten vorgefunden haben, wenn Sie je beim Klingeln Ihres Telefons heftiges Herzklopfen bekommen haben, weil Sie befürchteten, es könnte einer Ihrer Gläubiger sein, wenn Ihnen die Grundfähigkeiten zum Überleben in einer komplexen Welt fehlen und Sie den Tag X herannahen spüren, ohne sich zu helfen zu wissen, dann können Sie sich vorstellen, wie überwältigt und dankbar ein Mensch ist, dem ein großzügiger Christ voller Freude und Tatkraft mit einer Gabe aus den eigenen Vorräten hilft. Der Empfänger einer solchen Transaktion liegt nachts wach, starrt an die Decke und zerbricht sich den Kopf darüber, was den Helfer nur zu einer solch bemerkenswerten Freigebigkeit bewegt haben mag. Natürlich hoffen wir, daß er früher oder später zu der Einsicht gelangt, daß nur Gott allein die Macht hat, den Griff zu lösen, mit dem die meisten Menschen sich an ihren Besitz klammern. Nur er kann aus einem Herz, das nur für sich anhäuft, ein freudiges Herz machen, das mit Begeisterung die Worte Jesu in die Tat umsetzt: »Geben ist seliger als nehmen.«

Welche Reaktionen könnten Sie in Ihrem Freundeskreis oder Ihrer Verwandtschaft auslösen, wenn Sie den Griff, mit dem Sie Ihre materiellen Güter umklammert halten, ein wenig lockern? Überlegen Sie sich einmal, wer innerlich aufgeschlossener werden könnte, wer eine offenere Einstellung bekommen könnte oder wer neugierig werden und Fragen über den Glauben stellen könnte, wenn Sie der Aufforderung des Apostels Johannes Folge leisten würden (1 Joh 3,18): »Meine Kinder, wir wollen nicht mit Wort und Zunge lieben, sondern in Tat und Wahrheit.«

Stellen Sie Gott doch einmal diesbezüglich auf die Probe. Setzen Sie Ihren Glauben in die Tat um – eine Art der Tat, die eine gewisse Investition zugunsten eines anderen Menschen verlangt –, und beobachten Sie, wie sich die Dividende in Form eines veränderten Lebens einstellt.

Dauerhafte Vorbildfunktion

Die dritte Art des Opfers, von der hier die Rede sein soll, ist ein anhaltendes, langfristiges Unterfangen, das eine unübersehbare Wirkung auf Nichtchristen ausübt. Es geht um das Opfer einer konsequenten, gottesfürchtigen Lebensführung.

Ich habe die Erfahrung gemacht, daß man an manchen Fällen eine harte Nuß zu knacken hat. Manche Leute sind herbe Zyniker, was Glaubensdinge betrifft. Sie brauchen das Beispiel eines Christen, der seinen Glauben über eine beträchtliche Zeitdauer hinweg lebt, um zu der Erkenntnis zu gelangen, daß das Ganze keine Show ist. Von solchen Menschen gibt es mehr, als wir denken. Sie beobachten uns und führen innerlich Buch darüber, wie konsequent unsere Lebensführung in moralischer und geistlicher Hinsicht ist, oftmals sogar, ohne dies selbst zu merken.

Für uns ergibt sich daraus, daß wir ein Leben führen müssen, das zu unseren Worten paßt. Wir müssen die Anstrengung eines Marathonlaufs erbringen; ein 100-m-Lauf reicht nicht aus. Wissen Sie, es ist kein großes Kunststück, Ihren Freunden und Kollegen für eine kurze Zeit ein makelloses christliches Image zu präsentieren. Für ein paar Monate oder sogar für ein ganzes Jahr kann man die fromme Fassade durchaus intakt halten.

Aber bei manchen Menschen braucht man länger dazu, einen überzeugenden Eindruck zu hinterlassen. Die ganz Hartgesottenen lächeln nur süffisant und sagen im stillen: »Auch das wird bald ein Ende haben. In einem Jahr hast du es dann mit Astrologie oder Kristallen.«

Wundern Sie sich nicht darüber, wenn ausgerechnet Ihre engsten Freunde und nächsten Angehörigen so über Sie denken. Diese Leute sind diejenigen, die Sie in allen möglichen anderen Phasen erlebt haben: Magnet-Noppensohlen, exzentrische Diäten, Taekwondo, clevere Warenabsatz-Pyramiden, Kassetten zur Beeinflussung des Unterbewußtseins und dergleichen mehr. Und jetzt kommen Sie daher und sagen: »Ich habe endlich gefunden, was mir all die Jahre gefehlt hat: Jesus Christus!« Da denkt sich jeder: »Aber sicher doch. Dasselbe hast du vor zwei Jahren schon über diese Kräuterzusätze gesagt. Wie lange wird dieser Tick jetzt anhalten?«

Sehen Sie, wo das Problem liegt? Vielleicht haben Sie nicht sämtliche dieser Maschen mitgemacht, aber wenn Sie kein Einzelfall sind, dann haben Sie vermutlich genug Exkursionen vor den Augen dieser Leute hinter sich, um sie ein wenig argwöhnisch zu machen, was Ihre neusten Behauptungen betrifft.

Lassen Sie sich fragen: Sind Sie dazu bereit, den Argwohn dieser Menschen aus der Welt zu schaffen, indem Sie das Opfer einer konsequenten, authentischen christlichen Lebensführung erbringen, und zwar nicht nur für einen beschränkten Zeitraum, sondern langfristig?

Paulus sagt uns (Röm 12,1f): »Angesichts des Erbarmens Gottes ermahne ich euch, meine Brüder, euch selbst als lebendiges und heiliges Opfer darzubringen, das Gott gefällt; das ist für euch der wahre und angemessene Gottesdienst. Gleicht euch nicht dieser Welt an, sondern wandelt euch und erneuert euer Denken …«. Dies bedeutet, daß wir in allen Lebensbereichen Integrität an den Tag legen müssen. Es bedeutet, nein zu sündigen Verlockungen sagen zu müssen, nein zu sexuellen Versuchungen, nein zu moralischen Kompromissen, nein zu unsauberen Bereicherungstaktiken; anders ausgedrückt: Wir müssen konsequent »nein« zur Sünde sagen.

Natürlich gibt es auch eine positive Seite. Wir müssen ja zu Gerechtigkeit und Nächstenliebe und Wahrheit sagen, selbst wenn es weh tut. Wir müssen ja zu Gottes Führung und den Aussagen der Bibel und dem Drängen des Heiligen Geistes sagen.

Und wir müssen Tag für Tag, Monat für Monat, Jahr für Jahr dieses »Ja« und dieses »Nein« konkret ausleben. Ein ernüchternder Gedanke, nicht wahr? Es ist mit Sicherheit leichter, darüber zu reden, als es zu tun! Doch dies ist ein unverzichtbarer Bestandteil des ansteckenden Christseins.

Leider hat es im Laufe der Geschichte viele Christen gegeben, die mit sagenhaftem Elan und Enthusiasmus aus den Startblöcken gesprintet sind, doch schon nach einer oder zwei Runden am Rand der Bahn landeten. Und dies läßt die Zweifel der Ungläubigen noch größer werden. Sie grinsen nur und sagen zueinander: »Siehst du, es war nur eine Modeerscheinung. Ich hab's doch gleich gewußt, daß das Ganze nur eine Show war und daß so etwas nicht von Dauer sein kann.« Der Sache Christi ist unvorstellbarer Schaden zugefügt worden, weil manche Leute für einen Kurzstreckenlauf trainieren, anstatt sich auf einen Marathon einzustellen.

An anderer Stelle habe ich erwähnt, daß meine Frau Lynne und ich die Gelegenheit hatten, einen Tag bei Billy und Ruth Graham zu verbringen. Eine der unvergeßlichen Erinnerungen, die ich an diesen Tag habe, besteht in der Erkenntnis, daß diese beiden Menschen den Preis des konsequenten Christseins bezahlt haben, indem sie seit annähernd fünfzig Jahren Gott gemeinsam dienen. Das ist ein halbes Jahrhundert, das sie als »lebendiges Opfer« verbracht haben. Ein halbes Jahrhundert des Widerstehens, wo Verlockung, zwielichtige Kompromisse und Versuchungen lauerten, die ihr ganzes Christsein unglaubwürdig gemacht hätten. Ein halbes Jahrhundert, in dem sie Wahrheit, Nächstenliebe, Dienst am anderen und Demut in ihrem gesamten Lebensstil ausdrückten.

Ich bin davon überzeugt, daß Gott Billys Verkündigung unter anderem deshalb so reich gesegnet hat, besonders in den späteren Jahren seiner Arbeit, weil Billy eine ganze Generation seiner Zeitgenossen schlichtweg mit seiner Echtheit überdauert hat! Er hat ihre Zweifel und Bedenken durch sein konsequentes Leben zermürbt. Er könnte sagen: »Wissen Sie, was ich Ihnen vor zehn Jahren gesagt habe, vor zwanzig, vor dreißig, vor vierzig und vor fünfzig Jahren, das ist heute so wahr wie eh und je. Es hat sich in meinem Leben bewahrheitet und auch in dem Leben vieler anderer Menschen.«

Und viele seiner Altersgenossen sagen: »Alle Achtung! Ich habe Sie ein halbes Jahrhundert lang beobachtet, und allmählich komme ich zu der Einsicht, daß an der Sache etwas dran sein muß.«

Diese Erinnerung an die Grahams verdeutlichte mir aufs neue, daß ich gut daran tue, mich auf ein Marathonrennen einzustellen. Diese Erkenntnis hätte zu keinem günstigeren Zeitpunkt kommen können, denn obwohl ich den Lauf mit einem recht guten Tempo begonnen hatte, verspürte ich im vierzehnten Kilometer eines Zweiundvierzig-Kilometer-Marathons große Erschöpfung. Ich sah ein, daß ich meine Zeit besser einteilen mußte, um für den Rest der Strecke als »lebendiges Opfer« bestehen zu können.

Wie sieht es bei Ihnen aus?

Sind Sie ein Sprinter oder ein Marathonläufer? Haben Sie vielleicht An-gehörige, die sagen: »Ich werde mich hier postieren und dich beobach-ten«? Fassen Sie doch einfach an Ort und Stelle den Beschluß, mit Gottes Hilfe jeden Zyniker, Spötter und Zweifler in Ihrer Umgebung eines Besseren zu belehren!

Um dies zu bewerkstelligen, müssen Sie ein »hochgradig« aufrichtiges, hilfsbereites, aufopferndes, gottesfürchtiges Leben führen, und zwar tagtäg-lich. Dieses Leben werden Sie nicht nur in der Kirche führen müssen, son-dern auch zu Hause, am Arbeitsplatz oder an der Ausbildungsstätte, in der Nachbarschaft und auf dem Sportplatz. Sind Sie zu einer solchen Verbind-lichkeit bereit? Der Startschuß ist gefallen!

Die Wirkung, die ein gottesfürchtiges Leben auf andere ausübt

Wenn wir anderen Menschen eine so aufopfernde Liebe entgegenbringen, wie ich sie hier beschrieben habe, eifern wir darin dem Vorbild und den Lehren des Meisters selbst nach. Jesus sagte (Joh 15,12f): »Das ist mein Gebot: Liebt einander, so wie ich euch geliebt habe. Es gibt keine größere Liebe, als wenn einer sein Leben für seine Freunde hingibt.«

Es ist ermutigend zu wissen, daß wir, wenn wir einen Teil unseres Lebens für unsere Freunde opfern, ihnen damit die Augen dafür öffnen, daß Jesus sein ganzes Leben als Opfer für sie hingegeben hat.

Die Bibel sagt, daß wir durch den Glauben an Gott errettet werden; durch gute Werke können wir uns diese Errettung niemals erkaufen. Und genau darin besteht die Evangeliumsbotschaft, nicht wahr? Unser positives Verhal-ten hat nichts damit zu tun, unsere Erlösung verdienen zu müssen. Diese ist ein Geschenk Gottes an alle, die ihm vertrauen.

Doch hinzuzufügen ist folgendes:

Obwohl unser Tun nichts mit dem Erlangen unserer Errettung zu tun hat, wird Gott es vielleicht dazu benutzen, jemand anderen zu erretten! Unser Verhalten ist ungeheuer bedeutsam. Es kann entscheidende Auswirkungen auf die Ewigkeit unserer Mitmenschen haben.

Bestimmt ist Ihnen die Logik klar, nach der ich in diesem Teil des Buches vorgegangen bin. Das Zusammenwirken von Echtheit, Nächstenliebe und Opfer bringt jene, die vom Glauben distanziert sind, an den Punkt, an dem sie sagen: »Probieren geht über Studieren. Die Beweise lassen sich nicht von der Hand weisen. Wer außer Gott könnte jemanden so echt und gütig und konsequent machen, wie diese Leute es sind? Was muß ich nur tun, um so wie sie zu werden?«

Mit dem Bild vom Salz ausgedrückt, haben wir uns einen Überblick darüber verschafft, was es bedeutet, ein Leben als hochgradig »salziger« Christ zu führen. Um jedoch den »maximalen Effekt« zu erreichen, dürfen wir nicht an diesem Punkt stehenbleiben. Im nächsten Teil dieses Buches soll es um die Frage gehen, wie wir in eine größere Nähe zu jenen gelangen können, die wir für Christus erreichen wollen. Hier geht es richtig los mit der Praxis!

Teil III

Das Potential der unmittelbaren Nähe

$$hE + uN + kK = mE$$

Kapitel 7

»Strategische« Gelegenheiten
in bestehenden Beziehungen

Zu wem gehen Sie, wenn Sie Probleme haben? An wen wenden Sie sich, wenn Sie Hilfe oder Rat in einer wichtigen Angelegenheit brauchen? Und selbst wenn Sie wissen wollen, welches Auto- oder Staubsaugerfabrikat empfehlenswert ist, mit wem reden Sie dann?

Gehen wir diese Fragen einmal von der Gegenrichtung an. Wie reagieren Sie, wenn ein Fremder versucht, mit Ihnen über private Dinge ins Gespräch zu kommen? Ist es Ihnen ein besonderes Vergnügen, mit Menschen, die Sie nicht kennen, über persönliche Angelegenheiten zu reden?

Angenommen, Sie verbringen gerade einen gemütlichen Samstagmorgen mit Ihrer Familie. Plötzlich klopft jemand an die Haustür. Zwei fromme Leute stehen auf der Matte und wollen Ihnen erklären, wie Sie Mitglied einer bestimmten Organisation Gottes werden können. Lassen Sie mich raten: Sie brechen in einen Sturm der Begeisterung aus und denken: Wow! Endlich eine Gelegenheit, mich mit ein paar gut informierten Leuten über so ein interessantes und wichtiges Thema zu unterhalten! Stimmt's?

Wohl kaum. Wenn Sie wie die meisten Leute reagieren, dann ist Ihr erster Gedanke: Bloß das nicht! Warum mußten sie ausgerechnet heute auftauchen? Ich habe einfach keine Lust dazu, mit irgendwelchen Leuten, die ich nicht kenne, über so etwas Kompliziertes und Persönliches zu reden – und außerdem sind sie bestimmt besonders geschult worden, um alles, was ich sage, zu zerpflücken!

Wenn *Sie* als Christ, der Gottes Liebe und Wahrheit aktiv und verbindlich an andere weitergeben will, schon solche Bedenken haben, mit Fremden über geistliche Fragen zu reden, dann können Sie sich vorstellen, wie es Ihren kirchendistanzierten Freunden in einer ähnlichen Situation ergehen würde! Vermutlich haben sie einen großen Horror davor, mit jemandem, den sie nicht kennen, über ihr Privatleben zu reden.

Kein Wunder, daß einige der älteren, unpersönlichen Methoden des Evangelisierens nicht mehr richtig »ziehen«. Je weiter sich die Menschen unserer Kultur von ihrer christlichen Herkunft entfernen, desto schwerer fällt es ihnen, mit anderen – besonders mit Menschen, die sie nicht kennen – über Glaubensfragen zu sprechen. Mit der zunehmenden Säkularisierung der Gesellschaft scheint eine direkt proportionale Verringerung der Bereitschaft einherzugehen, aus dem warmen Nest hervorzukriechen und nach Antworten auf die entscheidenden Fragen des Lebens zu suchen.

Wieviel Beachtung schenken Sie den Werbezetteln, die Ihnen tagtäglich aus Ihrem Briefkasten entgegenflattern? Vermutlich bekommen christliche Flugblätter, Traktate, gedruckte Einladungen von Kirchengemeinden und kirchliche Werbeanzeigen im Branchentelefonbuch oder in der Tageszeitung auch nicht viel mehr von Ihrer Aufmerksamkeit ab. Und sind Sie nicht ebenso skeptisch wie ich, was die Wirksamkeit von originellen christlichen Autoaufklebern oder Spruchbändern bei Fußballspielen mit dem Kürzel »Joh 3,16« betrifft? Ich für meinen Teil höre jedenfalls nicht viele Glaubenszeugnisse von Menschen, die durch diese unpersönlichen Methoden zu Jesus gefunden haben.

Selbst die besseren christlichen Radio- oder Fernsehprogramme, die immerhin unter beträchtlichem Kostenaufwand produziert werden, schaffen es nicht, die wirklich kirchendistanzierten Menschen zu erreichen, die dies so dringend nötig haben. Aus meinen Gesprächen mit solchen Menschen weiß ich, daß sie in den meisten Fällen nicht einmal etwas von der Existenz solcher Programme wissen.

Bitte verstehen Sie mich nicht falsch. Ich will nicht bestreiten, daß Gott manchmal diese Mittel dazu benutzt, um Menschen mit seiner Wahrheit anzurühren. Trotz der Fraglichkeit dieser Methoden wird es immer wieder hier und da Auswirkungen geben, die solche Bemühungen nicht wertlos erscheinen lassen. Ich möchte lediglich betonen, daß die Menschen im allgemeinen immer immuner gegen unpersönliche Methoden werden und daß wir daher gut daran tun, nicht alles auf diese eine Karte zu setzen.

Es ist eine Tatsache, daß wir alle Unbehagen verspüren, wenn jemand, der nicht zu unserem Freundeskreis gehört, uns hinsichtlich einer persönlichen, wichtigen Angelegenheit beeinflussen will. Wir neigen alle dazu, uns an Leute zu wenden, die wir schon kennen und die unser Vertrauen besitzen. Auf Freunde hört man.

Freunden vertraut man. Von Freunden läßt man sich etwas sagen. Freunden kauft man etwas ab – und das gilt sowohl für Waren- als auch für Gedankengut.

Wenn wir nun unsere Welt für Christus erreichen wollen, tun wir das am effektivsten durch Freundschaften mit jenen, die Christus brauchen. Wir müssen nahe an sie herankommen, damit sie merken, wie sehr uns an ihnen liegt und daß wir ihr Bestes wollen. Über einen größeren Zeitraum hinweg wird uns das ihr Vertrauen und ihren Respekt einbringen.

Erinnern wir uns noch einmal an die Geschichte mit dem Salz. Das stärkste Salz der Welt bleibt wirkungslos, wenn es im Salzstreuer gelassen wird. Und die echtesten, mitfühlendsten, opferbereitesten Christen auf diesem Planeten werden keinerlei Einfluß auf gottferne Menschen ausüben, wenn sie keinen Kontakt zu ihnen herstellen. Deshalb will dieser Buchteil die zweite Komponente der Formel beleuchten. Sie heißt »uN« und steht für »unmittelbare Nähe«. Wir werden gemeinsam überlegen, wie wir authentische und durch Vertrauen getragene Beziehungen aufbauen können, durch die wir in die Reichweite der Menschen gelangen, denen wir die Botschaft von Jesus bringen wollen.

Nicht das Pferd beim Schwanz aufzäumen

Machen wir uns nichts vor: Das Vorhaben, echte Freundschaften mit kirchendistanzierten Menschen aufzubauen, erfordert einen beträchtlichen Einsatz von Zeit und Mühe, ganz zu schweigen von den Unbequemlichkeiten, die wir hier und da in Kauf nehmen müssen. Deshalb sind wir vielleicht versucht, eine Abkürzung zu gehen und den Betreffenden gleich jetzt vor eine geistliche Entscheidung zu stellen – egal, ob er innerlich darauf vorbereitet ist oder nicht. Immerhin, so sagen wir uns, gibt es so viele Menschen, die erreicht werden müssen; da können wir es uns nicht leisten, eine Menge Zeit darauf zu verwenden, einen einzigen davon näher kennenzulernen.

Der Haken an der Sache ist der, daß das, was in unseren Augen eine Abkürzung auf dem Weg zur Wahrheit ist, in den Augen unseres Gesprächspartners vielleicht eine falsche Abbiegung war, die ihn in seinem geistlichen Vorankommen entgleisen läßt. Wenn er sich unter Druck gesetzt fühlt, eine voreilige Entscheidung zu treffen, wird er auf die Bremse treten und vielleicht sogar den ganzen Vorgang abbrechen.

Diese Lektion mußte Mark lernen, um aus seinen Fehlern klug zu werden. Es passierte vor einigen Jahren, als unsere Gemeinde eine einwöchige Veranstaltungsreihe anbot, in der das Christsein durch moderne Musik und Theater vermittelt werden sollte; unsere Zielgruppe waren Menschen, die normalerweise in keine Kirche gehen.

Mark hatte vier Eintrittskarten für die Veranstaltung am Freitag abend gekauft und gemeinsam mit seiner Frau Heidi ein anderes Ehepaar dazu eingeladen. Dieses Ehepaar sagte jedoch in letzter Minute ab. Es war Freitag, und Mark und Heidi hatten zwei überschüssige Eintrittskarten.

Nach Büroschluß fuhr Mark von der Arbeit nach Hause, und als er in die Einfahrt einbiegen wollte, sah er das junge Pärchen von nebenan auf dem Bürgersteig an seinem Haus vorbeigehen. Sie waren nicht verheiratet, hatten keinerlei Anzeichen von Interesse an geistlichen Themen gezeigt, und er kannte nur ihre Vornamen. Trotzdem dachte er sich, einen Versuch sei es allemal wert.

»Hey, Scott!« rief er. »Ich weiß nicht, ob ihr beide für heute abend schon was vorhabt. Ich habe zwei Eintrittskarten zu einem Konzert in unserer Kirche übrig.« Eilig versuchte er, die typischen Bedenken abzubauen, die das Pärchen womöglich haben mochte. Er versicherte, daß sie die Musik bestimmt mögen würden, die Theateraufführung, das Tonsystem und die Lichteffekte Profi-Qualität hätten und so weiter. Dann fragte er die beiden, ob sie mitkommen wollten.

Blenden wir uns kurz aus. Wenn Sie so denken wie ich, dann bewundern Sie vermutlich die Selbstsicherheit, mit der Mark diese Veranstaltung darstellte und zwei Leute einlud, die er kaum kannte. Viele von uns träumen davon, so etwas zu tun, doch im entscheidenden Moment fehlt es dann an Zivilcourage. Allerdings mußte Mark feststellen, daß er vermutlich zu direkt und zu vorschnell vorgegangen war. Er hatte riskiert, die beiden nicht nur von diesem Konzert abzuschrecken, sondern auch jegliche künftige Gesprächsbereitschaft zu zerstören.

Scott warf seiner Freundin einen verlegenen Blick zu und sah dann zu Boden. Etwas unbeholfen sagte er: »Äh … danke, aber ich glaube, heute machen wir lieber was anderes … aber wenn ihr irgendwann mal Lust habt, mit uns im Garten zu grillen, dann sagt uns Bescheid.«

Als die beiden weitergingen, dachte Mark: »Wieso bin ich eigentlich nicht von selbst darauf gekommen? Genau davon rede ich doch schon seit Jahren in meinen Seminaren über persönliche Evangelisation: Zuerst muß man gemeinsam grillen!«

Es ist so wichtig, daß wir Zeit und Energie in Freundschaften investieren – ich nenne es manchmal: zwischenmenschliche Miete zahlen –, um erstens das Vertrauen und den Respekt des Betreffenden zu gewinnen und zweitens das Recht zu erlangen, geistliche Themen zur Sprache zu bringen.

Interessanterweise ist Mark auf Scotts Vorschlag zurückgekommen. Ein paar Wochen später hat er ihn angerufen und vorgeschlagen, daß sie zu viert einen Film ansehen und anschließend in ein Café gehen. Für diesen Abend hatten Mark und Heidi sich vorgenommen, das Thema »Kirche und Christsein« überhaupt nicht anzuschneiden. Sie wußten, daß sie schon einmal voreilig gehandelt hatten, und sie wollten mehrere Male mit den beiden jungen Leuten »grillen«, bevor sie bewußt auf den Glauben zu sprechen kamen. Doch zu ihrer großen Überraschung war es dann Scott, der gleich an dem ersten Abend im Café einige Fragen über das Christsein stellte!

Aus diesem Erlebnis leitete Mark einen Grundsatz ab, den er seither in seinen Seminaren lehrt: das »Zuerst-Grillen-Prinzip«. Es verkörpert haargenau das, was ich in diesem Teil des Buches betonen will. Es lohnt sich, eine Freundschaft auf natürlichem, für alle »ungefährlichen« Boden aufzubauen, um dann später im Kontext dieser gewachsenen Beziehung geistliche Dinge zur Sprache zu bringen. Und wie diese Geschichte beweist, braucht man oft gar nicht lange zu warten, um dies tun zu können. Viele Menschen sind auf der Suche nach einem vertrauenswürdigen Gesprächspartner, mit dem sie über solche wichtigen Fragen reden können.

Beispiele aus der Bibel

Um das, was ich hier sage, zu bekräftigen, wollen wir uns das Verhalten Jesu näher ansehen. Es ist kaum zu fassen, wie häufig die Tatsache übersehen wird, daß er den größten Teil seiner Zeit mit Menschen verbrachte, die dem religiösen Establishment fernstanden. Seine Begegnungen mit den religiösen Führungskräften seiner Zeit waren geprägt von unverhohlener Kritik. Immer wieder gab er ihnen zu verstehen, wie sehr die Verlorenen dieser Welt Gott am Herzen liegen.

Leider neigt man jedoch dazu, die geschichtlichen Fakten Jahrhunderte später durch einen Weichzeichner zu sehen, so daß die Sünder, in deren Gesellschaft Jesus sich aufhielt, uns irgendwie anständiger und ehrbarer vorkommen als jene, die heute ganz offensichtlich gegen ihn rebellieren. Man vergißt leicht, daß die Zöllner, mit denen er Umgang pflegte, tatsächlich ihre verarmten Zeitgenossen aussaugten und daß die Prostituierten, denen er mit Erbarmen begegnete, in der Tat nicht weniger Sex für Geld anboten, als das ihre Kolleginnen auch heute tun. Aber so sah die Realität aus. Jesus mischte sich mit voller Absicht unter den Abschaum der damaligen Gesellschaft, weil ihm diese Menschen wichtig waren und weil er sie zu Gotteskindern machen wollte.

Denken wir einmal über diese Tatsachen nach.

> *Es ist verständlich, wenn Leute voller Entrüstung fragen:* »*Wie konnte Jesus nur so etwas tun? Was brachte den sündlosen Sohn Gottes nur dazu, den Umgang mit solch zwielichtigen Gestalten zu pflegen? Wußte er etwa nicht, daß sie moralisch bankrott waren?*«

Viele von uns haben in der Kirchengemeinde Lieder gelernt wie »Jesus, du Freund der Sünder« und dabei gedacht: Genau. Bloß gut, daß er mein Freund ist! Wir finden das alles ganz gut und schön, bis wir uns klarmachen, daß seine Freundschaft mit Sündern weit über die Liebe hinausgeht, mit der er sich jetzt um uns als seine Familienmitgliedern kümmert. Die Bibel sagt, daß wir ihn lieben, weil er uns zuerst geliebt hat, nämlich zu einem Zeitpunkt, als wir noch ungehorsam und voll Rebellion waren, überhäuft von der Schuld und Schande, die Sünde zwangsläufig mit sich bringt. Und er ist nun einmal der Freund für eine Welt, die voller Leute ist, die sich haargenau in einem solchen Zustand befinden.

Ein anderes biblisches Beispiel ist Paulus. Er schrieb an die Gemeinde in Korinth (1 Kor 9,22f): »Allen bin ich alles geworden, um auf jeden Fall einige zu retten. Alles aber tue ich um des Evangeliums willen, um an seiner Verheißung teilzuhaben.« Ihm lag so sehr an seinen Mitmenschen, daß er Unbequemlichkeiten und Opfer in Kauf nahm, um einen Kontakt mit anderen herzustellen und sie für Christus zu gewinnen. Die größte Herausforderung an uns steht jedoch in dem nächsten Vers, wo es heißt: »Lauft so, daß ihr ihn [den Preis] gewinnt.«

Hindernisse beim Aufbau von Freundschaft

Es gibt mehrere Hindernisse, die Christen davon abhalten, dieser Herausforderung gerecht zu werden und in eine Beziehung zu Nichtchristen in ihrem Umfeld zu treten. Sehen wir uns einige dieser Hindernisse genauer an:

Biblische Fragen

Manch einer hat von frühster Kindheit an Verse gehört, die betonten: »... wißt ihr nicht, daß Freundschaft mit der Welt Feindschaft mit Gott bedeutet?«, »... nicht von der Welt ...« und: »Zieht daher weg aus ihrer Mitte, und sondert euch ab.« Wenn diese Verse zum Kern Ihrer christlichen Erziehung gehörten, dann halten Sie das ganze Thema »Freundschaft mit Nichtchristen« vermutlich für höchst bedenklich und vielleicht sogar regelrecht unbiblisch.

Befassen wir uns kurz mit diesem Problem, indem wir uns die betreffenden Bibelpassagen ein wenig genauer anschauen. Jakobus weist uns in der Tat an, keine Freundschaft mit der Welt zu pflegen (Jak 4,4). Allerdings läßt sich aus anderen Passagen, beispielsweise aus dem 1. Johannesbrief ersehen, daß mit dem Wort »Welt« nicht die Menschen selbst gemeint sind, sondern die Sünde und das Böse, das die Menschen der Welt tun (1 Joh 2,15-17). Anders ausgedrückt müssen wir dem Gebot Christi gehorchen, das uns anweist, andere Menschen zu lieben, jedoch ohne in den Irrtum zu verfallen, ihr böses Tun zu lieben oder daran teilzunehmen. Es ist vielmehr unsere Aufgabe, uns »vor jeder Befleckung durch die Welt zu bewahren« (Jak 1,27).

Ein ähnliches Mißverständnis entsteht manchmal im Hinblick auf die Aussage Jesu, daß wir nicht von dieser Welt sind (Joh 17,14). Manchmal wird dieser Vers dahingehend interpretiert, daß wir keinen Umgang mit Menschen pflegen sollen, die nicht zur Familie Gottes gehören. Die Verse 15 bis 18 sagen jedoch genau das Gegenteil aus: »Ich bitte nicht, daß du sie aus der Welt nimmst, sondern daß du sie vor dem Bösen bewahrst. ... Wie du mich in die Welt gesandt hast, so habe auch ich sie in die Welt gesandt.« Und warum war Jesus in die Welt gesandt worden? Seiner eigenen Aussage zufolge zu diesem Zweck: »... um zu suchen und zu retten, was verloren ist« (Lk 19,10).

Aber wie haben wir die Anweisung zu verstehen, die besagt: »Zieht darum weg aus ihrer Mitte, und sondert euch ab«? Diese Anweisung findet sich im 2. Korintherbrief und bildet den Abschluß einer Warnung des Paulus, daß Gläubige sich nicht mit Ungläubigen unter ein Joch beugen sollten (2 Kor 6,17). Damit sind ganz eindeutig nicht Alltagsfreundschaften gemeint, sondern formalere Bindungen und Verbindungen, die oft einen schädlichen Einfluß auf den christlichen Partner ausüben. In seinem ersten Brief an dieselbe Gemeinde bekräftigte Paulus sogar, daß nichts gegen einen normalen Kontakt mit Nichtchristen einzuwenden ist und daß dieser sogar notwendig ist (1 Kor 5,9f).

Wir können also getrost den folgenden Schluß ziehen:

> *Jesus war bei seinen Gegnern als »Freund der Zöllner und Sünder« verschrien (Lk 7,34). Obwohl diese Bezeichnung als Beschimpfung gemeint war, bestritt Jesus diese Aussage nie. Er betrachtete sie sogar als Kompliment und strebte danach, ihr gerecht zu werden.*

Geistliche Gefahren

Wir haben also gesehen, daß das Konzept, die Nähe zu Nichtchristen aus geistlichen Gründen zu suchen, durchaus biblisch ist und von Jesus und Paulus in die Tat umgesetzt wurde. Doch birgt der Umgang mit Menschen, die aktiv gegen Gott eingestellt sind, nicht auch bestimmte Gefahren? Und auf was zielte Paulus ab, als er schrieb: »Schlechter Umgang verdirbt gute Sitten« (1 Kor 15,33)?

Reden wir zuerst über den Vers. Wenn wir ihn in seinem Zusammenhang betrachten, wird deutlich, daß Paulus speziell davor warnte, religiösen Anführern Glauben zu schenken, die die Auferstehung Christi abstreiten. Sinngemäß sagte er: »Laßt euch nur nicht von ihrer Skepsis zu diesem Punkt in die Irre führen. Die Tatsache, daß Jesus wirklich und wahrhaftig von den Toten auferstanden ist, nimmt eine zentrale und unverzichtbare Stellung im christlichen Glauben ein.«

Unausgesprochen steckt allerdings noch ein größeres, allgemeineres Grundprinzip hinter dieser Passage, und zwar folgendes: Wenn wir Umgang mit jemandem pflegen, dessen Überzeugungen nicht mit dem wahren Evangelium übereinstimmen, müssen wir sicherstellen, daß wir diejenigen sind, deren Einstellung das Geschehen bestimmt.

Dies läßt sich auch so ausdrücken, daß wir uns in der Offensive befinden sollten, nicht in der Defensive. Wir müssen bereit sein, Gottes Wahrheit in allen Situationen, in denen wir uns befinden, zum Tragen kommen zu lassen, oder, um mit den Worten des Paulus zu sprechen, »alle hohen Gedankengebäude nieder[zureißen], die sich gegen die Erkenntnis Gottes auftürmen. … Wir nehmen alles Denken gefangen, so daß es Christus gehorcht« (2 Kor 10,4f).

Wenn wir daher spüren, daß wir durch das Denken und Verhalten anderer Menschen negativ beeinflußt werden, ist es an der Zeit, daß wir uns zurückziehen, zumindest eine Zeitlang. Es ist von entscheidender Bedeutung, daß wir in moralischen und geistlichen Fragen der Tonangebende bleiben. In vielen Situationen ist dies nicht so schwierig, wie es sich anhört. Wenn wir mit einem klaren Bewußtsein an den Aufbau einer Freundschaft herangehen – nämlich mit dem Bestreben, jemand mit seinem Erlöser bekannt zu machen –, dann haben wir eine gute Ausgangsposition, an dem, was richtig und wahr ist, uneingeschränkt festzuhalten.

Ist der Ruf mal ruiniert ...

»Aber wenn ich anfange, mich in der Öffentlichkeit mit ›Heiden‹ sehen zu lassen«, sagen Sie jetzt vielleicht, »was werden die Leute aus meiner Gemeinde dann von mir denken?« Diese Frage ist durchaus berechtigt und gehört in die Diskussion, denn es wird vermutlich einige Christen in Ihrem Bekanntenkreis geben, die Ihren Wunsch nach Kontakten zu kirchendistanzierten Menschen mißverstehen.

Dabei sind Sie allerdings in bester Gesellschaft, denn Jesus riskierte nicht nur seinen Ruf innerhalb des religiösen Establishments, er ruinierte ihn sogar regelrecht! Im Evangelium lesen wir sogar, daß er als Fresser und Säufer beschimpft wurde (Lk 7,34). Natürlich war er weder das eine noch das andere, doch allein die Tatsache, daß diese Menschen so von ihm dachten, gibt uns Aufschluß darüber, in wessen Gesellschaft er sich häufig aufhielt.

Dagegen erklärte Jesus in anderem Zusammenhang, warum er Kontakt zu Sündern hatte: weil sie Kranken gleichen, die dringend einen Arzt brauchen. Die Gefahr dabei war und ist natürlich, daß der Arzt mit seinen Patienten in eins gesetzt wird.

An anderer Stelle haben wir Lukas 15,3-32 betrachtet, den Text, in dem Jesus betonte, wie wichtig sündige Menschen in Gottes Augen sind, indem er drei Gleichnisse erzählte: das Gleichnis vom verlorenen Schaf, das von der verlorenen Münze und das vom verlorenen Sohn. Wir haben den Lehrgehalt dieser Geschichten beleuchtet, nicht aber den Grund, weshalb Jesus sie so besonders eindrücklich vermittelte. Wenn Sie sich die ersten beiden Verse dieses Kapitels anschauen, wird sein Motiv deutlich.

Die Geschichten, die Jesus erzählte, waren eine Reaktion auf das empörte Gerede der Pharisäer und Schriftgelehrten über die schlechte Gesellschaft, in der er sich so häufig befand. Jesus wollte ihnen klarmachen, daß dies nicht nur durchaus angebracht war, sondern daß es sich auch unbedingt lohnte, weil verlorene Menschen in Gottes Augen so immens kostbar sind.

Persönliches Unbehagen

Geben wir es unumwunden zu: Es ist schwer, wieder in das Milieu der Leute abzusteigen, zu denen wir früher selbst einmal gehörten. Ihre Ausdrucksweise geht uns gegen den Strich, ihre schlechten Witze sind uns peinlich, und mit ihren Ansichten und ihrem Verhalten lassen sie Zweifel daran aufkommen, ob sich überhaupt eine Brücke über diese tiefe geistliche Kluft schlagen läßt. Vielleicht sind Sie erst vor kurzem dieser Umgebung entflohen. Deshalb ist Ihre Reaktion verständlich, wenn Sie jetzt fragen: »Und da soll ich wieder hinein?«

Meine Antwort auf diese Frage lautet: »Ja und nein.« Wir wollen mit Sicherheit nicht wieder in diese Umgebung zurückgehen, um dort zu bleiben. Aber wir müssen sie besuchen, und zwar um der Menschen willen, die noch dort festhängen, die Gott liebt und die auch uns wichtig sein sollten. Aber dies wird manchmal Unbehagen bei uns auslösen.

An einer anderen Stelle habe ich von meiner Begeisterung für den Segelsport gesprochen. Meine Crew besteht aus neun Männern, und sie zählen nicht zu den Typen, die man bei einem Gemeindeausflug erwarten darf.

Laut Segelvorschriften müssen sich die Bootseigentümer und die Crews nach jeder Regatta im Yachtclub treffen, um die Ergebnisse zu bestätigen, etwaige Uneinigkeiten darüber zu bereinigen und den ersten, zweiten und dritten Preis zu verteilen.

Dreimal dürfen Sie raten, womit alle eifrigst beschäftigt sind, während das Komitee bei der Auswertung ist. Richtig. Sie konsumieren gehörige Mengen Alkohol. Ich kann Ihnen gar nicht sagen, wie oft ich in einem Kreis von acht bis zehn angetrunkenen Seglern gestanden habe, die sich endlos lange darüber stritten, wer den besten Spinnaker oder die beste Gegenwind-Etappe hingekriegt hat.

Ich ertappe mich dabei, wie ich denke: Was habe ich eigentlich hier verloren? Das Gerede ist laut, die Ausdrucksweise nicht salonfähig und das Ego der Leute außer Rand und Band. Wieso bin ich eigentlich noch hier? Und oft flüstert der Heilige Geist mir zu: »Weil du Brücken baust. Weil du Vertrauen herstellst. Weil du das Fundament für Gespräche legst, die vielleicht in einem Jahr stattfinden. Du tust dasselbe, was Jesus getan hat«.

Die Art und der Grad des Unbehagens, das wir beim Aufbauen von Freundschaften verspüren werden, sind unterschiedlich, doch Gott wird uns helfen, damit fertigzuwerden, und seinen Segen zu unseren Bemühungen geben. Und es wird sich lohnen.

Schreiten wir zur Tat!

Darf ich Ihnen den Vorschlag machen, etwas zu tun, was diese Diskussion aus der grauen Theorie in die Praxis überführt? Schreiben Sie sich die Namen von drei Menschen auf, denen Sie gerne geistlich weiterhelfen möchten. Es sollte sich dabei um Menschen innerhalb Ihres Einflußbereichs handeln, mit denen Sie aller Voraussicht nach später einmal offen über Christus reden können.

Diese Namensliste wird Ihnen dabei helfen, den Übergang von Punkt A zu Punkt B zu schaffen, nämlich von der *Hoffnung*, eines Tages, irgendwann irgendwelche namenlosen, gesichtslosen Suchenden für Jesus zu erreichen, zum gezielten *Handeln* im Hinblick auf drei Menschen zu kommen, die Sie kennen und die Ihnen am Herzen liegen.

Dabei ist es wichtig, daß Sie Gott beim Auswählen der Namen um seine Führung bitten. Und Sie müssen auch weiterhin mit ihm im Gespräch über sie bleiben und den Heiligen Geist bitten, sie für die Liebe und Wahrheit Christi offen zu machen. Beten Sie auch dafür, daß Gott Ihnen hilft, bedingungslose Liebe und eine erwartungsfreie, selbstlose Freundschaft zu leben. Bitten Sie ihn auch um Weisheit, wie Sie auf diese Menschen zugehen und was Sie zu ihnen sagen sollen.

Mein Freund Dieter Zander trifft den Nagel auf den Kopf, wenn er sagt: »Wir müssen zuerst mit Gott über Menschen reden, dann mit Menschen über Gott.« Vergessen Sie nicht, daß der Heilige Geist unser unsichtbarer Partner sein will, wenn es darum geht, Angehörige, Kollegen und Nachbarn mit dem lebenspendenden Evangelium Christi zu erreichen. Es ist wichtig, daß wir ihn bei jedem Schritt um seine Weisheit und sein Mitwirken bitten.

Lassen Sie sich zum Schluß dieses Kapitels ein Wort der Ermunterung sagen. Sie können kein Christ sein, dessen Christsein anstecken soll, wenn Sie nicht dicht genug an andere Menschen herangehen, um den »Erreger« auf sie überspringen zu lassen. Der Punkt, der über Erfolg oder Versagen des ganzen Unterfangens entscheidet, ist die Kontaktstelle. Ich sage es noch einmal: Man hört auf seine echten Freunde. Werden Sie deshalb einer. Wenn wir dort nicht anfangen, werden wir auch sonst nicht viel weiter kommen.

Später werden wir darüber reden, wie Sie den Inhalt Ihres Glaubens klar und unmißverständlich vermitteln können, doch Sie sollten unbedingt schon jetzt daran denken, daß Ihnen die beste Vorbereitung nichts nützt, wenn Sie keinerlei Kontakte herstellen.

Das Wunderbare an der Sache ist, daß Ihre »strategische Rolle« in einer Freundschaft ungeheuren Spaß machen kann. Sie werden erleben, wie Ihr Glaube sich vertieft, wie Ihr Bekanntenkreis größer wird und Ihr Gottvertrauen wächst. Ich kann es Ihnen gar nicht oft genug sagen: Ein ansteckendes Christsein zu leben, ist das größte Abenteuer Ihres Lebens!

Kapitel 8

Auf Tuchfühlung mit Nichtchristen

Partys. In meiner Jugend gab es zwei Sorten davon, zwei sehr unterschiedliche sogar. Die erste waren Partys, die innerhalb eines religiösen Rahmens stattfanden. Wenn Sie in einem gläubigen Elternhaus aufgewachsen sind, erinnern Sie sich wahrscheinlich an diese Zusammenkünfte nach den Gottesdiensten, wo jeder jeden kannte. Freundliches, familiär-vertrautes Plaudern und dazu dieses gewisse Gemeindekeller-Ambiente. Der schwache, doch unverkennbare Duft von Kaffee, Wachsmalstiften, Parfüm und Putzmitteln. Rote Saftbowle, von der es immer reichlich gab, die jedoch nie genug Zucker enthielt. Linoleumfußboden. Klappstühle. Klaviergeklimper aus dem Nebenraum. Und überall Kinder. Erinnern Sie sich?

Die andere Art der Party war das lautstarke Feiern der ungebundenen Typen. Hier lautete das Motto: »Zum Wildsein geboren«, »Amüsier dich, bis du umfällst« und »Man lebt nur einmal.« Alkohol floß in Strömen, das Gerede war anspruchslos, die Musik bis zum Anschlag aufgedreht. Manche kamen, um sich zu amüsieren, andere, um mitreden zu können, und wem weder das eine noch das andere gelang, der tat halt nur so.

In meiner Kindheit war ich bei den geselligen Zusammenkünften der frommen Kreise zu Hause. Später, in der High-School, lernte ich dann die Feste der weniger Frommen kennen. Dabei habe ich so gut wie kein Fest erlebt, bei dem eine Mischung dieser beiden Gruppen vertreten gewesen wäre, zumindest keine beabsichtigte. Hin und wieder ist so etwas vielleicht vorgekommen, beispielsweise bei Hochzeiten, aber das löste immer eine gewisse Befangenheit aus. Um sich nicht auf die Zehen zu treten, gingen die beiden Gruppen sich gegenseitig aus dem Weg und feierten getrennt. Das ging dann so bis zum späten Abend, und dann übernahmen die »Weltlichen« das Kommando und schlugen die »Frommen« in die Flucht.

Die Party des Matthäus

Im 1. Jahrhundert sah es nicht viel anders aus, und deshalb wirkt das, was Matthäus tat, auch so ungeheuerlich (siehe: Lk 5,29ff). Kurz gesagt, veranstaltete Matthäus eine Party und tat etwas noch nie Dagewesenes: Er lud sowohl seine Glaubensgenossen als auch seine reichlich unfrommen Freunde ein. Die Gäste stellten nicht ohne Grund eine gemischte Gruppe dar – eine Party mit einem ganz bestimmten Zweck.

Einen beachtlichen Edelmut zeigte er, das muß man ihm lassen! Matthäus war von Beruf Zöllner; vor kurzem war er Christ geworden. Ein Zöllner galt damals allein schon durch seine Zusammenarbeit mit der verhaßten Besatzungsmacht als besonders verabscheuungswürdig. Leute, die diese Tätigkeit ausübten, waren dafür bekannt, sich unter dem Schutz Roms auf Kosten der eigenen Landsleute zu bereichern. Wer Zöllner war, der hatte praktisch eine Lizenz zum Ausbeuten.

Doch durch seine Begegnung mit Jesus war Matthäus ein anderer geworden. Als erstes dachte er sogleich an seine Freunde, die Jesus noch nicht nachfolgten. Er wollte ihnen unbedingt helfen, das zu finden, was er selbst gefunden hatte. Aber wie? Er hatte kein Seminar über persönliche Evangelisation besucht. Er hatte keine theologische Ausbildung. Er besaß keine Traktate und Bücher. Er hatte lediglich ein Herz, das die Liebe Gottes kennengelernt hatte, und die feste Entschlossenheit, davon an andere weiterzugeben. Irgend etwas würde ihm schon einfallen.

Eine Möglichkeit wäre, seine Zöllnerkollegen zum Tempel einzuladen, damit sie einen Vortrag von jemandem hörten, der geistliche Sachverhalte besser formulieren konnte. Doch da gab es höchstens einen Priester in wallendem Gewand, der das alttestamentliche Gesetz vorlas. Matthäus erkannte sehr schnell, daß dieser Einstieg nicht der richtige für die leichtlebigen, abenteuerlustigen, eingefleischten Heiden war, denen er helfen wollte.

Er hätte die ganze Sache aufgeben können. Er hätte händeringend sagen können: »Es geht halt einfach nicht. Der Tempelpriester hilft uns nicht weiter, und Jesus hält seine Reden zu spontan und ungeplant. Außerdem würden meine Freunde bestimmt keine Lust dazu haben, sich auf den Weg zu machen, um jemanden auf einem öden Hügel predigen zu hören. Und ich selbst bin zu so etwas nicht qualifiziert genug. Da werde ich sie wohl sich selbst überlassen müssen.«

Wissen Sie, es gibt viele Christen, die voll Sorge um die »Verlorenen« ihre Hände ringen und sich gleichzeitig von ihren – ach so weltlichen –

Freunden und Angehörigen isolieren. Nicht so unser Matthäus. Er ließ nicht locker. Bestimmt dachte er gründlich nach, bat um Weisheit und Führung und fragte vielleicht sogar seine gläubigen Freunde um Rat.

Und dann kam ihm eine Idee: Ein Fest würde er veranstalten! Das war's! Seine Kumpel feierten für ihr Leben gern rauschende Feste. Je länger, je lieber!

Nun mußte er sich nur noch überlegen, wie sich mit dieser Party das erreichen ließe, um das es ihm ging. Deshalb fragte er Jesus und die Jünger, ob sie bereit wären, zu dem Fest zu kommen, um hier und da ein geistliches Saatkorn auszusäen, damit in den Herzen seiner Freunde etwas richtig Bedeutendes Wurzeln schlagen konnte.

Der Himmel allein weiß, welche bedeutsamen Gespräche am Abend des Festes stattfanden. Wir kennen nicht viele Einzelheiten – bis auf die Tatsache, daß die Pharisäer Wind von der Sache bekamen und sie natürlich mißbilligten. Offensichtlich waren sie der Meinung, daß Jesus und die Jünger mit der falschen Methode Mission betrieben, denn sie nahmen sie beiseite und tadelten sie dafür, mit so zwielichtigen Gestalten Umgang zu pflegen. Offen gestanden glaube ich, daß sie unter anderem deshalb so ungehalten waren, weil *jeder* die Party ungeheuer zu genießen schien.

Ich male mir aus, wie der frischbekehrte Matthäus diesem Wortwechsel zuhört und sich ernsthaft fragt, ob er das Richtige getan hat. Immerhin ist dies sein erster Missionsversuch, und nun wird Jesus von den hohen Tieren des Judentums scharf kritisiert. Ich stelle mir vor, wie er denkt: Vielleicht hätte ich meine Freunde doch lieber zum Tempel schleifen sollen. Oder vielleicht hätte ich einfach gar nichts unternehmen sollen. Einen schönen Schlamassel habe ich da angerichtet! Jesus hat sich eine oberhirtliche Rüge eingehandelt. Am besten riskiere ich so etwas nicht noch einmal. Das Evangelisieren überlasse ich von jetzt an den Profis.

Doch dann hört er plötzlich, wie Jesus sein Verhalten verteidigt! Jesus lobt seine Idee mit der Party, indem er die Pharisäer daran erinnert, daß es die Kranken sind, die einen Arzt brauchen. Was nützt es, so weist er die Kritiker zurecht, wenn die Ärzte nur mit den Gesunden Umgang pflegen? Oder, um es anders auszudrücken: Unkonventionelle Anlässe, die eine hochbrisante Mischung zwischen den geistlich Versorgten und den geistlich Unterversorgten herstellen, sind nicht nur akzeptabel, sondern spielen eine große Rolle in Gottes Heilsplan.

Der Text gibt zwar keine Einzelheiten darüber wieder, was daraufhin geschah, doch ich stelle mir vor, wie Jesus nach seinem Wortwechsel mit den Pharisäern den Arm um Matthäus legte.

»Du hast deine Sache fabelhaft gemacht, Matthäus«, sagte er vielleicht. »Ich weiß, was du dir dabei gedacht hast, als du zu diesem Fest eingeladen hast. Du hast gesehen, wie groß die geistliche Not deiner Freunde ist, und du hast dir überlegt, welche Hilfsmöglichkeiten dir offenstehen. Dann hast du dir etwas Kreatives einfallen lassen. Du bist ein Risiko eingegangen. Ich möchte dir sagen, Matthäus, daß ich deine Ideen einfach prima finde, und ich rechne dir hoch an, daß du ein solches Herz für verlorene Menschen hast. Und es ist mir eine Ehre, meinen Teil zu deinem Plan beizutragen. Komm, jetzt gehen wir wieder zu den anderen zurück!«

Was wir von Matthäus lernen können

Wenn ich die Sachlage richtig sehe, dann gibt es hier einige Prinzipien, die auch für uns heute Gültigkeit haben.

> *Ich bin davon überzeugt: Gott möchte, daß wir unsere ungläubigen Freunde genauso wichtig nehmen wie Matthäus damals. Ebenso rechne ich mit seinem Rat, bei den herkömmlichen Missionsmethoden große Vorsicht walten zu lassen, besonders dann, wenn wir im Grunde unseres Herzens genau wissen, daß sie nicht die besten Mittel zum Erreichen der Menschen sind, denen wir helfen möchten.*

Und er möchte mit Sicherheit nicht, daß wir erst die Hände ringen und dann aufgeben.

Ich glaube, daß Gott uns dazu auffordern möchte, dem Beispiel des Matthäus zu folgen. Für Neues aufgeschlossen zu sein. Kreativ zu denken. Im Rahmen der biblischen Grundsätze eine Strategie zu formulieren, die sowohl mit unserer Identität als auch mit der unserer Freunde harmoniert. Inständig zu beten und zu Risiken bereit zu sein. Aus Fehlern zu lernen und unseren Ansatz entsprechend zu modifizieren.

Und denken Sie dabei immer daran, daß unser Ziel Menschen sind, nicht irgendwelche Programme. Die Sache kommt ins Rollen, wenn Sie Kontakt zu einem anderen Menschen herstellen. Salz muß in direkte Berührung mit dem »Zielobjekt« kommen, um eine Wirkung auszuüben; der Arzt muß zu den Kranken hingehen, die seine Hilfe brauchen. Es ist notwendig, daß Sie Gelegenheiten zur Tuchfühlung mit Nichtchristen bei jeder nur passenden Gelegenheit ergreifen, wenn Sie jemanden mit dem Glauben erreichen wollen.

Ansteckendes Christsein findet von Freund zu Freund statt, von Mensch zu Mensch, von Nachbar zu Nachbar. Dieser Ansatz ist biblisch, er ist logisch, er ist zielbewußt, und seine Effektivität wurde von Jesus, Paulus, Matthäus und seitdem von vielen anderen bewiesen.

Bleibt nur noch zu fragen: »Wie fange ich es an? Was kann ich unternehmen, um dichter an Menschen heranzukommen, die Gott noch nicht kennen und die ich zu Christus führen möchte?«

Auf diese Frage möchte ich mit praktischen Tips antworten, wie Sie drei Zielgruppen in Ihrem Umfeld erreichen können: Menschen, die Sie kennen, Menschen, die Sie früher gekannt haben und Menschen, die Sie gern kennenlernen möchten.

Menschen, die Sie kennen

Viele leben in dem Irrtum, die effektivste und beste Evangelisationsmethode bestehe darin, Kontakte zu Menschen herzustellen, die wir noch nicht kennen. Das Gegenteil ist der Fall. Die Menschen, die wir schon kennen, sind diejenigen, die schon ein gewisses Vertrauen zu uns und unseren Motiven haben und die daher am meisten in unserem Einflußbereich stehen. In dem Maß, in dem wir einen ansteckenden Charakter entwickelt haben, wie er in Teil 2 beschrieben wurde, werden unsere Bekannten sich zu uns und dem Glauben, den wir vertreten, hingezogen fühlen. Vielleicht werden sie es nicht direkt sagen, aber Wesenszüge wie Echtheit, Nächstenliebe und Opferbereitschaft üben eine magnetische Anziehungskraft auf jene aus, die so etwas an Ihnen entdecken.

Doch das entscheidende Element, das in so vielen dieser Bekanntschaften fehlt, ist eine Zeit, die man außerhalb von Arbeitsplatz, Haushaltsroutine und Alltagstrott gemeinsam verbringt. Wir brauchen einfach mehr freie Zeit, um in Ruhe miteinander über die tieferen, persönlicheren Fragen des Lebens zu reden. Welche Maßnahmen können wir ergreifen, um das zu bewerkstelligen? Sehen wir uns einmal zwei Möglichkeiten an. Die erste besteht aus geplanten Aktivitäten, während die zweite sich nicht direkt planen läßt.

Veranstalten Sie eine »Matthäus-Party«

Zusammenkünfte in unserer Gemeinde, bei denen eine brisante Mischung aus bestimmten Mitgliedern der Gemeinde und »Mitgliedern« der kirchendistanzierten Kreise zustande kommt, nennen wir »Matthäus-Party«. Die kann alle möglichen Formen annehmen. Meistens steckt die Absicht dahinter, einen neutralen Boden zu schaffen, auf dem »ansteckende Christen« mit Nichtchristen in Kontakt kommen können. Solche Gelegenheiten sind ideal zum Vertiefen einer schon bestehenden Bekanntschaft und zum Aufbau einer neuen. Und sie eignen sich hervorragend dazu, ein paar geistliche Samenkörner auszustreuen und über geistliche Dinge ins Gespräch zu kommen.

Hier kann etwas ins Rollen gebracht werden, das letztendlich in einer neuen Ewigkeit für viele der von Ihnen eingeladenen Menschen landen wird. Sie werden überrascht sein, wie schnell einige von ihnen ihre Ressentiments aufgeben und bedeutsame Schritte in Richtung Christsein tun werden.

Um ein paar Beispiele zu nennen:

Golf

Ich kenne ein paar Leute, die genau zu diesem Zweck Golfworkshops und -ausflüge organisieren. Sie wollen einfach nur ihre Freundschaft mit kirchendistanzierten Menschen vertiefen. Trotzdem kam es einmal zu ihrer großen Überraschung vor, daß eine Frau, die sie eingeladen hatten, mitten auf dem Abschlag-Übungsgelände Jesus als ihren persönlichen Heiland annahm!

Feiertagspartys

Russ und Lynette, ein Ehepaar aus unserer Gemeinde, veranstalten jedes Jahr eine Party zum 4. Juli (Unabhängigkeitstag der Vereinigten Staaten; Anm. d. Übers.). Dazu laden sie so gut wie jeden ein, den sie kennen – ob Christ oder Nichtchrist. Damit verfolgen sie einen doppelten Zweck: Sie wollen nicht nur Spaß haben, sondern auch einen Kontakt zwischen beiden »Sorten« ihrer Bekannten herstellen. Im Garten stellen sie Grills, Spiele und unter einer großen Markise Tische und Stühle auf, so daß sich jeder ganz nach Wunsch im Haus oder draußen aufhalten kann. Das einzig »Fromme« an der ganzen Party ist die moderne christliche Musik, die sie auflegen. Aber am Ende des Tages hat manche wichtige Bekanntschaft begonnen, und eine Menge von geistlich Suchenden haben Christen in einer ungezwungenen, fröhlichen Atmosphäre erlebt. Einige von ihnen erhielten zudem noch eine freundliche Einladung zu einer der Wochenend-Veranstaltungen unserer Gemeinde.

Kinderfeste

Natalie veranstaltet eine andere Art von Matthäus-Partys. Einmal hat sie die Kinder aus ihrer Nachbarschaft zu einem bunten Kinderkarneval eingeladen. Dazu hat sie Clowns engagiert, Spiele organisiert, lustige Dekorationen angebracht und sich bei allem von Mitgliedern des Evangelisationsteams unserer Gemeinde helfen lassen. Das Fest war eine kreative Maßanfertigung, die genau zu ihren eigenen Interessen und zu denen der Leute paßte, die sie erreichen wollte.

Kuchenpartys

Einer meiner Freunde hatte gesehen, daß eine Familie in ein Haus auf seiner Straße einzog. Er sagte zu seiner Frau, daß man diese neuen Nachbarn eigentlich kennenlernen und willkommen heißen sollte, worauf sie antwortete:
»Gute Idee. Schmeißen wir doch eine Pizzaparty!«
»Wie macht man denn so was?« fragte er.
»Furchtbar einfach. Ich lade sie für Freitag abend ein, und du bringst auf dem Nachhauseweg von der Arbeit ein Blech Pizza mit.«
Genau das taten sie dann, und dieser Tag war der Anfang einer herzlichen Freundschaft mit dieser Familie, die mit der Zeit immer aufgeschlossener für geistliche Themen wurde.

Tauffeiern

Jim war vor kurzem zum Glauben gekommen und wollte sich taufen lassen. Dem Beispiel des Matthäus folgend, beschloß er, das beste aus diesem Ereignis zu machen, indem er seinen Freunden und Angehörigen jeder religiösen Färbung gedruckte Einladungen schickte. Er organisierte sogar einen Brunch in einem Hotel, zu dem er alle einlud, die auf die Antwortkarte reagiert hatten.

Seine Investition lohnte sich. Auf der Gästeliste standen sowohl Verwandte, die per Flugzeug aus anderen Bundesstaaten anreisten, als auch Bekannte, die von überall aus dem Großraum Chicago zu der Taufe kamen. Während des anschließenden Essens stand Jim auf, bedankte sich bei allen dafür, daß sie gekommen waren, und erzählte ihnen dann auf einfache, aber direkte Weise, wie er sich für Christus entschieden hatte und was das bedeutete. Seine Worte hinterließen einen tiefen Eindruck bei den Anwesenden und führten zu weiteren Gesprächen über geistliche Dinge.

Ich kenne ein Ehepaar, das geistlich bedeutsame Tennisturniere organisiert. Andere laden zu Fußball- oder Handballspielen in den Park ein. Manche gehen gemeinsam zelten oder wandern. Wieder andere segeln gemeinsam. Straßenfeste oder sogar ein einfacher Grillabend im Garten können irgendwann einmal Wirkung zeigen. Wir könnten noch viele andere Möglichkeiten aufzählen, denn nach oben sind keine Grenzen gesetzt. Es gibt nichts, was sich nicht irgendwie und mit etwas Kreativität zu einer Matthäus-Party eignen würde.

> *Wenn Sie verzweifelt überlegt haben, was Sie nur tun können, um dichter an Menschen heranzukommen, die Christus brauchen, wie wäre es, wenn Sie mit ein paar Freunden im Brainstorm-Verfahren Ideen entwickelten? Träumen Sie doch mal ein wenig. Beten Sie gemeinsam. Und dann riskieren Sie es einfach und lassen sich von dem überraschen, was Gott tun wird.*

Andere in die eigenen alltäglichen Aktivitäten mithineinnehmen

Eine zweite falsche Annahme, von der viele ausgehen, besagt, daß man eine Menge an zusätzlichen Aktivitäten in einen ohnehin schon überladenen Terminkalender einbauen muß, wenn man Bekanntschaften mit Nichtchristen herstellen will.

Sie werden erleichtert darüber sein, zu erfahren, daß dies nicht stimmt. Sie können ebensogut das meiste aus einer Freundschaft herausholen, indem Sie den Betreffenden an Ihren schon bestehenden Alltagsaktivitäten teilhaben lassen. Hier sind einige Beispiele:

Gemeinsam essen

Sie essen doch so gut wie täglich, oder nicht? Wie wäre es, wenn Sie sich mit einem nichtchristlichen Kollegen zum Mittagessen verabreden, oder wenn Sie Ihren kirchendistanzierten Nachbarn zu einem Grillabend auf Ihre Terrasse einladen?

Ein Spiel miteinander anschauen

Vielleicht sind Sie ein Sportfan und haben vor, sich das Meisterschaftsspiel am Fernsehen anzusehen. Wie wäre es, wenn Sie sich aus dem alten Trott lösen, allein oder in guter christlicher Gesellschaft fernzusehen, um statt dessen auch ein paar Leute aus der Nachbarschaft einzuladen? Klar, vielleicht werden Sie ein paar Kraftausdrücke über sich ergehen lassen müssen, wenn die Gegenmannschaft ein Tor erzielt, aber vielleicht sehen Ihre Gäste auch ein paar positive Züge an Ihnen und Ihrer Familie, die sie aufgeschlossener für Christus machen werden.

Gemeinsame sportliche Aktivitäten

Wie sieht's mit Freizeitsport aus? Golf, Tennis, Baseball, Basketball, Volleyball, Skilaufen, Radfahren, Angeln, Wandern – die Liste ließe sich ins Endlose fortführen. Wenn Sie ohnehin einen Freizeitsport betreiben, wie wäre es, wenn Sie das gemeinsam mit jemandem machen, der einen geistlichen Nutzen davon haben könnte?

Im Fitneß-Center

Das Fitneß-Center eignet sich sowohl dazu, eine schon bestehende Freundschaft zu vertiefen als auch zum Aufbau einer neuen. Hier kann man sich mit einem Kollegen oder einem Bekannten aus der Nachbarschaft zum Training oder zum Aerobic treffen.

Ein Mitglied unseres Gemeinderats – inzwischen zählt er zu meinen besten Freunden – ist unter anderem deshalb Christ geworden, weil wir in der Zeit, als er sich mit dem Christsein auseinandersetzte, regelmäßig zusammen Squash gespielt haben. Eine Stunde lang verausgabten wir uns dabei, den Ball hin und her zu jagen, und anschließend unterhielten wir uns in der Sauna. Insgesamt verbrachten wir jedesmal zwei Stunden damit, unsere

Freundschaft zu vertiefen und über die Fragen zu reden, die er über den Glauben hatte. Nach einiger Zeit nahm er dann Christus in sein Leben auf.

Babysitten und andere Hilfsdienste auf Gegenseitigkeit

Die Beziehung zu den Nachbarn im Nebenhaus läßt sich vertiefen, indem man deren Kinder beaufsichtigt und umgekehrt. Dadurch sparen Sie nicht nur das Geld für den Babysitter, sondern Sie geben den Kindern Ihrer Nachbarn auch eine Gelegenheit, eine christliche Familie aus der Nähe zu erleben. Auch andere alltägliche Hilfsdienste könnten Sie auf gegenseitiger Basis tun: Möbel umstellen, Kellerpumpen reparieren, Büsche pflanzen oder das Motoröl wechseln.

Unternehmungen mit Kindern

Eine andere Idee wäre es, daß Sie sich mit den Eltern der Freunde Ihrer Kinder zu Sportveranstaltungen, Schulvorführungen oder Ausflügen verabreden.

Erfolgversprechende Gelegenheiten am Arbeitsplatz

Der Arbeitsplatz eignet sich von Natur aus dazu, aus Bekanntschaften Freundschaften werden zu lassen und aus Freundschaften Gelegenheiten zum Gespräch über geistliche Dinge. In den meisten Unternehmen gibt es mehr als genug geistlich Hungrige. Der Clou an der Sache ist, daß man sich nicht von dieser großen Zahl oder ihrem mehr als unbiblischen Lebensstil einschüchtern lassen darf. Ich rate Ihnen davon ab, gleich alle hundert Kollegen gleichzeitig erreichen zu wollen. Konzentrieren Sie sich statt dessen lieber auf zwei oder drei Menschen, mit denen Sie gemeinsame Anknüpfungspunkte haben. Und dann fangen Sie an, mit ihnen sinnvoll Zeit zu verbringen.

Aus Ihrer eigenen Erfahrung und Ihren eigenen Interessen können Sie weitere Ideen anfügen. Der springende Punkt dabei ist, daß Sie Zusammenkünfte planen, die sowohl für Sie als auch Ihre Freunde natürlich und unaufgesetzt sind.

Menschen, die Sie früher kannten

Diese Gruppe steckt voller Möglichkeiten; leider wird sie häufig übersehen. Ich spreche von Leuten aus Ihrer Vergangenheit, zu denen Sie den Kontakt verloren haben.

Nur wenige machen sich die Mühe, mit ihren Bekannten in Verbindung zu bleiben, nachdem sie die Schule oder Hochschule, den Arbeitsplatz oder die Wohngegend verlassen. Selbst Freundschaften, die einmal relativ eng waren, neigen nach ein bis zwei Jahren zur Auflösung, wenn einer der Beteiligten wegzieht. Im allgemeinen nimmt man mit zunehmendem Lebensalter Abschiedsversprechen wie »Keine Sorge, wir bleiben in Verbindung!« immer weniger ernst. Im stillen sagt man sich: Das hab' ich schon so oft gehört, aber passiert ist es noch nie!

Wenn Sie nun tatsächlich einem ehemaligen Kollegen oder Mitschüler schreiben oder ihn anrufen, wird er angenehm überrascht sein und offen für Ihren Vorschlag zu einem Wiedersehen sein. Das Begeisternde an dieser Sache ist, daß auf beiden Seiten große Neugier herrscht, wie es dem anderen inzwischen ergangen ist und wie sich er verändert haben mag.

Wegen dieses Neugierfaktors ist es nicht einmal notwendig, daß der Betreffende einmal ein enger Freund war. Mark traf beispielsweise Kirk, mit dem er vor über zehn Jahren in ihrem tausend Meilen entfernten Heimatbundesstaat die Schulbank gedrückt hatte. Und obwohl sich die beiden damals kaum gekannt hatten, freuten sich beide, ein Gesicht aus ihrem Heimatbundesstaat in Illinois wiederzusehen. Sie redeten über die Leute, Kurse und Veranstaltungen, an die beide sich erinnerten. Und es machte Spaß, einander zu erzählen, was man in der Zwischenzeit getan hatte, wo man gewohnt und wen man geheiratet hatte.

Es dauerte nicht lange, bis Mark eine Aufgeschlossenheit für geistliche Dinge an Kirk feststellte, und die beiden führten einige bedeutsame Gespräche über wichtige Glaubensfragen. Richtig ins Rollen kam das Ganze erst, als Mark einen gemeinsamen Freund einschaltete und Kirk und seiner Frau Kim dabei half, eine gute Gemeinde in dem Vorort zu finden, in dem sie wohnten. Sie begannen, sich in dieser Gemeinde zu engagieren, wuchsen in ihrem Glauben und versuchen jetzt, anderen eine Hilfe auf dem Weg zum Glauben zu sein.

Kathy, eine Frau in unserer Gemeinde, die erst vor kurzem Christ geworden war, machte unseren Evangelisationskurs mit und bekam den brennenden Wunsch, andere für Jesus zu erreichen. Aus heiterem Himmel beschloß sie, eine Bekannte namens Rae Ann, die sie in den letzten zwanzig Jahren kaum gesehen hatte, einfach einmal anzurufen. Der Zeitpunkt hätte nicht günstiger sein können, denn Rae Anns Mann lag mit einer unheilbaren Krankheit im Krankenhaus, und sie hatte niemanden, an den sie sich wenden konnte.

Kathy schmerzte das Schicksal ihrer Bekannten sehr, doch sie freute sich über die Gelegenheit, von Gott dazu benutzt zu werden, beiden Liebe und Ermutigung zu erweisen, was sie auch aus ganzem Herzen tat. In dieser Zeit vertiefte sich die Freundschaft zwischen ihr und Rae Ann, und Kathy konnte sowohl ihr als auch ihrem Mann helfen, sich Christus anzuvertrauen. Als Rae Anns Mann dann ein paar Wochen später starb, hatte sie die Hoffnung, ihn im Himmel wiederzusehen. Kurze Zeit später ließen Kathy und Rae Ann sich gemeinsam taufen. Wie gesagt: Angefangen hatte alles mit einem Anruf bei einer ehemaligen Bekannten.

Wen könnten Sie anrufen? Welche Adresse müssen Sie nachschlagen, um einen ermutigenden Brief zu schreiben und eine Freundschaft wiederaufzubauen, die nur darauf wartet? Auch wenn Sie den Kontakt zu dem Betreffenden verloren haben und nicht wissen, wo er zur Zeit wohnt, lassen sich die notwendigen Informationen meistens mit etwas Kreativität und ein paar Anrufen aufspüren.

Rufen Sie aus Neugier an. Rufen Sie an, um fröhlich zu plaudern. Aber halten Sie dabei betend Ausschau nach Gelegenheiten, einige der Veränderungen in Ihrem Leben zu erwähnen, die Sie Gott verdanken. Ihr Gesprächspartner wird sich wahrscheinlich dafür viel mehr interessieren, als Sie gedacht hatten.

Menschen, die Sie kennenlernen möchten

Jetzt kommen wir zu dem Thema, bei dem viele Christen in Schweiß ausbrechen. Mit Leuten zu reden, die man schon kennt, oder sogar eine alte Freundschaft wieder aufleben zu lassen, das kriegt man schon irgendwie hin. Aber mit Fremden über Gott reden? Das ist noch einmal etwas ganz anderes.

Nur keine Sorge. Wir haben keinesfalls vor, uns mit voller Wucht auf ahnungslose Passanten zu stürzen! Es geht vielmehr darum, eine Beziehung zu Menschen herzustellen, mit denen Sie in ganz alltäglichen Situationen Kontakt haben, um irgendwann mit ihnen über geistliche Themen reden zu können. Ich habe mir sogar einen schillernden Begriff dafür einfallen lassen:

Und so funktioniert es: Wir frequentieren doch alle mehr oder weniger regelmäßig Tankstellen, Restaurants, Reinigungen, Supermärkte, Bekleidungsläden und andere Einrichtungen, um das, was für das tägliche Leben notwendig ist, zu besorgen, nicht wahr? Mit etwas weiser Voraussicht kann man aus diesen profanen Besorgungen ein evangelistisches Abenteuer machen.

Der erste Schritt besteht darin, die Menschen, die in diesen Häusern arbeiten, nicht als Objekte zu betrachten, die uns zu bedienen haben, sondern als Menschen, die Gott wichtig sind und die unsere Liebe und unsere Aufmerksamkeit verdienen. Dies ist die Grundeinstellung, die für jeden Aspekt des ansteckenden Christseins unverzichtbar ist.

Wenn wir Menschen mit dieser Einstellung begegnen und wenn wir ihr Geschäft mit Höflichkeit und Interesse an ihrem Wohlergehen betreten, dann ist es nicht schwer, ein freundliches Verhältnis herzustellen. Diese Beziehung wird sich in dem Maß vertiefen, in dem wir ein aufrichtiges Interesse an ihnen, ihrer Familie, ihrer Arbeit und ihren Hobbys zeigen. Mit der Zeit werden wir ihr Vertrauen gewinnen und sie neugierig auf das machen, was uns von anderen Kunden unterscheidet, die sich um niemand anderen als sich selbst zu kümmern scheinen. Anders ausgedrückt: Sie werden durch die Kombination von hohem Echtheitsgrad und unmittelbarer Nähe zu hochwirksamem Salz.

Ich habe eine solche Freundschaft entwickelt, und sie hat nicht nur meinen Besuchen in dem betreffenden Restaurant eine ganz neue Dimension verliehen, sondern kann vielleicht eines Tages dazu führen, daß ein weiterer Mensch, der weit weg ist von Gott, zu Christus findet. Mein Sohn Todd und ich gehen gern in dieses Restaurant. Im Laufe der Zeit haben wir uns mit dem Eigentümer angefreundet.

Der Mann hat etwas Bärbeißiges an sich, und eines Tages sagte er zu mir, er könne das Wochenende kaum erwarten, weil er dann endlich einmal »richtig leben« könne.

»Jetzt bin ich aber neugierig«, sagte ich. »Was meinen Sie mit ›richtigem Leben‹?«

»Ein Tag auf meinem Motorboot mit einem Kasten Bier, einem Karton Camels und meiner Puppe im Bikini – das ist richtiges Leben«, antwortete er mit Enthusiasmus.

»Pah! Sie wissen ja gar nicht, was richtig leben ist«, gab ich zurück.

»Richtig leben ist ein Segelboot und eine günstige Brise, die Sonne im

Rücken und ein paar gute Freunde, mit denen man sich ganz offen über alles unterhalten kann, was einem wirklich wichtig ist.«

»Das soll wohl 'n Witz sein!«, gab er zurück. »Das ist doch kein richtiges Leben. Sie haben ja keine Ahnung, was richtiges Leben ist!«

Dieser kurze Wortwechsel hat unsere ungezwungene, doch im Wachstum begriffene Freundschaft mit einer Prise Humor gewürzt. Jedesmal, wenn ich das Restaurant betrete, sagen wir zueinander: »Ich weiß, was richtiges Leben ist, und Sie nicht!« Ich hoffe, den Kontakt zu diesem Mann vertiefen zu können, um ihn letztendlich mit dem bekannt zu machen, der ihm zeigen wird, was die wahren Inhalte des Lebens sind. Bis dahin werden Todd und ich möglichst oft zum Essen zu ihm gehen – und das nicht nur, weil wir hungrig sind.

Mark hat etwas Ähnliches über ein Restaurant zu erzählen, das er öfters besucht. Es ist ein kleiner Familienbetrieb, in dem er sich schnell mit dem Inhaber Steve und dessen Frau Maggie angefreundet hat.

Nachdem er einige Male dort gegessen hatte, wurde Maggie etwas aufgeschlossener und zeigte ein besonderes Interesse an Emma Jean und Matthew, den beiden Kindern von Mark. Eines Tages erkundigte sie sich wieder nach ihnen und sagte dann unvermittelt: »Ich habe letzte Woche mein Baby verloren!« Sie kämpfte mit den Tränen und wollte sich umdrehen und weggehen.

Als Mark sie aufhielt und sie fragte, was passiert sei, sagte sie ihm, sie sei schwanger gewesen und habe eine Fehlgeburt gehabt. Das sei nun schon das zweite Mal. Marks Anteilnahme vertiefte die Freundschaft mit Steve und Maggie.

Als Mark ein paar Monate später zum Mittagessen in das Restaurant ging, kam Maggie auf ihn zu und erzählte ihm mit einer Mischung von Hoffnung und Besorgtheit im Gesicht, sie sei wieder schwanger. Nachdem Mark sie beglückwünscht hatte, tat er etwas, das ihn sogar selbst überraschte. Einem inneren Impuls des Heiligen Geistes folgend, sagte er ihr, er werde für sie beten, und zwar gleich hier an der Empfangstheke des Restaurants.

»Keine Sorge«, sagte er zu ihr, »ich fasse mich kurz. Und wenn Kundschaft kommt, höre ich sofort auf.« Ohne ihr erst Zeit zum Nervöswerden zu geben, neigte er den Kopf und sprach ein kurzes Gebet, in dem er Gott bat, Maggie und das Baby zu behüten.

Maggie, die einer nichtchristlichen Religion angehört, war sichtlich von dieser Geste bewegt, und in den folgenden Monaten sagte sie Mark öfters, wie zuversichtlich sie dieses Gebet gemacht habe. Sie erzählte sogar allen Freunden und Freundinnen davon, wie Mark für sie gebetet hatte. Es erübrigt sich hinzuzusetzen, daß Mark nun um so stärker motiviert war, für sie und das Kind Fürbitte zu leisten! Und einige Monate später bekamen Steve und Maggie einen gesunden Sohn.

Als Mark sie am nächsten Tag im Krankenhaus anrief, berichtete sie ihm, daß sie während einer besonders schwierigen Phase der Wehen zu Gott gebetet habe und daß er ihr geholfen habe!

Vielleicht hat Maggie sich noch nicht verbindlich für Christus entschieden, aber sie ist dieser Entscheidung näher als je zuvor. Und alles fing damit an, daß ein Christ mit einem ansteckenden Glauben zum Essen in ein kleines Restaurant ging.

Haben Sie durch diese Erlebnisse eine neue Perspektive für Ihren Alltag bekommen? Wie könnten Sie es anstellen, aus gewöhnlichen Routineaktivitäten ein vom Heiligen Geist geleitetes Abenteuer zu machen? Ein zielstrebiges Verbraucherverhalten könnte der Anfang dazu sein. Oder auch jede x-beliebige Variation des Themas, die Sie anwenden möchten: zielstrebige Freizeitgestaltung, zielstrebiges öffentliches Engagement, zielstrebiges politisches Engagement usw. Für jede dieser Variationen gilt das, was Paulus uns nahelegen will (Kol 4,5): »Seid weise im Umgang mit Außenstehenden, nutzt die Zeit!«

Simple Gelegenheiten wie ein gemeinsames Mittagessen oder eine Runde Golf mit jemandem, der es nötig hat, Christus kennenzulernen, setzen einen Prozeß in Gang, der letztlich gut endet ... ach, was sage ich: Ein Ende wird es gar nicht geben!

Welch ein Vorrecht, von Gott benutzt zu werden, Kontakte mit Menschen herzustellen, die er nicht nur für das Leben auf dieser Erde mit seiner Güte beschenken will, sondern eine ganze Ewigkeit lang!

Kapitel 9

Den Stil finden, der zu Ihnen paßt

Es reichte ihm. Er hatte das persönliche Evangelisieren aufgegeben und wollte seine Zeit und Energie ab jetzt irgendwo anders einsetzen. Nicht, daß er es plötzlich für falsch hielt. Er wußte, daß es wichtig und biblisch ist und daß es die einzige Hoffnung für seine Mitmenschen darstellt, zu Christus zu finden. Es stand außer Frage, daß irgendwer es tun mußte. Aber nicht er. Damit war es aus und vorbei.

Was hatte meinem Freund die Freude am Verbreiten des Glaubens verdorben? Er hatte zuviel davon betrieben, und zwar in einem Stil, der überhaupt nicht zu ihm paßte.

Die Sache war nämlich so: Er hatte sich für einen Sommer verpflichtet, in einer Evangelisationsaktion seiner Gemeinde mitzumachen. Er fand die Gemeinde prima, verstand sich gut mit den Mitarbeitern und führte mit großem Enthusiasmus einige Gespräche mit Suchenden, die ihm begegneten. Der Haken an der Sache war die Methode, mit der seine Gruppe vorging.

Die Evangelisationsmethode, die hauptsächlich angewandt wurde, bestand darin, Menschen direkt und ohne jede Vorbereitung anzusprechen und möglichst schnell zum Zuge zu kommen, bevor sie einem die Tür vor der Nase zuschlagen konnten. Die Gruppe verteilte auch Gottesdienst-Einladungen und Traktate auf der Straße an Leute, die offensichtlich nicht daran interessiert waren.

Nach dieser achtwöchigen Aktion war der einzige, der zu Christus gefunden hatte, der Bruder einer Frau aus der Gemeinde. Tony hieß er, und mein Freund hatte ihn bei einem gemeinsamen Abendessen bei Tonys Schwester kennengelernt. Die beiden verstanden sich auf Anhieb gut, und durch die Freundschaft, die daraufhin entstand, konnte mein Freund ihm das Wesentliche der Frohen Botschaft vermitteln, und Tony wurde Christ.

Am Ende des Sommers kam mein Freund wieder nach Hause. Er war dankbar, daß er sich für die Aktion verpflichtet hatte, doch er war froh, daß sie vorbei war. Evangelisation, so schloß er, ist etwas für Leute mit einer bestimmten Persönlichkeitsprägung, einer, die er mit Sicherheit nicht besaß.

Doch wie es manchmal so geht: Ein Jahr später stellten wir ihn als Leiter der Abteilung »Evangelisation« in der *Willow Creek*-Gemeinde ein, eine Aufgabe, die er seit 1987 wahrnimmt. Die Rede ist von Mark Mittelberg, dem Mitverfasser dieses Buches. Es ist seine Passion, Menschen zu Christus zu führen und andere darin anzuleiten, dasselbe zu tun.

Was ist in diesem einen Jahr passiert? Welche weltbewegende Entdeckung hat eine solche Kehrtwende in seinem Denken bewirkt? Mark stellte fest, daß er die Botschaft von Jesus Christus auf wirkungsvolle Weise verbreiten konnte, ohne dabei in ein ihm fremdes Schema gezwängt zu werden. Er entdeckte, daß er sich selbst dabei treu bleiben konnte.

Bedrohliche, weil falsche Vorstellungen

Nachdem ich viele Jahre damit verbracht habe, Suchenden eine Hilfe auf dem Weg zum Glauben anzubieten, habe ich die interessante Feststellung gemacht, daß eines der größten Hindernisse beim effektiven Verbreiten des Glaubens völlig falsche Vorstellungen sind. Und das gilt für beide Seiten der »Evangelisierungsgleichung«.

Auf der Seite des Suchenden werden Menschen von ihren unzutreffenden Vorstellungen von Gott daran gehindert, offen und aufrichtig nach geistlichen Antworten zu suchen. Ihr verzerrtes Bild von Gott und einem Leben in seinem Dienst schreckt sie von ihm ab.

Doch wenn die irrtümlichen Annahmen über Gott, mit denen diese Menschen herumlaufen, durch ein richtiges Verständnis seines erbarmenden, liebevollen Herzens ersetzt werden, macht sie das viel aufgeschlossener für die Entscheidung, sich Christus anzuvertrauen. Und wenn sie das gegenseitige Akzeptiertsein, die Freude und das Sinnbewußtsein entdecken, das die Zugehörigkeit zu einer Gemeinde, die nach biblischen Prinzipien handelt, mit sich bringt, fühlen sie sich noch stärker dort hingezogen.

Auf der Seite des Christen halten falsche Vorstellungen über den Weg, andere für Jesus zu erreichen, diesen davon ab, sich auf einem für ihn unbekannten Gebiet zu engagieren.

> *Ich bin davon überzeugt: Einer der Hauptfaktoren, die einen Gläubigen vom persönlichen Evangelisieren abhalten, ist ein falsches Verständnis davon, was Evangelisieren eigentlich beinhaltet. Das gefürchtete »E-Wort« erfüllt sie mit Angst- und Schuldgefühlen.*

Um die Wahrnehmungsprobleme zu illustrieren, von denen hier die Rede ist, lassen Sie mich einen meiner Hauptzeugen in den Zeugenstand bitten: Sie.

Ich möchte gern von Ihnen wissen, welches Bild Sie vor Augen haben, wenn Sie das Wort »Evangelist« hören. Ruft es Begeisterung in Ihnen hervor, Ihre nichtchristlichen Freunde und Angehörigen für Gott zu erreichen? Oder ergeht es Ihnen wie den meisten Leuten, daß Sie negative Assoziationen mit diesem Wort verbinden?

Ich habe genug Leuten diese Frage gestellt, um zu wissen, daß die Begriffe »Evangelisation« und »Evangelist« bei vielen Leuten sofort die Erinnerung an berühmt-berüchtigte amerikanische Fernsehevangelisten hervorrufen, die in erster Linie dafür bekannt sind, arglosen Zuschauern große Geldsummen aus der Tasche gezogen zu haben. Oder man denkt an den typischen Straßenprediger, der mit dem Megaphon in der Hand lautstark etwas über den Weltuntergang und das Gericht Gottes verkündet, das kaum einer versteht.

Zugegebenermaßen haben viele Menschen auch einige positive Vorstellungen vom Evangelisieren. Doch die Tatsache, daß so viele Leute so wenig Schmeichelhaftes mit dem Wort »Evangelisation« verbinden, deutet auf ein schweres Problems hin. Ein Problem, dessen Größe bedenklich ist.

Bei einer landesweiten Umfrage, in der verschiedene Berufe nach ihrer Vertrauenswürdigkeit und Aufrichtigkeit eingestuft werden sollten, schnitten die Fernsehprediger extrem schlecht ab – schlechter als Anwälte, Politiker, Autoverkäufer und sogar Prostituierte; nachzulesen ist dies in James Pattersons und Peter Kims Buch *The Day America Told the Truth* (»Der Tag, an dem Amerika die Wahrheit sagte«). Von den dreiundsiebzig Berufen, die nach ihrer Integrität eingestuft werden sollten, kamen nur zwei schlechter dabei weg als die Fernsehprediger: die Mafia-Chefs und die Drogendealer! Fair oder unfair? Jedenfalls leuchtet es ein, warum so viele Menschen solche Schwierigkeiten mit ihren Vorstellungen über dieses Thema haben.

Wir möchten Gott gern durch unsere Hingabe ehren, indem wir Menschen um uns her auf seine Liebe und seine Wahrheit aufmerksam machen, doch dabei läßt uns die Frage nicht los, wie weit wir bei diesem Prozeß fremdbestimmt werden. Haben Sie sich diese Frage auch schon gestellt? Ist Ihre Leidenschaft, den Glauben weiterzugeben, bei dem Gedanken merklich abgekühlt, daß Sie zu etwas werden müssen, was Ihrer eigenen Persönlichkeit widerspricht? Oder haben Sie wie Mark versucht, mit einem Stil des Evangelisierens vorzugehen, der überhaupt nicht zu Ihnen paßt?

Beides ist eine Tragödie für die Kirche. Und für Menschen, die dadurch weiterhin ohne Gott leben müssen, sogar eine Katastrophe. Ich bin sogar davon überzeugt, daß dies seinen Ursprung in einem Komplott Satans hat, der dadurch die Verbreitung von Gottes Reich aufhalten will. Und weil diese List enorm erfolgreich war, ist es höchste Zeit, daß die Kirche sie enttarnt und wirkungslos macht. Wie bewerkstelligen wir dies? Indem wir etwas ungeheuer Befreiendes und Bewegendes begreifen: Gott hat sich etwas dabei gedacht, als er Sie so schuf, wie Sie sind. Ganz sicher!

Sie sind eine Spezialanfertigung Gottes. Gott hat Sie mit einer einzigartigen Kombination von Persönlichkeit, Temperament, Begabungen und Kulturprägung ausgestattet, und er möchte, daß Sie diese nun dazu einsetzen, in seinem Auftrag geistlich verirrte Menschen zu erreichen.

Das bedeutet, er will Sie in einer Weise benutzen, die zu Ihrer individuellen Prägung, die Sie von ihm erhalten haben, paßt. Gott beruft uns zu den unterschiedlichsten Verkündigungsmethoden, so wie er auch seine Gemeinde in einer bunten Vielfalt zusammengestellt hat. Erst wenn wir uns das klarmachen, werden wir aufhören, die Verkündigungsmethoden anderer zu imitieren und kostbare Energien darauf zu verschwenden, bestimmte Stile nachzuahmen, während wir unseren ureigensten Weg unentwickelt lassen.

Es muß zu Ihnen passen

Nun fragen Sie sich vielleicht, welches Ereignis Marks Einstellung zum Evangelisieren so radikal auf den Kopf stellte. Also, das war so: Er hatte den Wochentags-Workshop besucht, bei dem ich eine Vortragsserie namens »Das Abenteuer des persönlichen Evangelisierens« hielt. An einem dieser Abende sprach ich darüber, wie unterschiedliche biblische Gestalten ihren Glauben mit den unterschiedlichsten Methoden oder Ausprägungen vermittelten.

Dies war eine neue Erkenntnis für Mark. Er begriff, daß es keine Methode zu Verbreitung des Evangeliums gibt, von der man sagen könne, daß sie allein richtig sei. Besonders interessierte ihn der Ansatz, nach dem Paulus allem Anschein nach vorging, weil er ihm persönlich sehr entgegenzukommen schien.

Was Mark an diesem Abend hörte, war der Schlüssel, der ihm die Tür zu seiner künftigen Mitarbeit im Bereich Evangelisation öffnete. Er fühlte sich befreit. Er entdeckte etwas, das, wie ich hoffe, auch auf Sie einen befreienden Effekt haben wird, nämlich daß Sie »Sie selbst« bleiben dürfen! Und als solcher werden Sie eine maximale geistliche Wirkung auf andere ausüben.

Beim einzelnen anfangen

In vielen Bereichen wird häufig der Fehler gemacht, einen Bedarf festzustellen und dann jemanden zu suchen, der diese Lücke ausfüllen soll. Auf dem unternehmerischen Sektor werden routinemäßig Leute nicht in erster Linie deshalb eingestellt, weil sie eine Begeisterung und Begabung für die betreffende Aufgabe haben, sondern weil sie die Mindestqualifikation dafür aufweisen. Viele Studenten entscheiden sich nicht etwa deshalb für eine bestimmte Hochschulausbildung, weil sie brennend an dem Studiengang interessiert wären, sondern weil der erwartete Bedarf an Absolventen dies nahelegt. Und in Kirchengemeinden werden die Lehrer für die Sonntagsschulklasse der Achtjährigen nicht danach ausgesucht, ob sie ein besonderes Herz für Kinder haben, sondern ob sie zu dieser Aufgabe bereit und dafür verfügbar sind.

Ist es da ein Wunder, daß die Abwesenheitsquoten und der Personalwechsel so hoch sind? Nachdem die anfängliche Begeisterung abgeflaut ist, fühlt sich der Betreffende fehl am Platze und innerlich überfordert.

Mit dem Bedarf anzufangen, um diesen dann mit einem Mindestqualifizierten zu decken, ist der falsche Weg, jemanden für länger an einen Betrieb zu binden oder seine Begeisterung für seine Aufgabe wachzuhalten. Und das gilt mit Sicherheit auch da, wo es darum geht, Christen zur Weitergabe der Botschaft von Christus zu motivieren. Dennoch verfahren die meisten Aufrufe zu Evangelisation und Mission, die ich höre, genau nach diesem Ansatz: »Die Welt ist voller notleidender und verlorener Menschen, und Gott braucht Ihre Mitarbeit bei unserer Aktion.«

Doch wenn der Heilige Geist tatsächlich, wie es Paulus darlegt (1 Kor 12,11), die Gaben zuteilt, »wie er will«, dann sollten wir uns vielleicht mehr auf sein Handeln verlassen und unser Vorgehen umkehren. Ich halte es für effektiver, bei jedem einzelnen Gläubigen als Individuum anzufangen und ihm entdecken zu helfen, welche Aufgabe Gott ihm »maßgeschneidert« zugedacht hat.

Schauen wir uns an, wie Gott sechs Menschen im Neuen Testament zu unterschiedlichen Verkündigungsaufgaben ausgerüstet hat. Dabei werden wir sechs biblische Ansätze zur Evangelisation entdecken. Fragen Sie sich bei jedem, den ich hier beschreibe, welcher davon zu Ihnen passen würde.

Petrus liebte die Auseinandersetzung

Es ist kein Geheimnis, daß Petrus ein Typ war nach dem Motto »Auf die Plätze! Los! Fertig!« Er tat alles impulsiv und voller Elan. Als Jesus die Jünger fragte (Mt 16,15), für wen sie ihn hielten, zögerte Petrus keinen Moment; er brachte es auf den Punkt: Jesus ist der Messias. Ein paar Verse später reagierte er ebenso prompt, als er Jesus Vorhaltungen über seine düstere Zukunftsprognose machte. Können Sie sich vorstellen, den Sohn Gottes korrigieren zu wollen? Vielleicht können Sie es sogar, dann sind Sie ein konfrontationsfreudiger Typ!

Als Petrus im Fischerboot saß und zu Jesus wollte, zögerte er nicht, alles zu tun, um in seine Nähe zu gelangen, selbst wenn das bedeutete, auf dem Wasser zu gehen. Und als ihre Gegner kamen, um Jesus festzunehmen, hätte Petrus ihnen am liebsten die Köpfe eingeschlagen.

Wenn Petrus von einer Sache überzeugt war, gab es kein Halten mehr. Er war direkt, er war unerschrocken und er kam stets gleich zur Sache.

Ist es da verwunderlich, daß Gott ihn zu seinem Sprecher am Pfingsttag machte (Apg 2)? Er war der perfekte Mann für diesen Job. Gott brauchte jemanden, der keine Angst vor Konfrontationen hatte, und zwar direkt in Jerusalem, der Stadt, in der Jesus vor wenigen Wochen gekreuzigt worden war. Gott wollte den Tausenden von Menschen in aller Deutlichkeit klarmachen, daß sie den Messias gekreuzigt hatten und daß sie ihn um seine Gnade und um Vergebung bitten mußten.

Petrus besaß eine Persönlichkeit, die für diesen Auftrag wie geschaffen war. Getragen von der Kraft des Heiligen Geistes, stand er vor der Menge und konfrontierte sie mit den Tatsachen. Und Gott bewirkte durch seine Worte ein Wunder: Dreitausend Menschen kamen an diesem Tag zum Glauben und ließen sich taufen.

So beeindruckend dieses historische Ereignis auch war, so müssen wir den Blick auf unsere eigene Zeit richten. Haben Sie sich schon einmal klargemacht, daß es eine Menge Menschen in Ihrem Umfeld gibt, die nicht zum Glauben an Christus kommen werden, wenn sie nicht jemand wie Petrus mit der Nase drauf stößt?

Einer meiner Freunde hat jahrelang »Kirche gespielt« und sich als Christ ausgegeben. Er hatte viele gute Predigten gehört, kannte das Evangelium vorwärts und rückwärts und konnte eine beträchtliche Zahl von Bibelversen im Schlaf aufsagen. Was ihm fehlte, war ein Verkündiger, der ihm ins Gesicht sagte, er solle endlich das leben, was er schon längst in seinem Kopf hatte. Eines Tages schickte ihm Gott so jemanden. Dieser Mann sah meinem Freund in die Augen und sagte ihm, er sei ein Heuchler.

Darüber ärgerte er sich zunächst maßlos, aber es zwang ihn zum Nachdenken. Und innerhalb einer Woche hatte er eine verbindliche Entscheidung für Christus getroffen, eine Entscheidung, die heute zwanzig Jahre zurückliegt und ihn dauerhaft verändert hat.

> *Manche Leute warten nur auf einen Christen, der nicht lange um den heißen Brei herumredet, sondern die Wahrheit Christi glasklar darstellt und zur Entscheidung aufruft. Sind Sie vielleicht dieser Christ?*

Finden Sie sich in dem Ansatz des Petrus wieder, oder warten Sie noch ab, was die restlichen fünf Möglichkeiten bringen?

Dieser Stil ist übrigens derjenige, der mir von Natur aus am besten liegt. Es fällt mir nicht schwer, anderen geradewegs in die Augen zu sehen und sie zu fragen, wo sie stehen. Es macht mir Freude, auf Menschen, die Gottes Gnade brauchen, zuzugehen und sie auf Christus anzusprechen. Andere, denen dieser Stil liegt, sind Chuck Colson und auf seine eigene Art auch Billy Graham. Aber werfen Sie nicht die Flinte ins Korn! Sie brauchen nicht gleich bei deren Kaliber anzufangen! Gott kann konfrontationsfreudige Christen in allen Stadien ihrer Entwicklung benutzen.

Wenn Sie meinen, dieser Ansatz könnte haargenau der richtige für Sie sein, dann bitten Sie den Heiligen Geist, Ihnen zu zeigen, wie, wann und wo Sie einen Menschen ansprechen sollen. Bitten Sie ihn auch um die Weisheit, dies mit einer angebrachten Mischung aus Wahrheit und Takt zu tun.

Paulus liebte die geistige Auseinandersetzung

Paulus konnte wie kein zweiter das Evangelium verkünden, wenn es angezeigt war. Dabei war wohl das herausragendste Merkmal in seinem Dienst seine logisch aufgebaute und einleuchtende Darstellung der Evangeliumsbotschaft. Wenn Sie einen seiner Briefe lesen – das beste Beispiel ist sein Brief an die Römer –, werden Sie merken, daß er ein Meister in der Kunst war, die zentralen Aussagen über Gottes Wesen, unsere Sünde und das Opfer Christi fundiert darzustellen.

In Anbetracht seines Werdegangs überraschen die brillanten Denkfähigkeiten des Paulus keineswegs. Er war ein äußerst gebildeter Mann, der bei einem der angesehensten jüdischen Lehrer unterrichtet worden war. In seinen Schriften sieht man seinen natürlichen Hang zur erörternden Diskussion mit gedachten Gegnern, die seine Position angreifen. Paulus besaß einen eindrucksvollen Intellekt.

Hätte Gott einen geeigneteren Mann zu den Philosophen in Athen schicken können? Im 17. Kapitel der Apostelgeschichte können Sie nachlesen, wie Paulus eine glänzende Rede hielt. Er fing beim Denkmal des unbekannten Gottes an und endete bei dem allein wahren Gott und seinem auferstandenen Messias. Seine Rede war derart überzeugend, daß eine Reihe seiner Zuhörer gläubig wurde.

Es ist interessant, die Weisheit zu sehen, mit der Gott sich seine Sprecher aussucht. Diese Philosophen hätten sich nicht durch den direkten, unverblümten Stil des Petrus angesprochen gefühlt. Sie brauchten eine Logik, die alle Aussagen schlüssig untermauerte.

Und ich wette, in Ihrem Bekanntenkreis befinden sich Menschen desselben Typs. Sie wollen keine Patentrezepte oder Platitüden wie »Das mußt du einfach so im Glauben annehmen«. In ihren Ohren klingt das wie: »Spring mit verbundenen Augen. Wer weiß – vielleicht hast du ja Glück!« Sie wollen wissen, weshalb sie überhaupt springen sollen!

Vielleicht sind Sie ein Paulus. Finden Sie sich in dem intellektuellen Ansatz wieder? Sind Sie ein wissensdurstiger Typ, der gern mit Fakten und Beweisführungen umgeht? Dieser Stil hat mit der zunehmenden Säkularisierung unserer Gesellschaft an Bedeutung gewonnen. Es gibt viele Suchende, die nicht nur die Verkündigung des Evangeliums brauchen, sondern auch die dazugehörigen Definitionen und Argumente.

Dies ist der Stil, in dem Mark sich an diesem Abend vor mehreren Jahren wiederfand. Die Vorgehensweise, die ihm an Paulus aufgefallen war, legitimierte sein eigenes Interesse an Philosophie und Apologetik (der Rechtfertigung des christlichen Glaubens). Seither ist er in seinen evangelistischen Bemühungen aufgeblüht und wendet sich mit dem Beweismaterial und den geschichtlichen Fakten für das Christentum, die er angesammelt hat, sowohl an einzelne Suchende als auch an größere Gruppen. Und er hat Aktionen gegründet, die diese Arbeitsweise fördern. Zu den bekannten Christen, die sich dieses Stils bedienen, zählen Josh McDowell, D. James Kennedy, C. S. Lewis und Ravi Zacharias.

Ein geheilter Blinder kann nicht schweigen

Obwohl wir weniger über ihn wissen als über Petrus oder Paulus, steht eines fest: Der Blinde, den Jesus heilte (Joh 9), hatte etwas erlebt, das er unbedingt weitererzählen mußte!

Er war von Geburt an blind gewesen und erbettelte sich seinen Lebensunterhalt von den Passanten, die an ihm vorbeigingen. Doch diese Betätigung änderte sich radikal, als Jesus kam und ihm sein Augenlicht schenkte. Kaum konnte er sehen, als er auch schon vor eine skeptische, feindselig gesinnte Menschenmenge gezerrt wurde und erklären mußte, was passiert war.

Es ist interessant, daß der Mann sich weigerte, sich auf eine hitzige theologische Diskussion mit seinen Gegnern einzulassen (Joh 9,25), während jemand wie Paulus dies mit Wonne getan hätte, um ihnen ein paar zwingende Argumente zu servieren. Auf eine Konfrontation verzichtete er ebenfalls; Petrus hätte damit keine Sekunde lang gezögert. Diese Reaktionen hätten einfach nicht zur Wesensart des Geheilten gepaßt.

Statt dessen berief er sich auf das, was er erlebt hatte, und sagte aus tiefster Überzeugung: »Nur das eine weiß ich, daß ich blind war und jetzt sehen kann.« Gegen diese Aussage lassen sich keine Argumente finden! Und genau so schwierig ist es, sich dem zu entziehen, was mit dieser lapidaren Feststellung auch noch gesagt wurde.

In Vers 3 stellt Jesus klar, daß dieser Mann nicht etwa durch die Sünde seiner Eltern blind zur Welt gekommen war, »sondern das Wirken Gottes soll an ihm offenbar werden«. Hier haben wir ein weiteres Beispiel für das, was ich an anderer Stelle betont habe: Wir sind eine Maßanfertigung Gottes zu einem ganz bestimmten Verkündigungsstil. Gott hatte diesen Mann von Anfang an auf dieses Erlebnis vorbereitet. Er sollte ein Zeugnis ablegen, das anderen Menschen den Weg zu Jesus wies.

Und es gibt viele Menschen, die in Ihrem Umfeld wohnen und arbeiten und die ein ähnliches Zeugnis vom Handeln Gottes im Leben eines Gläubigen brauchen. Möglicherweise wären sie durch einen Petrustyp nur abgeschreckt oder würden sich nie auf eine fundierte Darstellung des Glaubens einlassen. Doch der persönliche Bericht eines Menschen, der zu Gott fand, hätte das Zeug, sie zutiefst zu beeindrucken.

Könnte dieser Bericht von Ihnen kommen? Liegt es Ihnen, anderen zu erzählen, wie Gott Sie zum Glauben an ihn geführt hat? Und selbst wenn Sie dies noch nie getan haben, löst der Gedanke daran Begeisterung in Ihnen aus? Berichte wie der über Ihren Glaubensweg können eine ausgesprochen wirkungsvolle Hilfe für Menschen sein, die auf der Suche sind.

Einige derer, die diesen zeugnishaften Ansatz mit Erfolg anwenden, sind Dave Dravecky, der ehemalige Baseball-Spieler, der wegen einer Krebserkrankung einen Arm amputiert bekommen mußte, und Joni Eareckson Tada, eine querschnittsgelähmte Frau, die anderen ganz deutlich den Weg zu Gott weist, indem sie erzählt, wie er ihr in der schweren Zeit nach ihrem Unfall beigestanden hat. Ein weiteres Beispiel ist Lee Strobel, ein ehemaliger Atheist, der inzwischen zu unseren Pastoren im Lehrdienst der *Willow Creek*-Gemeinde gehört. Er benutzt häufig einzelne Begebenheiten aus seiner Vergangenheit, um Brücken zu Nichtchristen zu schlagen.

Dabei muß unbedingt betont werden, daß effektive Zeugnisse nicht unbedingt hochdramatisch zu sein brauchen. Verzichten Sie nicht auf diese Möglichkeit, nur weil Ihr Zeugnis Ihnen zu alltäglich vorkommt. Vielleicht sind Sie von jüngster Kindheit an in die Kirche gegangen und haben ein redliches Dasein geführt, bevor Ihnen klarwurde, daß solche Dinge keinen Christen aus Ihnen machen können. Doch der Bericht dessen, wie aus Ihrer äußeren Religion eine lebendige Beziehung zu Christus wurde, wird für die meisten Ihrer Bekannten mehr Bedeutung haben als die Geschichte eines Menschen, der aus einem Leben voller Okkultismus und Drogen zum Glauben kam.

Die Schwierigkeit, sich persönlich in einem hochdramatischen Zeugnis wiederzufinden, könnte Ihren Freunden sogar eine willkommene Ausflucht bieten. »Solche Leute brauchen einen Glauben!«, werden sie vielleicht sagen. Doch Ihre Alltagsgeschichte wird eine Brücke zu ihrem Alltagsleben schlagen und ihnen zeigen, daß auch sie die Gnade und Führung Gottes brauchen, die Sie gefunden haben.

Und wenn Sie tatsächlich eine dramatischere Bekehrung erlebt haben, dann bitten Sie Gott, Ihnen zu zeigen, wieviel Sie davon erzählen sollen und wem, damit der Zuhörer jene Aspekte Ihrer Erlebnisse mitbekommt, in die er sich hineinversetzen kann, und das Verlangen verspürt, ebenfalls das zu suchen, was Sie in Christus gefunden haben.

Matthäus pflegte seine Kontakte

Eigentlich hätte man so etwas nie von ihm erwartet. Zöllner waren einfach nicht dafür bekannt, sich als Evangelisten zu betätigen. Doch genau das war der Fall bei Matthäus. Nachdem er dem Ruf Jesu gefolgt war, beschloß er, sein Bestes zu tun, um möglichst viele seiner Freunde für die Sache Jesu zu gewinnen.

Deshalb gab er, wie wir schon gesehen haben, ein großes Fest für seine Kameraden von der »Geldeintreib-Behörde«, um ihnen Jesus und das neue Leben, das er anbot, vorzustellen. Im Gegensatz zu den anderen »Methoden«, die wir betrachtet haben, konfrontierte Matthäus seine Freunde nicht und präsentierte ihnen auch keine intellektuell fundierten Argumente; der Bibeltext erwähnt auch keinen Bericht seines Bekehrungserlebnisses. Dies alles war einfach nicht sein Stil.

Statt dessen fing er bei den Beziehungen an, die er im Laufe der Jahre zu diesen Männern aufgebaut hatte, und bemühte sich, diese Freundschaften zu vertiefen. Er lud sie zu sich nach Hause ein. Er verbrachte Zeit mit ihnen und aß mit ihnen. Dies alles tat er, weil ihm wirklich sehr viel an ihnen lag und weil er sie dazu bewegen wollte, daran interessiert zu sein, diesen Jesus auch kennenzulernen.

In den vorangehenden Kapiteln haben wir die große Bedeutung zwischenmenschlicher Beziehungen betont. Wir haben gesehen, daß eine Freundschaft uns die stärksten Einflußmöglichkeiten auf den anderen verleiht. Ich habe die Erfahrung gemacht, daß Menschen, denen der kontaktorientierte Ansatz des Evangelisierens liegt, geradezu Spezialisten auf diesem Gebiet sind. Häufig sind es Leute mit einer warmen Ausstrahlung und einem großen Interesse an anderen. Sie verbindet eine intensive Kommunikation und gegenseitiges Vertrauen mit denen, die sie erreichen wollen.

Und manche Menschen werden nie erreicht werden, bis jemand sich die Zeit dazu nimmt, ein solches Vertrauensverhältnis zu ihnen aufzubauen. Vielleicht sind Sie ein »kontaktorientierter« Evangelist. Sitzen Sie gern zu langen Gesprächen mit einem Freund zusammen, den Sie erreichen möchten? Können Sie sich die Probleme eines anderen geduldig anhören, ohne gleich mit der Tür ins Haus zu fallen und gute Ratschläge auszuteilen? Macht es Ihnen Spaß, andere Menschen einzuladen, mit ihnen zu essen und sich in Ruhe mit ihnen zu unterhalten?

Bekannte Beispiele für den kontaktorientierten Stil sind Becky Pippert und Joe Aldrich, die beide hilfreiche Bücher über dieses Thema geschrieben haben. Weltweit gibt es Gemeinden, die weitaus effektiver arbeiten könnten, wenn die Mehrheit ihrer Mitglieder mit einer solchen Einstellung auf ihre Freunde und Angehörigen und auch auf die kirchendistanzierten Menschen in ihrem weiteren Umfeld zugehen würde.

Eine Samariterin lädt ein – und alle kommen

Finden Sie es nicht einfach umwerfend, wie Gott sich Menschen für seine Zwecke aussucht, von denen man dies nie gedacht hätte? Wir haben es schon im Fall des Blinden und bei Matthäus gesehen, aber das gilt auch für die Samariterin und viele andere. Und genau dasselbe werden Sie über sich selbst denken, sobald Sie sich stärker auf dem Gebiet persönlicher Evangelisation engagieren.

> *Wenn ich darüber nachdenke, wie Gott andere Menschen durch mich ansprach, sagte ich mir manchmal im stillen: »Das hätte ich mir nie träumen lassen!« Gott scheint einen besonderen Gefallen daran zu haben, einfache, alltägliche Leute auf überraschende und wunderbare Weise zu gebrauchen.*

Die Samariterin hatte drei große Handicaps: Erstens wohnte sie in Samarien, zweitens war sie eine Frau, und drittens führte sie ein unmoralisches Leben. Damals reichte schon eine dieser drei Kategorien aus, daß sie in den Augen der Gesellschaft als Mensch zweiter Klasse galt. Doch glauben Sie vielleicht, davon hätte Jesus sich abhalten lassen? Er setzte sich über alle Konventionen hinweg und fing ein Gespräch mit ihr an.

Die Frau merkte schnell, daß sie hier keinen gewöhnlichen jüdischen Rabbi vor sich hatte. Sein prophetisches Wissen und seine Antworten voller Autorität überzeugten sie davon, daß er in der Tat der Messias sei.

Was unternahm sie daraufhin? Sie ging schnurstracks in die Ortschaft und holte eine ganze Menschenmenge zum Brunnen, damit auch ihre Leute die

Worte Jesu hören konnten. Diese einfache Einladung führte dazu, daß er zwei Tage lang am Ort blieb. Viele der Dorfbewohner sagten (Vers 42): »Nicht mehr aufgrund deiner Aussage glauben wir, sondern weil wir ihn selbst gehört haben und nun wissen: Er ist wirklich der Retter der Welt.«

Es gibt viele Menschen, die auf dem Weg zum Glauben an Christus ein großes Stück vorankommen könnten, wenn sich nur jemand die Mühe machen würde, sie in Liebe zu einem offenen Gottesdienst oder einer anderen evangelistischen Veranstaltung einzuladen.

Und viele Nichtchristen sind für einen solchen Ansatz aufgeschlossen. Einer neueren Umfrage von George Barna zufolge würden etwa fünfundzwanzig Prozent der Erwachsenen in den Vereinigten Staaten in die Kirche gehen, wenn ein Freund sie dazu einladen würde. Stellen Sie sich nur vor: Jeder vierte Ihrer Freunde würde mit Ihnen in die Gemeinde gehen! Sie müssen sich in erster Linie überlegen, welche Veranstaltungen – Gottesdienste, Konzerte, Filme, Theateraufführungen oder andere Veranstaltungen innerhalb Ihrer Gemeinde – sich dazu eignen würden, einen Besucher mitzubringen. Nehmen Sie Rücksicht auf die Perspektiven und Interessen Ihres Bekannten, um auf dieser Basis eine gute Wahl zu treffen.

Einladungen sind eigentlich für uns alle ein gutes Mittel, andere zu erreichen, doch manche Menschen haben wie die Frau am Brunnen ein besonderes Talent dazu, andere zum Mitkommen zu bewegen. Vielleicht sind Sie einer davon. Haben Sie einen ständig im Wachstum begriffenen Kreis von Bekannten, mit denen Sie gemeinsam etwas unternehmen? Haben Sie festgestellt, daß Ihr Kleinbus bei evangelistischen Veranstaltungen plötzlich aus allen Nähten platzt? Vielleicht sollten Sie ihn gegen ein größeres Modell eintauschen, damit Sie nicht in Ihren evangelistischen Aktivitäten eingeschränkt werden!

Es ist nicht einfach, bekannte Vertreter des »Einladungsstils« zu nennen. Viele dieser Christen scheuen das Rampenlicht. Doch wenn Sie einem begegnen, wissen Sie sofort, daß Sie einen vor sich haben. Mit Vorliebe kümmern sie sich um die Randfiguren des Geschehens. Sie sind die unbesungenen Helden, die zum Erfolg von evangelistischen Veranstaltungen beitragen, indem sie Menschen dazuholen, die die Botschaft dringend brauchen.

Mark kennt eine Frau namens Nancy, der dieser Stil liegt. Vor ein paar Jahren gaben ihm seine Freunde eine Geburtstagsparty. Ungefähr dreißig Leute kamen, darunter auch ein Typ, den er noch nie gesehen hatte. Später holte dieser eine Geige hervor und spielte »Happy Birthday«. Mark fand das ausgesprochen nett, aber er wußte noch immer nicht, wer dieser Mann war.

Schließlich erzählte es ihm jemand. Der Geiger trampte allein durch die USA, und Nancy war ihm auf dem Bahnhof begegnet. Sie beschloß, ihn einfach zu Marks Geburtstagsparty mitzubringen, in der Hoffnung, ihn dort mit ein paar »ansteckenden« Christen zusammenzubringen, die ihm den Weg zu Jesus zeigen konnten. Ein besseres Beispiel für den einladenden Ansatz kann man sich gar nicht denken!

Tabitas Weg hieß »helfen«

Die Apostelgeschichte beschreibt Tabita folgendermaßen (Apg 9,36): »Sie tat viele gute Werke und gab reichlich Almosen.« Sie war dafür bekannt, anderen aus Liebe im Namen Christi viele gute Dienste zu erweisen. Insbesondere nähte sie Röcke und Mäntel für Witwen und andere Bedürftige in ihrer Stadt.

Auf ihre bescheidene Art praktizierte sie das, was wir den »dienenden Ansatz des Evangelisierens« nennen könnten. Man konnte ihre Aktivitäten kaum beobachten, ohne dahinter die Liebe Christi zu erahnen, die sie zum Dienen motivierte. Ihre Arbeit war sogar derartig bedeutsam, daß Gott Petrus schickte, um sie nach ihrem frühzeitigen Tod wieder zum Leben und damit zum Dienen zu erwecken.

Menschen, die vom dienenden Evangelisieren ausgehen, fällt es relativ leicht, anderen zu dienen. Es entspricht einfach der Persönlichkeit, die Gott ihnen gegeben hat. Sie haben von Natur aus ein Auge für Nöte, die andere nicht wahrnehmen, und es macht ihnen Freude, Abhilfe zu schaffen, selbst wenn sie selbst keine Medaillen dafür gewinnen. Häufig sind sie von der Wesensart her stiller, und es macht ihnen Freude, ihre Nächstenliebe durch praktische Hilfsdienste zum Ausdruck zu bringen.

Obwohl dieser Stil weniger spektakulär als andere ist und oft erst über einen längeren Zeitraum hin geistliche Resultate bringt, gehört er zu den wichtigsten aller evangelistischen Ansätze, weil Christen, die gerne anderen helfen, Menschen anrühren, die oft niemand anders erreichen kann.

Eine Frau aus unserer Gemeinde namens Ginger hatte einen Bruder, dem sie von Christus erzählen wollte, doch er interessierte sich mehr für *New-Age*-Gedankengut als für den christlichen Glauben. Deshalb tat sie das, was ihr am besten lag: Sie konfrontierte ihn mit den Aussagen und Ansprüchen Christi. Als das seine Wirkung zu verfehlen schien, machte sie sich sachkundig und kam mit einer Reihe von Argumenten zu ihm, um ihn dazu zu bewegen, seine Meinung zu ändern. Sie probierte alles, was ihr nur einfiel, doch ohne Erfolg. Zu guter Letzt schienen alle Hoffnungen zu schwinden, als er mit seiner Frau und seinen Kindern in einen anderen Bundesstaat umzog, um sich einer *New-Age*-Gruppe anzuschließen.

Doch Gott hatte noch etwas anderes auf Lager. Als Gingers Bruder an seinem neuen Wohnort einzog, lernte er wenig später seine Nachbarn kennen. Sie erwiesen sich als prächtige Leute. Sie kamen unermüdlich, um ihre Dienste anzubieten. Sie halfen beim Einzug, sie hatten großes Geschick für Reparaturen, sie brachten ein Abendessen, wenn jemand in der Familie krank war. Einfache Hilfsdienste, die sie aus Liebe zu Christus leisteten.

Diese Leute trugen die Mauer zwischen Ginger und ihrem Bruder Stein für Stein ab. Und innerhalb eines Jahres hatte er sich verbindlich für Christus entschieden, kam mit seiner Familie zurück und feierte sein erstes Abendmahl neben Ginger in einem unserer Gottesdienste!

Sehen Sie jetzt, weshalb dieser Stil unsere Hochachtung verdient? Diese Nachbarn werden vermutlich nie berühmt werden, aber Gott gebrauchte ihre Begabung, um solche Menschen zu erreichen, die eine harte Nuß für uns übrige sind.

Vielleicht haben Sie nicht den Bildungsstand des Paulus oder den Mut des Petrus und der Samariterin. Doch eine Mahlzeit kochen oder ein Auto reparieren, das können Sie aus dem Effeff. Und damit schaffen Sie vielleicht Möglichkeiten, die anderen irgendwann einmal den Weg zu Gott öffnen.

Der bleiben, der Sie sind

Ich hoffe, daß die Darstellung dieser unterschiedlichen Ansätze ermutigend für Sie war. Vielleicht haben Sie einen Seufzer der Erleichterung getan, als Ihnen klar wurde, daß Sie der Mensch bleiben können, der Sie sind, und daß Gott sich etwas dabei gedacht hat, als er Sie so und nicht anders geschaffen hat.

Lassen Sie mich betonen, daß niemand hundertprozentig in eine dieser Kategorien paßt. Irgendwann werden Sie wahrscheinlich sogar alle Stilarten einmal anwenden. Gott hat, und das ist mir wichtig, sein Team mit einer bunten Vielfalt ausgestattet. Jedes Mitglied hat eine besondere Möglichkeit, die ihm besser liegt als andere. Vielleicht erfinden Sie einen Weg Nummer sieben oder acht –, das wäre genau so großartig.

Der springende Punkt ist der: Christen mit dem ansteckendsten Glauben sind diejenigen, die es gelernt haben, mit der Wesensart zu arbeiten, die Gott ihnen gegeben hat. Sie entdecken die »Stilrichtung«, die ihnen liegt, und bringen sich dementsprechend für den Aufbau des Reiches Gottes ein. Sie schließen sich auch mit anderen Christen zusammen, die mit anderen Gaben arbeiten, um mit vereinten Kräften so gut wie jede Art von Suchenden zu erreichen.

In diesem Teil des Buches haben wir von der Notwendigkeit gesprochen, dichter an Menschen heranzugehen, die wir erreichen wollen, und ein paar praktische Methoden dazu aufgezeigt. Wir haben auch unterschiedliche Ansätze betrachtet, die Ihnen dabei helfen werden, den christlichen Glauben auf eine authentische und natürliche Art weiterzugeben. Das nächste große Thema ist der Inhalt dessen, was wir weitergeben. Was sagt man denn nun zu dem Betreffenden über Gott? Lesen Sie weiter und entdecken Sie, wie Sie geistliche Inhalte im Gespräch vermitteln können.

Teil IV

Die Kraft der klaren Kommunikation

$$hE + uN + kK = mE$$

Kapitel 10

Der Einstieg in ein Gespräch über den Glauben

Nachdem mir aufgefallen war, daß das Gesicht des Mannes am Steuer ein anderes als das auf dem Fahrerausweis am Armaturenbrett war, konnte ich mir nicht verkneifen zu fragen: »Wem gehört denn das Taxi? Und wieso sitzen Sie am Steuer?«

Es war Heiligabend. Ich war mit meiner Familie in einer Stadt im Süden der USA, und wir saßen in dem Taxi mit Mr. X am Steuer, der uns zu unserem Hotel bringen sollte – zumindest hofften wir das.

»Das gehört einem Freund von mir«, antwortete er. Ich dachte: Klar. Das sagen sie alle! Ich beschloß, dem Mann auf den Zahn zu fühlen. Ich zeigte auf den Taxameter und fragte: »Geht das Ding hier auch richtig?«

»Nicht ganz«, antwortete er. »Es weicht um zehn Prozent ab.«

»Weil Weihnachten ist«, sagte ich hoffnungsfroh, »sind die zehn Prozent sicher zu meinen Gunsten, oder?«

»Irrtum«, konterte er. »Sie müssen mir zehn Prozent mehr geben als das, was er anzeigt.«

Ich staunte über die Dreistigkeit dieses Kerls. Zuerst fuhr er unerlaubterweise ein fremdes Taxi, und jetzt versuchte er obendrein, mich übers Ohr zu hauen! Nachdem ich ein paar weitere Sätze mit ihm gewechselt hatte, kam ich zu dem Schluß, daß mein erster Eindruck richtig gewesen war: Um mit einem Mann wie ihm ernsthaft reden zu können, mußte man unerschrocken und unorthodox vorgehen.

Weil mir sein ausländischer Akzent aufgefallen war, fragte ich ihn: »Ich bin einfach mal neugierig: Woher kommen Sie ursprünglich?« Er nannte sein Geburtsland, welches im Nahen Osten liegt. Ich fragte weiter: »Dann sind Sie vermutlich Muslim. Habe ich recht?«

»Ja, das haben Sie«, antwortete er und schien aufzumerken.

Ich fuhr fort: »Sind Sie ein strenggläubiger Muslim? Nehmen Sie Ihren Glauben ernst? Gehen Sie beispielsweise davon aus, daß Sie ins Paradies kommen, wenn Sie sterben?«

Er räusperte sich, hustete ein wenig und schien nicht recht zu wissen, was er sagen sollte. Deshalb fragte ich weiter.

»Wissen Sie, ich bin überzeugter Christ, und ich habe mich schon immer etwas gefragt, was Sie mir vielleicht erklären können: Warum folgen Sie den Lehren eines toten Mannes?«

Daraufhin wäre er fast an die Leitplanke gerast. Anscheinend war es mir gelungen, seine gesamte Aufmerksamkeit zu gewinnen!

»Wie?« sagte er. »Was meinen Sie damit?«

»Ich weiß, daß Sie Allah anbeten und daß Sie an Mohammed als seinen Propheten glauben. Aber der ist längst tot. Wir könnten sogar hinfliegen und sein Grab besuchen. Warum folgen Sie dann also den Lehren eines toten Mannes?«

Er schien um eine Antwort verlegen zu sein, und ich fügte hinzu: »Wissen Sie, die Bibel lehrt in aller Klarheit, daß Jesus Christus vom Tod auferstanden ist. Meine Familie und ich, wir folgen jemandem, der heute lebt.«

»Steht wirklich in der Bibel, daß Jesus von den Toten auferstanden ist?« fragte er. »Ich habe mal versucht, eine zu lesen, aber darüber habe ich nichts in ihr gefunden.«

»Na, vielleicht hat Ihnen jemand eine gegeben, in der ein paar Seiten fehlten«, entgegnete ich. »Ich könnte Ihnen eine besorgen, die sämtliche Seiten hat, und Sie könnten es selbst nachlesen. Glauben Sie mir: Es steht wirklich darin. Jesus ist auferstanden, und Mohammed ist tot. Das sollten Sie sich wirklich gründlich durch den Kopf gehen lassen.«

Als wir an unserem Hotel ankamen, hatten wir glücklicherweise noch ein paar Minuten, um das Gespräch fortzusetzen. Ich versicherte dem Taxifahrer, daß ich keineswegs die Ernsthaftigkeit seines Glaubens anzweifeln wollte, ebensowenig die Tatsache, daß Mohammed vermutlich selbst restlos von dem überzeugt war, was er lehrte.

Aber bevor wir uns voneinander verabschiedeten, forderte ich ihn mit der Tatsache heraus, daß wir unmöglich beide recht haben konnten.

»Fünf Sekunden, nachdem wir gestorben sind, werden wir beide merken, wer von uns die Wahrheit geglaubt hat«, sagte ich. »Und ich setze meine ganze Ewigkeit auf den, der von den Toten zurückgekommen ist.«

Können Sie jetzt verstehen, weshalb meine Frau das Gesicht verzieht, wenn ich mit anderen über solche Themen rede? Ich werde nie begreifen, wie eine nette, unaggressive, in sich gekehrte junge Dame wie Lynne jemanden wie mich heiraten konnte!

Später im Hotel sagte meine heranwachsende Tochter Shauna zu mir: »Was war denn das? Nennst du so was vielleicht Evangelisieren?« Vielleicht würden Sie mir am liebsten dieselbe Frage stellen!

Aber schütten wir das Kind nicht mit dem Bade aus: Ungeachtet unserer individuellen Stile müssen wir alle aufmerksam Ausschau nach Gelegenheiten halten, mit Menschen über Christus zu reden. Und manchmal wird das nicht nur Risikobereitschaft erfordern, sondern auch die Bereitschaft, kreativ zu sein und zu überlegen, wie wir ein solch wichtiges Thema anschneiden können. Die Art, in der ich es in dieser Situation tat, war mit Sicherheit nicht die einzig richtige, und ich gebe es zu: Wahrscheinlich war es auch nicht die beste.

Doch es war eine Art, die mir lag und die mir, wie ich Shauna an diesem Abend erklärte, angesichts des Charakters und der Persönlichkeit des Taxifahrers angebracht erschien. Ich bin immer noch davon überzeugt, daß sein Interesse nur auf die direkte, drastische Art zu wecken war. Und wer weiß? Vielleicht hat Gott diesen Ansatz dazu benutzt, aus diesem Mann einen ernsthaften Wahrheitssuchenden zu machen, einen, der sich letzten Endes für Christus entscheiden wird. Wäre das nicht wunderbar? Und erst wie beruhigend für mich …

Die richtigen Worte finden

Zu Beginn dieses Buchteils möchte ich Sie an etwas erinnern, was wir schon an anderer Stelle erwähnt haben: Ein hoher Echtheitsgrad und eine unmittelbare Nähe reichen nicht aus; wir brauchen auch die nächste Komponente der Formel, wenn wir unsere geistliche Wirkung auf andere verbessern wollen. Diese Komponente ist »kK« und steht für »klare Kommunikation«. Wir müssen über unseren Glauben reden und geistliche Zusammenhänge in leichtverständliche Worte fassen können.

Der Apostel Paulus betonte (Röm 10), daß die Menschen nicht von selbst die Botschaft entschlüsseln werden. Es genügt nicht einmal, ansteckendes Christsein aus nächster Nähe zu beobachten. Jemand muß ihnen das Evangelium zu vermitteln versuchen, indem er ihnen sagt, wer Gott ist, welch einen Schaden wir mit unserer Sünde angerichtet haben und warum jeder einzelne von uns es bitter nötig hat, die Vergebung und das Leben, das Jesus uns anbietet, anzunehmen.

Doch damit dies geschieht, müssen wir die Initiative ergreifen und Gespräche in die Richtung geistlicher Themen steuern. Hier wird die Sache erst richtig spannend. Und genau darum geht es auch in diesem Kapitel.

Bevor wir uns mit konkreten Einstiegsmöglichkeiten in ein geistliches Gespräch beschäftigen, möchte ich zwei Anmerkungen loswerden. Erstens wird nur eine begrenzte Anzahl der Beispiele, die ich hier beschreiben werde, auf Sie persönlich anwendbar sein. Wie Sie Glaubensthemen zur Sprache bringen, hängt von Ihrer Persönlichkeit ab, von dem Gesprächsstoff, über den Sie üblicherweise mit anderen reden, und von Ihrem persönlichen Evangelisationsstil.

Beispielsweise halte ich meine Vorgehensweise mit dem Taxifahrer für meinem Naturell entsprechend, denn ich komme eher vom konfrontationsfreudigen Stil des Evangelisierens her. Es fällt mir relativ leicht, mit einem Fremden ein Gespräch mit Tiefgang zu führen, obwohl meine Unterhaltung mit dem Taxifahrer vermutlich wesentlich wirkungsvoller gewesen wäre, wenn ich die Gelegenheit gehabt hätte, zuerst eine echte Beziehung zu ihm aufzubauen.

Wenn ich nun verschiedene Beispiele beschreibe, wie man in ein geistliches Gespräch einsteigen kann, merken Sie sich bitte diejenigen davon, die Sie voraussichtlich gebrauchen können, und schreiben Sie sich andere auf, die Ihnen beim Lesen einfallen. Es geht mir darum, Sie zum Denken anzuregen, damit Sie Einstiege finden, die für Sie maßgeschneidert sind.

Die zweite Vorbemerkung ist diese:

Bevor Sie solche Gespräche in Gang bringen können, müssen Sie von der felsenfesten Überzeugung ausgehen, daß nicht nur Ihr Leben jetzt ein besseres ist als zu der Zeit, als Sie Gott noch nicht kannten, sondern daß dies auch für andere gelten wird, selbst in Krisenzeiten.

Ohne diese Überzeugung ist es so gut wie unmöglich, sich selbst zu einem irgendwie bedeutsamen Schritt zu motivieren. Ebenso brauchen Sie einen so starken Wunsch, Gottes frohe Botschaft weiterzugeben, daß Sie regelmäßig um Gelegenheiten beten und täglich nach ihnen Ausschau halten werden.

Ich gehe von der Annahme aus, daß Sie bis hierher gelesen haben, weil diese Vorbedingungen größtenteils bei Ihnen gegeben sind. Wenn Sie jedoch das Gefühl haben, eine stabilere Basis zu brauchen, dann möchte ich Ihnen folgendes vorschlagen: Legen Sie sich eine Liste aller Vorteile an, die das Christsein mit sich bringt. Als nächstes verschaffen Sie sich einen Überblick über die Verheißungen, die Gott uns in der Bibel für dieses Leben und das kommende gibt. Und dann danken Sie ihm für die zahllosen Segnungen, die Ihnen die Gotteskindschaft einbringt, und loben Sie ihn. Wenn Sie dies eine Zeitlang tun, werden Sie sich fragen, wie man überhaupt je auf die Idee kommen kann, sein Angebot der Vergebung und Führung auszuschlagen!

Sehen wir uns drei Methoden an, mit denen Sie Gespräche auf geistliche Inhalte zusteuern können. Wir nennen sie die direkte Methode, die indirekte Methode und die einladende Methode.

Die direkte Methode

Dieser Versuch, Gespräche in eine neue Richtung zu lenken, funktioniert genau so, wie der Name besagt: Er wartet nicht auf Gelegenheiten, die sich vielleicht irgendwann ergeben, sondern er schafft sie. Es ist ganz einfach. Sie schneiden ein geistliches Thema an und beobachten dann, ob Ihr Gegenüber daran interessiert ist. Einerseits zwingen Sie niemandem eine Diskussion über den christlichen Glauben auf, doch andererseits öffnen Sie die Tür dazu weit, falls Interesse besteht. Dies ist die Methode, die ich im Fall des islamischen Taxifahrers anwandte, als ich ihn fragte, ob er ein strenggläubiger Muslim sei.

Hier ist ein weiterer »Gesprächsstarter«, der sich als sehr hilfreich erwiesen hat, weil er neugierig macht: »Wenn Sie sich für den Unterschied zwischen Religion und Christsein interessieren, sagen Sie mir Bescheid. Ich bin gern bereit, mit Ihnen darüber zu reden.«

Dies ist eine moderne Version dessen, was Jesus tat. Er weckte die Neugier der Frau am Brunnen, indem er ihr sagte, er könne ihr lebendiges Wasser geben. Davon hatte sie noch nie gehört, doch es klang faszinierend.

Diese Methode habe ich beim Joggen im Fitneß-Center benutzt. Ich habe Leute, die ich kennengelernt hatte, beim Laufen eingeholt, irgendein Thema oder eine Frage kurz angerissen und bin weitergelaufen. Nun kann jemand das Angebot einfach ignorieren, zu einem späteren Zeitpunkt darauf zurückkommen oder mich einholen und mich nach näheren Einzelheiten fragen. Ich zwinge ihm nichts auf. Ich prüfe nur, ob er interessiert ist.

Manchmal kommt jemand später zu mir und fragt: »Was hast du da über Religion und Christentum gesagt? Ich dachte, das Christentum sei eine Religion.« Daraufhin erkläre ich den ausschlaggebenden Unterschied zwischen unserem Glauben und anderen Glaubenssystemen, indem ich die »Tu/-Getan«-Illustration verwende, die ich im nächsten Kapitel erläutern werde.

Ein weiterer, recht direkter »Gesprächsstarter«, der sich im Laufe der Jahre als nützlich erwiesen hat, fängt bei dem gebräuchlichen »Wie geht's?« an. Der Betreffende sagt automatisch: »Danke, gut«, egal, ob das Leben sich gerade von der Schokoladenseite zeigt oder ob der Weltuntergang bevorsteht. Dann versuche ich festzustellen, ob der Betreffende für ein Gespräch aufgeschlossen ist, und bete schnell um die Führung des Heiligen Geistes. Wenn alle Ampeln auf Grün stehen, sehe ich dem Betreffenden ins Gesicht und sage: »Ach, kommen Sie. Mir können Sie's ruhig sagen. Wie geht's Ihnen denn wirklich?«

Hierbei erlebe ich selten eine Enttäuschung. Meistens prüft der Betreffende, wie ernst ich es meine, indem er fragt: »Wollen Sie's tatsächlich wissen?« Und wenn ich das bejahe, sagt er: »Endlich fragt mich jemand. Sie haben ja keine Ahnung, was los ist ...«, und eine gegenseitige Offenheit entsteht. Im Verlauf des Gesprächs findet sich fast immer eine natürliche Gelegenheit dazu, meinem Gegenüber zu versichern, daß nicht nur ich ein offenes Ohr für seine Probleme habe, sondern daß Gott es ebenfalls hat und daß ich gern bereit bin, ihm mehr über Gott zu erzählen, sofern er das möchte.

Hier sind ein paar weitere direkte Gesprächseinstiege:

- »Ich bin einfach neugierig: Denken Sie manchmal über Gott nach?«
- »Wer war Jesus Christus Ihrer Meinung nach?«
- »Aus welchen religiösen Kreisen stammen Sie? Sind Sie mit einer bestimmten religiösen Perspektive aufgewachsen?«
- »Haben Sie schon einmal darüber nachgedacht, was mit uns passiert, wenn wir sterben?«
- »Was macht Ihrer Meinung nach einen echten Christen aus?«
- »Wohin führt Sie Ihre geistliche Reise?«

Ich bin immer wieder darüber erstaunt, wie solche einfachen Fragen einen Vorgang ins Rollen bringen können, der letztendlich das Leben des Gesprächspartners von Grund auf umkrempelt. Lassen Sie sich nicht von der Schlichtheit dieser Fragen dazu verleiten, ihren Wert zu unterschätzen. Sie können buchstäblich Türen zur Ewigkeit aufschließen.

Die indirekte Methode

Vor ein paar Jahren standen Mark und Heidi vor einem bekannten Restaurant in New Orleans Schlange. Sie mußten lange warten, und extrovertiert, wie sie nun mal sind, hatten sie schnell Bekanntschaft mit den meisten Leuten vor und hinter sich geschlossen. Der Mann direkt vor ihnen war besonders interessant. Er war mit der Beleuchtung für eine Fernsehserie bei einem der größeren Sender betraut. Mark beschloß, das Risiko einzugehen, und sagte: »Sie als Beleuchtungsexperte können mir sicherlich ein paar Feinheiten erklären. Wir hatten da ein besonderes Beleuchtungssystem, das wir für ein Konzert in unserer Gemeinde eingesetzt haben.«

Wie er sich schon gedacht hatte, sah Mark kein loderndes Interesse in den Augen des Mannes, zumindest nicht auf Anhieb. Doch er fuhr fort: »Wir hatten uns einen Satz automatische Scheinwerfer geliehen, die auf der Bühne befestigt waren und von selbst kreisen. Sie leuchten in unterschiedlichen Farben, und manche hatten einen Laser- oder Stroboskop-Effekt.«

Nun war das Interesse des Mannes sichtlich geweckt.

»Die Dinger heißen *Vari-Lites* und sind computergesteuert. Für dieses System muß ein spezieller Beleuchtungstechniker her. Mit so etwas habe ich noch nie gearbeitet ... und so einen Scheinwerfer hatten Sie in Ihrer *Gemeinde*, sagen Sie?«

Ganz cool antwortete Mark: »Nein, dreißig Stück hatten wir davon. Sie waren auf motorgetriebene Bühnenteile aufgeschraubt, die während der Vorstellung von der Decke heruntergelassen wurden. Der Lichteffekt war mal was ganz anderes.«

Dieser Mann war regelrecht fasziniert.

»Ist ja sagenhaft! In welche Gemeinde gehen Sie denn überhaupt?«

Mark hatte schon befürchtet, danach werde er nie fragen! Er antwortete: »Es ist eine Gemeinde, die mit modernsten Mitteln eine uralte Aussage vermittelt, nämlich diese ...«, und er skizzierte kurz das Evangelium.

Bevor sie sich trennten, gab der Mann Mark seine Visitenkarte, damit dieser ihm ein Video des Konzerts zuschicken konnte, von dem er ihm erzählt hatte. Und alles hatte mit einer einfachen Frage über ein Beleuchtungssystem angefangen!

Wie dieses Beispiel zeigt, benutzt die indirekte Methode ein Element des Themas, um das die Unterhaltung sich dreht, als Ausgangspunkt und stellt von dort aus eine Beziehung zu Gott, der Kirche oder dem Glauben her. Dies läßt sich auf zahllose, verschiedene Weisen tun. Mit etwas Vorausplanung und Übung kann jeder ein Meister dieser Methode werden. Hier sind einige andere Illustrationen:

Geschäftswelt

Geschäftsleute fragen sich oft gegenseitig: »Wie läuft denn das Jahr soweit für Sie?« Doch statt der Standard-Antwort könnten Sie vielleicht folgendes sagen: »Finanziell ganz gut; familienmäßig können wir nicht klagen, und geistlich läuft es prima. Über welches von den dreien möchten Sie gern mehr wissen?«

Vielleicht ist Ihr Gegenüber zu einem tieferen Gespräch bereit, oder vielleicht antwortet er auch: »Mich interessiert das Finanzielle. Sagen Sie, wie ...?« Das ist vollkommen in Ordnung so; zumindest haben Sie die Saat zu einem späteren Gespräch ausgestreut.

Umzüge

Wenn Bekannte vor kurzem umgezogen sind, ist es nur natürlich, wenn man sich erkundigt, ob sie gute Einkaufsmöglichkeiten, Restaurants oder Autowerkstätten gefunden haben. Fragen Sie sie doch einfach auch, ob Sie schon eine gute Kirchengemeinde gefunden haben! Selbst wenn sie antworten, sie seien eigentlich nicht auf der Suche nach einer, haben Sie mit der Frage einen guten Einstieg zu Themen rund um den Glauben geschaffen.

Ein gutes Beispiel stammt von Jim, einem Anwalt und guten Bekannten von mir. Vor kurzem ist er mit seiner Kanzlei in ein neues Bürogebäude gezogen. Seitdem erzählt er seinen Bekannten: »Bequemer geht's gar nicht. Das Büro ist nur zwanzig Autominuten von zu Hause entfernt – und nur fünf Minuten von meiner Kirche!« Auch wenn es nur aus reiner Höflichkeit geschieht, so wird er daraufhin oft nach seinem Engagement in der Kirche gefragt.

Hobbys und Freizeit

Wenn Sie sich mit jemandem über Ihre Hobbys oder Ihre Freizeit unterhalten, haben Sie einen günstigen Anknüpfungspunkt, um Ihre kirchliche Mitarbeit zu erwähnen. Angenommen, Sie sind für das Lautsprechersystem in Ihrer Gemeinde verantwortlich. Sie könnten sagen: »An Wochenenden setze ich mich gern auf mein Mountainbike und ans Schaltpult unseres Lautsprechersystems.« Viele Leute werden automatisch nach näheren Informationen darüber fragen. Ähnlich läßt sich auf so gut wie jedem Gebiet vorgehen, ob Sie nun für die Beleuchtungsanlage, Baulichkeiten, den Raumschmuck, das Kochen, das Reinigen, die Musik, das Unterrichten oder das Saalordnen in Ihrer Gemeinde verantwortlich sind.

Vielleicht machen Sie in der Kinderarbeit mit. Wenn Sie sich mit Freunden über deren Kinder unterhalten, könnten Sie einfach etwas Ähnliches sagen wie:»Kinder können wirklich eine Herausforderung sein. Jedes Wochenende habe ich vierzig davon zu beschäftigen.« Nachdem sich Ihr Gegenüber von dem Schock erholt hat, könnten Sie erklären, daß Sie in der Kinderarbeit Ihrer Gemeinde mitmachen, und hinzusetzen:»Du solltest dir übrigens mal ansehen, welche tollen Sachen wir mit den Kindern unternehmen!«

Mit etwas Phantasie läßt sich jede kirchliche Mitarbeit auf eine Weise darstellen, die Neugier weckt. Und es ist kein weiter Gesprächsschritt von Ihrer Mitarbeit in der Gemeinde zu Ihrer Liebe zu Gott, die dahintersteckt.

Die Natur

Haben Sie schon einmal daran gedacht, von der Schöpfung auf den Schöpfer zu verweisen? Angenommen, Sie sind mit Freunden im Zoo. Zeigen Sie auf eine Giraffe und sagen Sie:»Gott muß schallend gelacht haben, als er sie geschaffen hat. Welch einen Sinn für Humor er haben muß!«

Mark wandte eine ähnliche Methode an, als er in den Rocky Mountains mit dem Rucksack unterwegs war und sich mit einem Mann anfreundete, der allein zeltete. Auf einer Wanderung, die sie gemeinsam unternahmen, fiel ihnen die erstaunliche Vielfalt der wilden Blumen auf, die am Wegrand wuchsen. Mark sagte:»Gott muß eine unglaubliche Phantasie haben, um den Blumen so viele verschiedene Formen und Farben zu geben!« Es war nur eine einfache, harmlos gemeinte Bemerkung; man konnte ihr zustimmen, sich darüber streiten oder sie einfach ignorieren. Marks Bekannter sagte:»Das stimmt vielleicht, wenn man an Gott glaubt, aber das tue ich nicht.«

Eine solche Antwort bedeutet keineswegs, daß damit alles gesagt ist. Vergessen Sie nicht: Es geht hier in erster Linie darum, das Thema zur Sprache zu bringen, nicht darum, gleich auf Anhieb ein zustimmendes Kopfnicken auszulösen. Diese Antwort war sogar erfreulich, denn indem dieser Mann sagte, er glaube nicht an Gott, öffnete er einem eingehenderen Gespräch Tür und Tor. Wie Sie wissen, hat Mark eine Vorliebe für den intellektuellen Ansatz des Evangelisierens und lechzt förmlich nach Gelegenheiten, mit Atheisten über Gott zu reden!

Für ihn war es daher das Natürlichste von der Welt, auf diese Aussage zu antworten: »Ist ja hochinteressant. Warum glaubst du denn nicht an Gott, wenn ich fragen darf?« Und dieser kurze Wortwechsel war der Beginn eines Gesprächs, das den ganzen Nachmittag und bis in den Abend hinein andauerte – bis das Lagerfeuer ausging.

Musik

Vielleicht sind Sie ein Fan von Popmusik und kennen sich mit den neusten Hits und Sängern aus. Dieses Wissen läßt sich gut dazu benutzen, auf christliche Musiker oder säkulare Künstler, die Christ geworden sind, hinzuweisen. Amy Grant, Bebe und Cece Winans und Michael W. Smith gehören zu den christlichen Sängern, die in der Musikindustrie bekannt und respektiert sind. Zu den säkularen Musikern, die offen über ihren Glauben sprechen, zählen Kerry Livgren von der Gruppe Kansas, Mark Farner von Grand Funk, Philip Bailey von *Earth, Wind & Fire*, der Country-Sänger Ricky Skaggs, der Hitmeister der 60er Jahre Dion DiMucci und der kanadische Rockmusiker Bruce Cockburn.

Eine anderer Einstieg ist es, über den Text eines populären Songs zu reden, in dem es um Fragen des Glaubens geht, selbst wenn der Song von einem Nichtchristen geschrieben oder gesungen wurde. Beispiele dafür sind »Show Me the Way« von Dennis DeYoung von der Gruppe *Styx*, »Kyrie« von *Mister Mister* und »Something to Believe In« von *Poison*. Diese Texte könnten zu einem Gespräch über die Antworten führen, die Sie auf die von den Songtexten gestellten Fragen gefunden haben.

Sport

Diese Kategorie unterscheidet sich nicht wesentlich von der letzten, und die Möglichkeiten auf diesem Gebiet sind endlos, weil so viele bekannte Sportler Christ geworden sind. In den letzten Jahren hat es zahlreiche Biographien, Artikel und Fernsehsendungen über dieses Phänomen gegeben. Inzwischen gibt es sogar eine Zeitschrift namens *Sports Spectrum*, in der christliche Sportler vorgestellt werden.

Bekannte Beispiele sind die Fußballspieler Jorghino, Rufer, Herrlich und Bratseth, die Baseballspieler Joe Carter, Orel Hershiser und Dave Dravecky, die Basketballspieler Mark Price, A. C. Greene und David Robinson, der Tennisspieler Michael Chang, die Golfspieler Betsy King, Bernhard Langer und Paul Azinger, die Leichtathletinnen Madeline Mims und Evelyn Ashford und der Zehnkämpfer Dave Johnson.

Christen, die sich für Sport interessieren, können sich ganz problemlos über ein Spiel oder eine Sportveranstaltung unterhalten und ihren Freunden dabei von einem gläubigen Mannschaftsmitglied erzählen. Oft wird daraus ein intensiveres Gespräch über das Christsein. Die Gelegenheit kann darüber hinaus noch weiter genutzt werden, indem man dem Gesprächspartner ein Buch, einen Artikel oder ein Video über diesen Sportler gibt oder ihn sogar zu einer Veranstaltung einlädt, bei der dieser Sportler persönlich über seine Erfahrung mit dem Christsein spricht.

Probleme, die man gemeinsam hat

Wenn Sie einmal die gleichen Probleme wie Ihr Gesprächspartner hatten, dann ist es das Natürlichste von der Welt, diesem Gegenüber zu erzählen, wie Sie durch Erkenntnisse aus der Bibel, durch die Anteilnahme gläubiger Freunde oder durch Gottes Eingreifen Hilfe gefunden haben.

Gläubige, die an einem bestimmten Evangelisationsprogramm teilgenommen haben, bedienen sich dieser Methode schon seit Jahren: »Darf ich Ihnen von einer ›höheren Macht‹ erzählen, die mein Leben radikal verändert hat?«

Diese Methode kann effektiv sein, ob es sich um eine extreme Krise oder ein kleineres Problem handelt. Vielleicht haben Sie Kommunikationsschwierigkeiten in Ihrer Ehe, Erziehungsprobleme oder mangelnde Selbstdisziplin beim Essen, bei der Zeiteinteilung oder beim Geldausgeben.

Dazu ist es nicht einmal nötig, daß Sie das Problem restlos und für immer besiegt haben. Sie brauchen lediglich praktische Hilfe gefunden und sichtbare Fortschritte gemacht zu haben. Das reicht schon aus, um das Gespräch von dem Problem selbst zu den geistlichen Hilfen zu lenken, die eine Besserung ausgelöst haben. Beispiel: »Meine Frau und ich hatten ähnliche Probleme mit dem gegenseitigen Verständnis. Darf ich Ihnen ein paar Hilfen aus der Bibel zeigen, die uns auf dem Gebiet ein Stück weitergeholfen haben?« Oder: »Ich weiß, wie es ist, wenn man seinen Teenager am liebsten auf den Mond schießen würde, aber ich würde Ihnen gern ein Buch von einem christlichen Seelsorger zeigen, das meinem Mann und mir durch diese Phase mit unseren Kindern sehr geholfen hat.«

Man sagt, daß geteiltes Leid halbes Leid ist. Das gilt, so denke ich, besonders dann, wenn derjenige, mit dem man das Leid teilt, auf eine Quelle der übernatürlichen Hilfe hinweisen kann.

Feiertage

In all meinen Jahren als Pastor habe ich festgestellt, daß die Leute während der Weihnachts- und Osterzeit viel aufgeschlossener für Gott als sonst sind. Diese Feiertage eignen sich glänzend dazu, auf geistliche Themen zu sprechen zu kommen: »Was ist denn nun mit dem Kind in der Krippe: War es wirklich Gottes Sohn oder nicht? Was meinen Sie?« oder: »Jesus war kein gewöhnliches Baby, das steht wohl fest. Aber was glauben Sie, warum Gott sich die Mühe gemacht hat, seinen Sohn auf die Welt zu schicken?«

In der Osterzeit könnten Sie fragen: »Was meinen Sie: Ist die Ostergeschichte Tatsache oder Legende?« Oder wenn Sie wissen, daß Ihr Gegenüber die Auferstehung skeptisch sieht, könnten Sie fragen: »Was ist Ihrer Meinung nach mit der Leiche Jesu passiert? Am Sonntag morgen war sie jedenfalls nicht mehr im Grab.«

Wenn Sie wissen, daß Ihre Freunde in einer christlichen Kirche aufgewachsen sind, könnten Sie sich nach den Erinnerungen erkundigen, die sie mit diesen Feiertagen verbinden. Sie könnten Ihre Gesprächspartner auch fragen, ob sie wissen, was das »Kar« am Karfreitag bedeutet, wofür sie beim Erntedankfest eigentlich sonst noch dankbar sind oder ob sie am Buß- und Bettag je schon einmal Buße und Gebet geleistet haben. Oder Sie könnten sie nach den Festtagsbräuchen fragen, die in ihren Familien zur Tradition geworden sind, und was diese Bräuche ihnen bedeuten. Aus einem solchen Gespräch ergibt sich dann möglicherweise eine Gelegenheit, Ihre Freunde zu einer Feiertagsveranstaltung in Ihre Kirche oder Gemeinde einzuladen.

Merken Sie, daß sich die Liste ins Unbegrenzte fortsetzen ließe? Gut. Das bedeutet nämlich, daß ich mir das ersparen kann. Aber Sie nicht. Sie müssen sich den Gesprächsstoff, über den Sie sich üblicherweise mit anderen unterhalten, genauer ansehen und wie bei den obengenannten Beispielen von dieser Ausgangsbasis kreative Einstiegsmöglichkeiten in ein Gespräch über Ihren Glauben suchen.

Die einladende Methode

Wenn Sie Freunde zu einer evangelistisch ausgerichteten Veranstaltung einladen, ermutigen Sie diese dadurch nicht nur zum Kommen, sondern Sie bringen auch geistliche Themen in das Gespräch ein. Es ist uns von vornherein klar, daß wir uns dabei oft eine Ablehnung einhandeln werden; machen Sie sich also auf diese Möglichkeit gefaßt und überlegen Sie, wie Sie das Beste daraus machen können. Akzeptieren Sie die Entscheidung verständnisvoll, doch fragen Sie Ihre Gesprächspartner nach ihrer glaubensmäßigen Herkunft.

Beispielsweise könnten Sie in einer solchen Situation folgendermaßen reagieren: »Dafür habe ich vollstes Verständnis, Tom. Ich weiß ja, wie beschäftigt du zur Zeit bist. Es wird andere Gelegenheiten geben, gemeinsam zu einer solchen Veranstaltung zu gehen. Aber weißt du, mich interessiert einfach mal, ob du in einer bestimmten Glaubensrichtung aufgewachsen bist.« Wenn Sie offen und kameradschaftlich genug fragen, wird Ihr Gesprächspartner Ihnen bereitwillig von seinem Standpunkt erzählen – sei es Positives oder Negatives –, und dies kann dann als guter Einstieg in ein tieferes Gespräch dienen.

Zum Thema Veranstaltungen, zu denen Sie Freunde einladen können, möchte ich Ihnen ein paar Tips geben, die Ihre Aussicht auf Erfolg erhöhen werden. Erstens sollten Sie bei der Auswahl der Veranstaltungen – Konzerte, Theaterstücke, Filme, Gottesdienste oder zwanglose Zusammenkünfte – Vorsicht walten lassen und darauf achten, daß sie höchsten Qualitätsansprüchen genügen und besucherfreundlich sind. Leider richten viele wohlmeinende evangelistische Veranstaltungen mehr Schaden an, als sie Nutzen bringen.

Zweitens sollten Sie Ihren Bekannten etwas Schriftliches in die Hand geben, in dem sie sich schwarz auf weiß über die betreffende Veranstaltung informieren können. Es kommt nicht darauf an, ob dies ein gedruckter Handzettel oder ein Blatt aus Ihrem Notizblock mit handgeschriebenen Informationen ist; wichtig ist nur, daß Ihr Bekannter etwas Konkretes hat, das ihn daran erinnert, sich zur richtigen Zeit am richtigen Ort einzufinden.

Drittens sollten Sie Ihren Bekannten eine Mitfahrgelegenheit anbieten. Schlagen Sie vor, nach der Veranstaltung gemeinsam essen zu gehen. Dadurch demonstrieren Sie Ihre Freundschaft und schaffen zugleich eine günstige Gelegenheit, in Ruhe über das soeben Gesehene und Gehörte miteinander zu reden.

Aber auf alle Fälle …

Mit welcher Methode Sie auch ein Gespräch über geistliche Inhalte in Gang bringen, so sollten Sie dabei immer folgendes berücksichtigen:

… beten Sie inständig.

Es gibt keinen Ersatz für regelmäßiges Gebet. Bitten Sie Gott nicht nur um Weisheit und die richtigen Worte, sondern auch um Offenheit und Interesse bei Ihrem Gesprächspartner.

… führen Sie Einzelgespräche.

Gruppenzwang existiert nicht nur unter Jugendlichen. Ich habe die Erfahrung gemacht, daß es leichter ist, Gespräche mit einem Gesprächspartner allein zu führen, damit dieser sich nicht den Kopf darüber zerbrechen muß, was andere wohl über seine Äußerungen denken.

… wecken Sie Neugier.

Fühlen Sie sich keineswegs gezwungen, Ihren Glauben stets direkt und unverblümt zur Sprache zu bringen. Machen Sie Andeutungen und wecken Sie Neugier, wie Jesus es tat, als er der Frau am Brunnen gegenüber das lebendige Wasser erwähnte. Geben Sie Ihrem Gegenüber die Gelegenheit, das Gespräch durch Fragen voranzubringen.

… kalkulieren Sie den »Reziprok-Reflex« ein.

Mit diesem Wortmonstrum ist etwas ganz Einfaches gemeint: Wenn Sie jemandem von Ihren eigenen Interessen und Ansichten erzählen wollen, erkundigen Sie sich zuerst nach seinen. Er wird Ihre Frage beantworten und Ihnen automatisch eine ähnliche stellen.

… ergreifen Sie spontane Gelegenheiten beim Schopf.

Tagtäglich führen wir Gespräche, die es uns ermöglichen, auf den Glauben zu sprechen zu kommen, doch die meisten von uns sind nicht darauf vorbereitet. Wenn jemand uns fragt, wie es uns gehe, geben wir meistens eine risikoarme Standardantwort.

Wir müssen es einfach wagen, ein Risiko einzugehen und das Unerwartete sagen. Zwischen dem Erkennen einer spontanen Gelegenheit und dem In-die-Tat-Umsetzen besteht ein himmelweiter Unterschied.

> *Es läßt sich einfach nicht ändern: Man braucht schon einiges an Mut dazu, die Sache ins Rollen zu bringen und ein Gespräch über den Glauben anzufangen. Christsein, das wirklich ansteckend ist, erfordert Courage.*

Wenn Sie also das nächste Mal gefragt werden, was Sie am Wochenende oder für die Sommerferien vorhaben, stehen Sie vor einer Entscheidung. Brechen Sie das Abenteuer ab, bevor es überhaupt begonnen hat, indem Sie vom Unkrautjäten oder vom Verwandtenbesuch reden? Oder holen Sie tief Luft und lassen sich von Gott gebrauchen, indem Sie einen ungeheuer wichtigen Themenbereich erwähnen, mit dem sich Ihre Kirchengemeinde zur Zeit beschäftigt, oder das spannende Wochenende, das Sie mit der Jugendgruppe Ihrer Kirche geplant haben?

Sie haben die Wahl zwischen zwei Türen. Die eine führt in vorhersagbares, vertrautes, ereignisloses Gelände. Hinter der anderen liegt eine riskante, unerforschte Landschaft voller geistlicher Möglichkeiten. Für welche entscheiden Sie sich?

... unterschätzen Sie das Interesse Ihres Gegenübers nicht.

Die meisten von uns machen den Fehler, davon auszugehen, daß die Leute im allgemeinen nicht an geistlicher Wahrheit interessiert sind. Dabei haben viele Menschen es heutzutage gründlich satt, ein Leben ohne Ziel und Zweck zu führen: die Pflichtstunden im Büro abzuackern, die Miete zu bezahlen, finanziell über die Runden zu kommen, sich mit Zeug zu amüsieren, das rostet, vergammelt und verschleißt. Immer mehr Menschen erreichen den Punkt, wo sie sagen: »Das Leben muß doch irgendwie einen tieferen Sinn haben!« Viele suchen sogar aktiv nach Antworten, obwohl sie es leider oft am falschen Ort tun. Das ist auch der Grund, weshalb Sekten mit den seltsamsten Sinnangeboten so rasant an Zuwachs gewinnen.

Und mittendrin stehen wir und halten die Schlüssel zu einem sinnerfüllten Leben hier auf der Erde und Hoffnung für das zukünftige Leben in der Hand. Wir müssen einfach dichter an jene herangehen, die so verzweifelt das brauchen, was wir ihnen geben können. Dann gilt es, Gespräche über geistliche Dinge in Gang zu bringen und festzustellen, bei wem Interesse besteht.

Wenn Sie ernsthaft damit anfangen, werden Sie überrascht darüber sein, wie viele Menschen nicht nur aufgeschlossen, sondern aufrichtig interessiert sind. Das weiß ich aus eigener Erfahrung, denn ich bin selbst immer wieder darüber überrascht.

Ach, übrigens noch eines: Vielleicht fragen Sie sich jetzt, was Sie Ihrem Gegenüber denn nun sagen sollen, nachdem das Gespräch in Gang gekommen ist. Gute Frage! Die Antwort darauf finden Sie im nächsten Kapitel, das vermutlich das wichtigste im ganzen Buch ist.

Kapitel 11

Die klare Darstellung
von Gottes Botschaft

Der Moment hat sich unauslöschlich in mein Gedächtnis eingebrannt. Lynne und ich waren mit dem Segelboot unterwegs. Nachdem wir für die Nacht im Hafen angelegt hatten, kamen wir mit ein paar Leuten ins Gespräch, die uns einluden, sie und ihre Freunde später auf ihrem Boot zu besuchen.

Wir nahmen die Einladung an, und am Abend setzten wir uns in unser Beiboot und fuhren zu ihrer Yacht. Die Leute waren sehr gastfreundlich, und es machte Spaß, Bekanntschaft mit ihnen zu schließen. Wir merkten recht bald, daß sie Nichtchristen waren. Als sie sich aber im Verlauf der Unterhaltung danach erkundigten, was ich von Beruf sei, schien keiner von ihnen allzu geschockt darüber zu sein, daß ich Pastor bin. Sie waren einfach nur herzlich und sympathisch, und wir genossen unseren Besuch bei ihnen sehr.

Als wir gerade im Begriff waren, uns zu verabschieden, kam der Moment: Lynne war schon über die Leiter in das Beiboot gestiegen, und ich war auf halber Höhe, als einer der Leute, die uns an Bord eingeladen hatten, mir nachrief: »Sag mal, Bill, bevor du gehst, hab' ich noch eine kurze Frage: Ich wollte schon immer mal einen Christen gefragt haben, wie man einer wird. Kannst du uns das noch eben verraten?«

Da stand ich nun, das eine Bein schon im Beiboot und eine Hand an der Reling ihres Bootes, und sah zu all den Leuten hoch, die da mit ihren Cocktails in der Hand dastanden und neugierig darauf warteten, was ich jetzt wohl sagen würde. Ich wußte, daß ich fünfundvierzig Sekunden ihrer ungeteilten Aufmerksamkeit besaß, in denen ich ihnen erklären mußte, was es heißt, ein echter Christ zu werden.

Halten wir den Film hier an, damit ich Sie etwas fragen kann: Wenn Sie an meiner Stelle gewesen wären, was hätten Sie gesagt? Wären Sie in der Lage gewesen, eine klare und einleuchtende Antwort auf eine derartig wichtige Frage zu geben?

Wenn die Antwort »Nein« lautet, sind Sie damit nicht allein. Egal, ob Sie ein frischgebackener Christ sind oder Jesus schon seit Jahren nachfolgen: Eine solche Situation stellt einen extremen Test dar. Oft fehlen einem vor Überraschtheit jegliche Worte, oder man gerät ins Stottern und weiß gar nicht, wo man anfangen soll, und dabei spürt man das ganze Gewicht des Himmels und der Hölle auf sich lasten.

Doch die Bibel fordert uns auf: »Seid stets bereit, jedem Rede und Antwort zu stehen, der nach der Hoffnung fragt, die euch erfüllt« (1 Petr 3,15). An einer anderen Stelle steht die Aufforderung: »Verkünde das Wort, tritt dafür ein, ob man es hören will oder nicht« (2 Tim 4,2). Und Jesus nannte uns »das Licht der Welt«. Wie wir schon gesehen haben, bedeutet dies nicht nur, daß wir als leuchtende christliche Vorbilder leben sollen, sondern auch, daß wir die Botschaft von Christus auf einleuchtende Weise vermitteln, damit andere Menschen die Wahrheit des Evangeliums erkennen können.

Ich meine, es ist höchste Zeit, daß erheblich mehr von uns diese Anweisungen ernst nehmen. Es handelt sich hier nicht um bloße Vorschläge, sondern um göttliche Imperative; Gott hat sie um der Menschen willen ausgesprochen, die ihm so unsagbar wichtig sind und die Gefahr laufen, an ihm vorbeizuleben. So hat unser Reagieren auf seinen Auftrag unmittelbar mit der ewigen Zukunft der Menschen um uns her zu tun.

Was diese Menschen nun anschließend mit der Botschaft anfangen, ist ihre Sache. Unsere Sache aber ist es, ihnen die Botschaft so klar wie möglich zu erläutern. Ich spreche Ihnen daher meine echte Anerkennung dafür aus, daß Sie dieses Kapitel nicht nur zu lesen bereit sind, sondern den Inhalt auch zur Anwendung bringen möchten. Ich werde im folgenden das Evangelium in seinen Grundzügen darstellen und dann ein paar praktische Hilfen zu seiner Vermittlung geben.

Vier Faktoren, die es zu bedenken gilt

Mit diesem Kapitel habe ich zwei Dinge vor: Erstens möchte ich sicherstellen, daß wir selbst ein klares Verständnis des Evangeliums haben. Zweitens möchte ich sicherstellen, daß wir wissen, wie wir es unseren Gesprächspartnern auf einleuchtende Weise erklären können.

Fangen wir also bei uns selbst an. Wir werden kurz vier Hauptfaktoren betrachten, die wir kennen müssen, um das Evangelium zu begreifen. Diese Faktoren sind Gott, wir selbst, Christus und Sie als Gesprächspartner. Nachdem wir uns mit ihnen befaßt haben, werden wir darüber reden, wie wir sie anderen klar und präzise vermitteln können.

Gott

Es gibt viele Aspekte des Wesens Gottes, mit denen wir uns beschäftigen könnten, aber drei davon sind von besonderer Bedeutung für unsere Bemühung, das Evangelium weiterzugeben. Der erste ist seine Liebe. Aus Liebe hat er uns erschaffen und wünscht sich eine Beziehung zu uns. Obwohl wir Sünder sind, die sich gegen ihn aufgelehnt haben, liebt er uns voller Geduld.

Viele Menschen ziehen es vor, an dieser Stelle stehenzubleiben, doch es gibt noch mehr über Gott zu sagen. Gott ist nämlich auch heilig. Das bedeutet, daß er absolut rein ist und daß er getrennt von allem ist, was unrein ist.

An dem Tag nach der Fertigstellung unseres großen Gemeinderaums in der *Willow Creek*-Gemeinde wurde mir dies so deutlich wie noch nie. Für diesen Tag war die letzte Inspektion angesetzt. Bevor die Vertreter der Baufirma kamen, baute einer unserer Mitarbeiter einen Scheinwerfer auf und leuchtete damit in die dunklen Ecken der Decke, oberhalb von den Beleuchterstegen. Eine ganze Reihe von bis dahin unentdeckten Fehlern wurde auf diese Weise deutlich sichtbar.

Dann trafen die Leute von der Baufirma ein. Kaum hatten sie den Scheinwerfer erblickt, als sie uns auch schon zu verstehen gaben, daß wir das Gebäude nicht damit untersuchen durften. Sie holten sogar den Vertrag hervor, in dem festgelegt war, daß die Abschlußinspektion unter normalen Lichtverhältnissen stattzufinden hatte.

Diese Begebenheit hat mich seitdem immer an Gottes Heiligkeit und deren Effekt auf uns erinnert. Unter normalen Lichtverhältnissen gibt unsere Lebensführung einen recht passablen Anblick ab; wir weisen keine eklatanten moralischen Schwächen oder Fehler auf. Doch dann kommt Gott und richtet das strahlende Licht seiner Heiligkeit auf unser Verhalten, unsere Gedanken und Motive, und was da zum Vorschein kommt, ist alles andere als angenehm.

Das führt uns zu dem dritten Wesensmerkmal Gottes: Er ist gerecht. Mit anderen Worten gleicht er einem guten Richter, der nicht leichtfertig über einen Gesetzesverstoß hinwegsehen kann. Statt dessen muß er dafür sorgen, daß dem Gesetz Genüge getan wird.

Vor einigen Jahren ermordete ein Mann in Schottland ein Mitglied seiner Familie. Bevor der Prozeß richtig angefangen hatte, beschloß der Richter, daß der Mann sich selbst schon eine ausreichend schwere Strafe zugefügt hatte, und ließ ihn laufen. Die Reaktion der Bevölkerung überrascht keineswegs: »Was? Das ist unfair! Wir verlangen Gerechtigkeit! Dieser Richter soll verschwinden. Wir brauchen einen, der das Gesetz vertritt.«

Gott ist ein vollkommener Richter, der mit jedem nach dem Prinzip seiner Gerechtigkeit verfährt.

Wir selbst

Als Gott uns erschuf, waren wir gut und sündlos. Doch wir mißbrauchten unsere Freiheit, lehnten uns gegen Gott auf und wurden zu Menschen, die Gott nicht akzeptieren konnte.

Obendrein stellt Gottes Heiligkeit uns, wie wir gerade gesehen haben, so dar, wie wir sind, und seine Gerechtigkeit geht auf angemessene Weise mit der Sünde um, die wir uns zuschulden kommen ließen. Die Schwere unserer Sünde macht es leider erforderlich, daß Gott die Todesstrafe über uns verhängt. Damit ist sowohl der körperliche als auch der geistliche Tod gemeint; letzterer bedeutet ewiges Getrenntsein von Gott in einem Ort namens Hölle.

Doch damit nicht genug an Katastrophalem: Es steht nicht in unserer Macht, auch nur das geringste an unserer Situation zu ändern. Dies nenne ich manchmal den »moralischen Bankrott«, denn wir haben nichts auf unserem Konto, mit dem wir die Schulden bezahlen könnten. Glücklicherweise endet die Geschichte nicht hier.

Christus

Jesus Christus konnte als einziger unser Dilemma lösen, weil er sowohl Gott als auch Mensch war. Als Gott hatte er die Macht und die Autorität, einen Plan zu unserer Rettung zu entwerfen. Als Mensch war er in der Lage, diesen Plan in die Tat umzusetzen, indem er die Strafe, die wir verdient hatten, selbst auf sich nahm.

Die zentrale Aussage des Evangeliums ist, daß Christus an unserer Stelle starb. Er war unser Ersatzopfer. Er erlitt die Todesstrafe, die wir eigentlich verdient hatten. Indem er dies tat, brachte er die Liebe Gottes zum Ausdruck, erhielt die Heiligkeit Gottes aufrecht und leistete auch der Gerechtigkeit Gottes Genüge.

Dies alles tat er, damit er uns anschließend seine Vergebung, seine Freundschaft und seine Führung zum Geschenk machen konnte. Wir haben es nicht verdient, wir haben es nicht bezahlt, und wir können es uns nie erarbeiten. Wir können es lediglich annehmen, indem wir uns demütig vor ihm beugen, unsere Widerspenstigkeit bekennen und ja zu seinem wunderbaren Angebot sagen.

Wenn wir das tun, ist unsere Sündenschuld voll und ganz beglichen, und wir bekommen das Versprechen des ewigen Lebens im Himmel. Wir bekommen aber auch die nie endende Freundschaft und Gegenwart des Schenkenden selbst. Er ist immer für uns da, um uns zu führen und uns liebevoll zurechtzuweisen, wenn dies nötig ist.

Ein Anbetungslied, das wir in unseren Gottesdiensten singen, drückt dies treffend aus:

»He paid a debt He did not owe
I owed a debt I could not pay
I needed someone to wash my sins away
And now I sing a brand new song
Amazing Grace, all day long
Christ Jesus paid the debt
That I could never pay.«

Author unknown

»Er bezahlte eine Schuld, die er nicht schuldete.
Ich schuldete eine Schuld, die ich nicht bezahlen konnte.
Ich brauchte jemanden, der meine Sünden wegwusch,
und jetzt singe ich ein ganz neues Lied:
Wunderbare Gnade, den ganzen Tag lang.
Jesus Christus bezahlte die Schuld,
Die ich nie bezahlen könnte.«

Verfasser unbekannt

Häufig werden über die Rolle Christi im Hinblick auf unsere Erlösung die gleichen Fragen gestellt. Erstens fragen viele Menschen, warum überhaupt ein Preis bezahlt werden mußte: »Wieso konnte Gott die Sünden nicht einfach vergeben und vergessen, wie wir das tun?«

Aber nehmen wir einmal an, Sie hätten ein nagelneues Auto vor Ihrem Haus abgestellt und ein Nachbar hätte es versehentlich mit seinem Wagen gerammt. Sie können ihm zwar verzeihen und ihn von jeglicher Verantwortung befreien, aber ein Problem bleibt bestehen: Wer bezahlt die Reparatur? Da Sie Ihrem Nachbarn keine Rechnung präsentieren wollen, werden Sie jetzt selbst für den Schaden aufkommen müssen.

Mit unserer Sünde ist es ähnlich: Wir haben großen Schaden angerichtet, als wir gegen Gott sündigten. Auch er war dazu bereit, uns zu verzeihen und die Freundschaft zwischen uns und ihm wiederherzustellen. Wir brauchen ihn nur darum zu bitten. Aber den Schaden mußte er noch bezahlen. Er hielt die Rechnung – nämlich die Todesstrafe – in der Hand, und er bezahlte sie, indem er einer von uns wurde und am Kreuz starb (Apg 20,28).

Zwitens wird häufig gefragt, warum ausgerechnet Christus die Strafe bezahlen mußte: »Ist das vielleicht Gerechtigkeit, wenn Jesus als Unschuldiger meine Strafe zugemutet bekommt?« Manche Leute gehen sogar so weit, dies mit dem alten »Prügelknaben-Verfahren« zu vergleichen, einem ungeheuer ungerechten System der ersatzweisen Bestrafung, von dem im Mittelalter Gebrauch gemacht wurde. Wenn der Sprößling einer adligen Familie gegen die Vorschriften verstoßen hatte, wagte es der Lehrer nicht, das Kind selbst zu bestrafen. Statt dessen verprügelte er ein Kind der Dienerschaft vor den Augen des Übeltäters. Dadurch hoffte man, dem Kind genügend Schuldgefühle einzuflößen, um es in Zukunft zum Gehorsam zu motivieren. Dieses Verfahren war natürlich extrem unfair und diente in keiner Weise der Gerechtigkeit.

Worin unterscheidet sich dies von dem, was Christus tat? Die Antwort liegt in seiner Identität: Er ist kein widerwilliger Passant, den Gott zwang, als Prügelknabe unsere Strafe in Empfang zu nehmen. Vielmehr ist er der Gott, gegen den wir uns versündigt haben.

Der Hymnus im Philipperbrief macht deutlich, daß Jesus »Gott gleich« ist, doch daß er dazu bereit war, seine unvorstellbare Position aufzugeben. Er

> » … entäußerte sich und wurde wie ein Sklave und den Menschen gleich. Sein Leben war das eines Menschen; er erniedrigte sich und war gehorsam bis zum Tod, bis zum Tod am Kreuz« (Phil 2,7f).

Und er sagt zu uns: »Ich liebe dich, ich habe bereitwillig die Strafe auf mich genommen, die du verdient hattest, und ich möchte dir verzeihen. Willst du mir vertrauen und mir nachfolgen?«

Sie als Gesprächspartner

Jetzt sind Sie gefragt. Es ist nun Ihre Entscheidung, wie das Gespräch weitergeht. Jesus hat den Preis für die Erlösung der ganzen Welt bezahlt, doch nur diejenigen, die ja zu seinem Angebot sagen, werden seine Vergebung geschenkt bekommen.

Es ist mir unbegreiflich, wie die Tatsache, daß jeder ganz persönlich Christus und sein Erlösungsgeschenk annehmen muß, zwar in aller Deutlichkeit von der Bibel betont, doch in vielen Gemeinden unserer Zeit restlos übersehen wird. Viele Menschen gehen von der Annahme aus, daß man nur in die Kirche gehen oder in eine gläubige Familie hineingeboren oder ein anständiges, frommes Leben führen müsse, um von Gott akzeptiert zu werden. Doch das ist nicht wahr. Wer glaubt, durch eigene Bemühungen in die Familie Gottes hineinzukommen, wird letzten Endes den größten Alptraum der Welt erleben. Hören Sie sich die Warnung an, die Jesus selbst gegeben hat (Mt 7,21-23): »Nicht jeder, der zu mir sagt: Herr! Herr!, wird in das Himmelreich kommen, sondern nur, wer den Willen meines Vaters im Himmel erfüllt. Viele werden an jenem Tag zu mir sagen: Herr, Herr, sind wir nicht in deinem Namen als Propheten aufgetreten, und haben wir nicht mit deinem Namen Dämonen ausgetrieben und mit deinem Namen viele Wunder vollbracht? Dann werde ich ihnen antworten: Ich kenne euch nicht. Weg von mir, ihr Übertreter des Gesetzes!«

Deshalb müssen wir um derer willen, die mit dem Evangelium erreicht werden sollen, die dringende Notwendigkeit einer persönlichen Entscheidung glasklar herausstellen. Jeder von uns muß die Vergebung und Führung Christi einzeln und persönlich annehmen. Und wenn wir dies tun, dann wissen wir aus der Bibel, daß der Heilige Geist unverzüglich in uns wohnen und uns von innen heraus verändern wird.

Wir können diese Entscheidung nicht für jemand anders treffen, und wir sollten den anderen nicht unter Druck setzen, sie voreilig zu treffen. Doch wir müssen ihm in aller Deutlichkeit sagen, daß es keine andere Möglichkeit gibt. Wir müssen auch bereit sein, ihm dabei zu helfen, den Schritt zum Glauben zu tun, ein Thema, über das wir in Kapitel 13 reden werden.

Ich hoffe, dieser Überblick über die vier Faktoren – Gott, wir selbst, Christus und Sie – hat Ihnen dabei geholfen, die Grundzüge des Evangeliums im Herzen zu haben. Als nächstes wollen wir uns mit dem zweiten inhaltlichen Punkt dieses Kapitels befassen, d. h. Ihnen ein paar praktische Hilfen zum Vermitteln dieser Botschaft in die Hand geben.

Illustrationen zur Verdeutlichung der Botschaft

Die folgenden Illustrationen stellen die vier Faktoren des Evangeliums in Begriffen und Bildern dar, die Ihrem Zuhörer eine Verständnis- und Erinnerungshilfe sein werden. Ich biete Ihnen hier mehrere verschiedene Illustrationen an, damit Sie eine Auswahl haben, je nach den jeweiligen Gegebenheiten und der Person, der Sie das Evangelium vermitteln wollen. Beachten Sie besonders diejenigen, die Ihrer Meinung nach für die Menschen auf Ihrer Ansprechliste geeignet sind.

»Tu« gegen »Getan«

Mir ist keine einfachere, treffendere Illustration bekannt, mit der man anderen von Christus erzählen kann. Sie klärt genau den Punkt, über den bei so vielen Menschen Unklarheit besteht, nämlich die Frage, welche Rolle unsere eigenen Bemühungen im Erlangen der Erlösung Gottes spielen.

Da diese Illustration verbaler Art ist und keinerlei Hilfsmittel erfordert, eignet sie sich gut für alltägliche Gespräche, sogar per Telefon.

Sie ist wie geschaffen für Situationen, in denen Sie sich präzise und kurz fassen müssen – zum Beispiel, wenn Sie auf einer Leiter auf halber Höhe zwischen einem Segelboot und einem Beiboot stehen und zu einer Handvoll leicht angetrunkener Segler hochsehen! Genau das habe ich in dieser Situation damals versucht.

»Wißt ihr, zuerst müßt ihr euch den Unterschied zwischen Religion und Christsein klarmachen«, fing ich an. »Religion bedeutet ›TU‹, weil sie aus lauter Dingen besteht, die man tun muß, um sich irgendwie Gottes Vergebung und Gnade zu erarbeiten.

Der Haken an der Sache ist aber der, daß man nie genau weiß, wann man genug getan hat. Das ist wie bei einem Firmenvertreter, der eine be-

178

stimmte Warenmenge absetzen muß, aber keine Ahnung hat, wie groß diese Warenmenge ist. Man weiß halt nie, wann man genug getan hat. Aber die Sache ist noch schlimmer: In der Bibel, in Römer 3,23, steht, daß wir nie genug tun können. Wir werden Gottes Anspruch nie im Leben erfüllen.

Aber glücklicherweise«, fuhr ich fort, »bedeutet Christsein ›GETAN‹, das heißt, Christus hat das, was wir niemals selbst schaffen könnten, schon für uns getan. Er lebte das vollkommene Leben, das wir nie führen könnten, und er starb aus freien Stücken am Kreuz, um die Strafe für unsere Vergehen abzugelten.

Ein echter Christ zu werden heißt, in aller Demut Gottes Geschenk der Vergebung anzunehmen und seinem Willen zu folgen. Wenn wir das tun, adoptiert er uns in seine Familie hinein und fängt an, uns von innen heraus zu verändern.«

Ich war froh, eine so kompakte Illustration wie die »Tu/Getan-Illustration« zu haben. Ich möchte Ihnen nahelegen, sie sich ebenfalls anzueignen. Sie läßt sich leicht lernen, doch sie verdeutlicht die zentralen Aussagen des christlichen Glaubens auf außerordentlich effektive Weise, besonders denjenigen, die meinen, durch eine anständige Lebensführung in den Himmel gelangen zu können.

Die Brücke[*]

Dies ist vermutlich die verbreitetste Illustration des Evangeliums, die es gibt, · und zwar aus gutem Grund. Mit graphischen Mitteln veranschaulicht sie das Dilemma des einzelnen und Gottes rettendes Eingreifen.

Viele Traktate und Hefte benutzen diese Illustration. Vielleicht werden Sie eines davon zur Erläuterung des Evangeliums hilfreich finden, obwohl ich es vorziehe, die Illustration persönlicher zu gestalten, indem ich sie auf ein Stück Papier zeichne. Auch wenn Sie eine gedruckte Version benutzen könnten, würde ich Ihnen vorschlagen, sie zeichnen zu lernen, damit sie Ihnen jederzeit zur Verfügung steht. Denken Sie daran, daß manche Leute argwöhnisch werden, wenn Sie wie vorgeplant ein Heft aus der Tasche ziehen.

[*] Quelle: *The Bridge*, © 1981 The Navigators. Mit Genehmigung der NavPress. Alle Rechte vorbehalten.

Nachdem Sie ein Gespräch über geistliche Themen in Gang gebracht haben, können Sie Ihrem Gegenüber sagen, daß Sie eine Skizze gesehen haben, die für Sie die zentralen Aussagen der Bibel veranschaulicht; anschließend fragen Sie Ihren Gesprächspartner, ob er sie auch sehen möchte. Sie werden wie ich die Feststellung machen, daß viele Menschen ein aufrichtiges Interesse zeigen.

Meistens fange ich so an: »Wir sind Gott wichtig. Er hat uns erschaffen, und er möchte eine echte Beziehung mit uns haben.« Auf die eine Seite der Serviette, des Papiersets oder was sich sonst gerade anbietet, schreibe ich »wir« und auf die andere »Gott«:

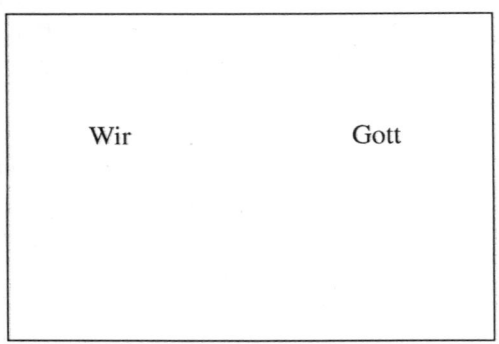

Dann erläutere ich das Problem: »Wir haben uns gegen Gott aufgelehnt. Wir haben uns sowohl aktiven als auch passiven Ungehorsam zuschulden kommen lassen. Unsere Sünden haben uns von ihm getrennt und unsere Freundschaft mit ihm zerstört.« Ich zeichne Linien um die beiden Worte, die einen großen Abgrund zwischen uns und Gott aufklaffen lassen:

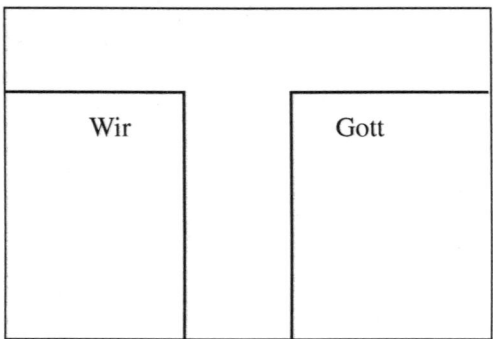

»Die meisten Menschen sind sich mehr oder weniger ihrer Entfernung zu Gott bewußt«, fahre ich dann fort. »Bei mir war das der Fall, und bei Ihnen ist es das vielleicht auch. Deshalb fangen wir an, alles mögliche zu unternehmen, um zu versuchen, wieder in seine Nähe zu gelangen, beispielsweise durch Hilfsbereitschaft, Ehrlichkeit dem Finanzamt gegenüber, Gottesdienstbesuche und Geldspenden an wohltätige Organisationen. Gegen solche Dinge ist überhaupt nichts einzuwenden, aber die Bibel sagt in aller Klarheit, daß wir uns damit keineswegs Gottes Vergebung erarbeiten oder die Freundschaft mit ihm wiederherstellen können.«

Dann zeichne ich ein paar Pfeile über das »Wir-Kliff« nach unten. Sie symbolisieren unsere erfolglosen Bemühungen, aus eigener Kraft zu Gott zu gelangen. Manchmal schreibe ich »Römer 3,23« über die Pfeile, um meinem Gesprächspartner die biblische Quelle für das, was ich hier sage, zu nennen.

»Die Sünden, die wir auf dem Kerbholz haben«, erkläre ich weiter, »müssen bestraft werden, und die Strafe ist der Tod, sowohl der körperliche Tod als auch das ewige Getrenntsein von Gott in einem Ort namens Hölle.« Jetzt schreibe ich das Wort »Tod« und manchmal auch die Angabe »Römer 6,23« unten in den Abgrund:

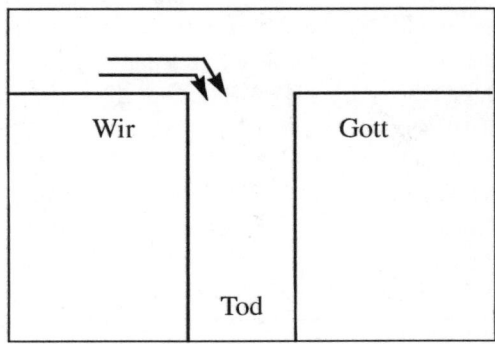

An dieser Stelle betone ich, daß die Lage ziemlich verfahren aussieht. Es ist wichtig, darauf hinzuweisen, auf welch verlorenem Posten wir ohne Christus stehen. Unsere Gesprächspartner müssen sich klarmachen, wie verloren sie sind, erst dann kann in ihnen die Sehnsucht wachsen, von Gott gefunden zu werden.

Aber lassen Sie Ihren Gesprächspartner nicht allzu lange zappeln. »Das Gute an der Sache ist, wie ich schon zu Anfang gesagt habe, daß wir Gott wichtig sind. Er liebt uns sogar so sehr, daß er etwas für uns tat, was wir nie selbst schaffen könnten. Er baute eine Brücke, über die wir seine Vergebung finden und unsere Freundschaft mit ihm wiederherstellen können. Er baute sie, indem er als einer von uns auf die Welt kam und am Kreuz starb, um unsere Strafe an unserer Statt abzugelten. Die Brücke sieht so aus«:

Dann zeichne ich ein Kreuz, dessen Querbalken über den Abgrund hinwegführt, und manchmal schreibe ich »1 Petrus 3,18« neben das Kreuz. Das Wort »Tod« streiche ich durch:

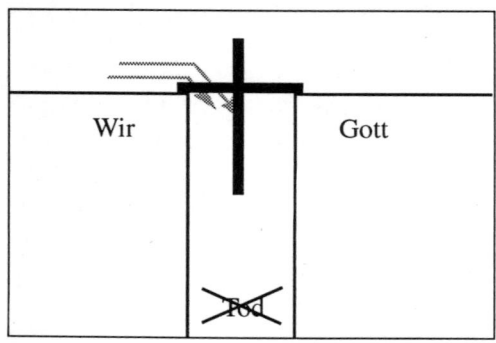

»Das«, sage ich dann, »ist ein Bild dafür, was die Bibel in erster Linie aussagen will. Gott will, daß wir es begreifen. Aber es reicht nicht aus, es zur Kenntnis zu nehmen oder sogar damit einverstanden zu sein. Wir müssen handeln. Gott möchte, daß wir über die Brücke auf die andere Seite gehen.

Dies tun wir, indem wir Gott voller Demut sagen, daß wir uns gegen ihn aufgelehnt haben und daß wir seine Vergebung und Herrschaft brauchen. Dieser schlichte Akt des Vertrauens und des Gehorsams führt dazu, daß unsere Sünden vergeben und unsere Schulden beglichen werden. Unsere Beziehung zu Gott steht jetzt auf festem Boden, weil wir unverzüglich als sein Sohn oder seine Tochter in seine Familie hinein adoptiert werden.«

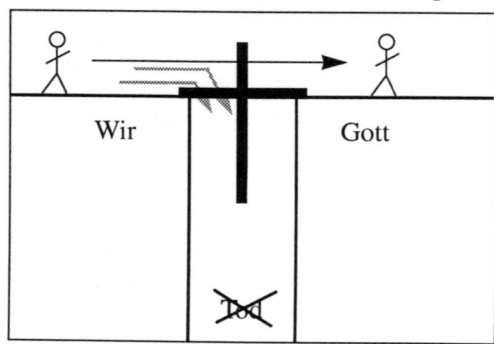

Während ich das erkläre, zeichne ich ein Strichmännchen auf die »Wir«-Seite des Abgrunds, einen Pfeil über die Brücke hinweg und eine zweite Strichfigur auf die »Gott«-Seite, wobei ich manchmal »Johannes 1,12« dazuschreibe.

Dann frage ich meinen Bekannten, ob ihm die Illustration einleuchtend erscheint oder ob er noch Fragen dazu hat. Schließlich frage ich ihn, wo er sich selbst auf dieser Zeichnung sieht, und wenn er dafür offen zu sein scheint, frage ich ihn, ob er gern über die Brücke gehen möchte, indem er Christus als seinen Erlöser, Herrn und Freund annimmt.

Lassen Sie mich hier in Klammern dazusetzen, daß die meisten Menschen an diesem Punkt in der Darstellung des Evangeliums mit einem aus tiefster Seele kommenden »Hmmmmm … Das muß ich mir erst mal in Ruhe durch den Kopf gehen lassen« reagieren. Das ist völlig in Ordnung. Die meisten Suchenden brauchen Zeit, um über das Evangelium nachzudenken, die Bedeutung für sich persönlich abzuschätzen und die Kosten zu kalkulieren, genau wie Jesus es beschrieben hat (Lk 14,28-33).

Manchmal bewirkt Gott ein Wunder und macht schlagartig aus einem Saulus einen Paulus, doch das ist eher die Ausnahme, nicht die Regel. Manchmal hat er die betreffende Person schon durch Gespräche mit einem anderen vorbereitet. Doch im allgemeinen ist es so, daß der Betreffende Zeit braucht, um alles in Ruhe zu überdenken.

Diese Freiheit müssen wir ihm zugestehen. Wenn wir ihn drängen oder unter Zeitdruck setzen, wird er einen Rückzieher machen. Doch wenn wir ihm die Gelegenheit einräumen, sein Tempo selbst zu bestimmen, wird Gott ihn letztendlich an den Punkt bringen, wo er über die Brücke geht und sich Christus anvertraut.

Die »Römerstraße«

Dies ist eine der effektivsten Darstellungen für Leute, die die Botschaft zwar gehört haben, aber sie schwarz auf weiß sehen müssen, direkt auf den Seiten der Bibel. Sie beruht auf drei Versen aus dem Brief an die Römer. Ich möchte Ihnen nahelegen, sie in Ihrer Bibel zu unterstreichen, damit Sie sie leicht finden und anderen zeigen können.

Der erste Vers, den Sie Ihrem Bekannten zeigen, ist Römer 3,23: »Alle haben gesündigt und die Herrlichkeit Gottes verloren.« Dazu erkläre ich: »Dieser Vers besagt, daß wir alle gegen Gott gesündigt haben. Damit sind nicht nur große Sünden wie Vergewaltigung und Mord gemeint, sondern auch Sachen wie moralische Fehltritte, Lügen, Grausamkeit, Rücksichtslosigkeit, Wutausbrüche, Betrug und Egoismus. Ich gebe offen zu, daß ich einige davon auf dem Kerbholz habe. Sie nicht auch?« Die meisten Leute geben bereitwillig zu, daß es ihnen in der Hinsicht genauso geht.

Dann schlage ich den zweiten Vers auf, nämlich Römer 6,23, und lasse meinen Gesprächsparter lesen:»Denn der Lohn der Sünde ist der Tod, die Gabe Gottes aber ist das ewige Leben in Christus Jesus, unserem Herrn.« Ich erkläre:»Dieser Vers besagt, daß alle diese mehr oder weniger schwerwiegenden Fehltritte und Unterlassungen, die Sie und ich gerade zugegeben haben, eine Bestrafung nach sich ziehen. Diese Bestrafung ist der Tod.«

Doch dann gehe ich zu der zweiten Hälfte des Verses über und sage:»Hier ist die Rede von einem Geschenk. Gott hat uns das Geschenk des ewigen Lebens angeboten. Wir können Gottes Vergebung und seine Begnadigung vom Tod, den wir durch unsere Sünden verdient hätten, geschenkt bekommen. Die Strafe ist schon abgegolten, und zwar durch den Tod, den Jesus am Kreuz starb. Und wie jedes Geschenk können wir es uns nicht verdienen, sondern wir können es nur annehmen. Wie man das macht, erfahren wir in dem dritten Vers hier.« Ich lasse meinen Bekannten Römer 10,13 lesen, wo steht:»Denn jeder, der den Namen des Herrn anruft, wird gerettet werden.«

»Sehen Sie, wie einfach es ist, Gottes Geschenk zu bekommen? Wir brauchen nur zu begreifen, daß wir gesündigt und die Todesstrafe verdient haben, und dann müssen wir Gott in aller Demut um seine Vergebung und das neue Leben bitten, das er uns anbietet. Das habe ich vor einigen Jahren getan, und ich kann Ihnen nur empfehlen, es auch zu tun.«

Das Beispiel aus der Welt des Sports

Diese Illustration eignet sich gut für Sportfans, denen begreiflich gemacht werden muß, daß sie sich die Errettung nie durch eine moralische Lebensführung verdienen können.

Ich erzähle von einer neuen Ehrung für die allerbesten Baseballstars. Ich nenne sie die *All-Universe Hall of Fame* (etwa:»Ruhmeshalle des ganzen Universums«). Das Prestige und die Vorteile, die mit dieser Ehrung einhergehen, sind unvorstellbar. Um sich dafür zu qualifizieren, muß man drei Anforderungen erfüllen, und diese sind klar und unmißverständlich festgelegt.

Erstens muß der Kandidat mindestens fünf Jahre lang ohne Unterbrechung gespielt haben. Zweitens muß er in dieser Zeit absolut fehlerfrei gespielt haben. Ja, Sie haben richtig gehört: Keinen einzigen Fehler darf er sich leisten, auch nicht einen. Und drittens muß der Kandidat 100 % schlagen. Das heißt, daß er jeden Ball perfekt treffen muß, absolut jeden. Wer diese drei Anforderungen erfüllt, kommt automatisch in die *All-Universe Hall of Fame!*

Einfach? Ja, und offensichtlich auch vollkommen unmöglich. Genau das sagt die Bibel auch über den Versuch, einen Platz im Himmel durch gutes Verhalten zu verdienen. Römer 3,23 stellt eindeutig fest, daß wir den hohen Standard Gottes nie erreichen können, egal, wieviel Mühe wir uns geben. In Jakobus 2,10 steht sogar: »Wer das ganze Gesetz hält und nur gegen ein einziges Gebot verstößt, der hat sich gegen alle verfehlt.«

Glücklicherweise hat Gott das, was wir nie und nimmer selbst schaffen könnten, schon für uns getan. Jesus kam auf die Erde und spielte, um in der Analogie zu bleiben, hundertprozentig fehlerfrei und traf sämtliche Bälle. Wie ein Ersatzspieler, der für uns einspringt, lebte er ein perfektes Leben für uns und starb dann, um die Strafe für unsere Sünden abzugelten. Wir brauchen ihn und sein Geschenk nur noch anzunehmen.

Das Flugzeug

Diese Illustration eignet sich gut dazu, halbherzigen Suchenden und Proforma-Gottesdienstbesuchern klarzumachen, daß es nicht ausreicht, nur an Gott zu glauben oder nur regelmäßig den Gottesdienst zu besuchen.

Das ist so, als hätte man Luftfahrt studiert und verbrächte jetzt jede freie Minute auf Flughäfen. Man macht sich über die Gesetze der Aerodynamik sachkundig, weiß, welche Fluggesellschaft sicherheitstechnisch den besten Ruf hat, sucht sich das beste Flugzeug aus, bucht ein Ticket, fährt zum Flughafen, geht zum Flugsteig und überzeugt sich davon, daß die Fluglizenz der Piloten gültig ist. Doch all dies nützt einem nichts, wenn man nicht an Bord geht.

Durch theoretisches Wissen allein kommt man nicht von Punkt A zu Punkt B. Man muß schon auf der Basis dessen, was man weiß, zur Tat schreiten. Man muß an Bord des Flugzeugs gehen und darauf vertrauen, daß es einen dorthin bringt, wohin man fliegen möchte.

Mit dem Christsein ist es ähnlich. Es reicht nicht aus, sich theoretisch damit auszukennen. Man kann so lange Theologie studieren, bis man zu den

Experten zählt, man kann in die Kirche gehen, man kann sich sogar in einer Gemeinde engagieren, ohne eine Beziehung zu Jesus zu haben. Letzten Endes muß man schon einen Glaubensschritt wagen und »an Bord gehen«, indem man die Vergebung, die er am Kreuz für uns erworben hat, annimmt und ihm sein Leben und seine Zukunft anvertraut. So wird man ein echter Christ.

Ihre eigene Geschichte

Eine letzte Darstellungsmethode bleibt noch zu erwähnen, und hier habe ich das Beste für den Schluß aufgehoben. Es ist Ihre persönliche Geschichte darüber, wie Gott Ihr Leben verändert hat; es muß hier nicht mehr eigens betont werden, daß jeder eine persönliche Geschichte zu erzählen hat.

> *Die Erlebnisse eines anderen hört man sich gern an. Eine kompakte und gut durchdachte Beschreibung Ihres eigenen Wegs zum Glauben kann ungeheuer effektiv sein. Gegen sie läßt sich kaum ein Argument ins Feld führen.*

Wenn Sie die ansteckenden Charaktermerkmale aufweisen, von denen in Teil 2 die Rede war, dann wird Ihr Gesprächsparter wissen wollen, was dahintersteckt.

Ihre Geschichte können Sie beispielsweise folgendermaßen erzählen: Angenommen, Sie haben eine Arbeitskollegin namens Barbara, mit der Sie sich gut verstehen. Sie beten regelmäßig für sie.

Eines Tages stellen Sie fest, daß Barbara sich für eine Christin hält, doch das Leben, das sie führt, läßt Zweifel daran aufkommen, wie ernst sie das Christsein nimmt. Eines Tages beim gemeinsamen Mittagessen spüren Sie das Drängen des Heiligen Geistes, und Sie sagen etwas Ähnliches wie: »Weißt du, Barbara, ich habe mich lange für einen Christen gehalten, weil ich mit dem christlichen Glauben großgeworden bin. Als Kind wurde ich getauft und dann später konfirmiert. Ich bin regelmäßig in die Gemeinde gegangen, habe mich an der Kollekte beteiligt und mich hier und da engagiert. Obendrein habe ich versucht, ein anständiges Leben zu führen.

Aber dann habe ich entdeckt, daß das alles keinen Christen aus mir machen konnte. Das ist wie bei den Olympischen Spielen. Man kann zwar hinfahren, aber ein Athlet wird man dadurch noch lange nicht. Vor ein paar Jahren habe ich aber erfahren, was ein echter Christ ist, und ich bin einer geworden. Wenn du mehr darüber wissen möchtest, erkläre ich es dir gern, weil das die wichtigste Entscheidung meines Lebens war.«

Dieses Beispiel würde nur ein paar Minuten in Anspruch nehmen. Es ist einfach und persönlich, ohne aufdringlich oder anklagend zu wirken. Nun ist Barbara am Zuge. Wenn sie ihr Interesse bekundet, können Sie fortfahren, indem Sie ihr mehr über Ihre persönliche Erfahrungen berichten und ein paar der anderen Illustrationen einbringen, die ich beschrieben habe. Tut sie dies nicht, so ist das auch völlig in Ordnung. Vielleicht wird sie sich zu einem späteren Zeitpunkt aufgeschlossener zeigen. Wenigstens haben Sie nun die Grundlage für spätere Gespräche geschaffen.

Der persönliche Bericht ist ein Instrument, dessen sich der Apostel Paulus an drei verschiedenen Stellen in der Apostelgeschichte bediente. Ich habe es selbst oft benutzt, und ich möchte auch Ihnen nahelegen, sich zu überlegen, wie Sie Ihre Geschichte am besten weitererzählen können. Schreiben Sie sie auf und üben Sie das Erzählen. Dabei geht es keineswegs darum, sie auswendig zu lernen und wortwörtlich wiederzugeben, sondern Sie sollen sich mit dem Konzept dessen, was Sie vermitteln wollen, vertraut machen. Achten Sie darauf, daß Ihr Bericht weder ellenlang noch kompliziert wird. Stellen Sie einfach nur die Hauptaspekte des Wirkens Gottes in Ihrem Leben dar, und zwar auf eine Weise, die Ihren Freunden etwas sagen kann.

Und dann erzählen Sie Ihre Geschichte – und staunen Sie darüber, wie Gott sie für seine Ziele einsetzt.

Ein paar Tips zur Kommunikation

Zum Abschluß dieses Kapitels möchte ich Ihnen ein paar allgemeine Tips geben, wie Sie Ihre Darstellung effektiver machen können, ganz gleich, für welche Form Sie sich entscheiden.

Halten Sie keine Rede!

Ihr Gesprächspartner wünscht sich einen Dialog, keinen Monolog. Manchmal, wenn wir die Gelegenheit dazu haben, über unseren Glauben zu sprechen, lassen wir uns vor lauter Begeisterung dazu hinreißen, dem anderen in einem wahren Wortschwall alles zu sagen, was er unserer Meinung nach wissen sollte. Aber jetzt, wo Sie sich dieser Gefahr bewußt sind, können Sie ihr gezielt vorbeugen.

Die beste Methode, nicht in den Vortragsstil zu verfallen, besteht darin, zuerst Fragen zu stellen und den Antworten aufmerksam zuzuhören. Wenn Sie dann an der Reihe sind, beobachten Sie Ihren Gesprächspartner, um festzustellen, ob er Ihnen folgt. Macht er einen irritierten Eindruck, fragen Sie ihn, ob ihm das, was Sie sagen, einleuchtet. Hören Sie sich seine Perspektive zu dem Thema an. Dadurch schaffen Sie eine gelöstere Atmosphäre, bekunden Ihrem Gegenüber Respekt, erfahren mehr über die Ansichten Ihres Gesprächspartners und erwerben sich so das Recht, mehr von Ihren zu äußern.

Achten Sie auf eine gute Dosierung!

Eine andere Schwierigkeit, die sich uns möglicherweise stellt, besteht darin, zuviel Informationen auf einmal loswerden zu wollen. Jemand hat einmal gesagt, Christen hätten zwei Probleme beim Vermitteln ihres Glaubens: das Anfangen und das Aufhören! Im vorangehenden Kapitel ging es um das Anfangen eines evangelistischen Gesprächs, und an dieser Stelle möchte ich nun betonen, daß manchmal nichts so angebracht ist wie aufzuhören.

Wenn jemand Interesse an Ihrem Glauben zeigt, bedeutet dies nicht unbedingt, daß er sofort sämtliche Einzelheiten darüber wissen möchte. Zu Anfang wollen die meisten Leute eine Kurzfassung hören.

Im Verlauf der Zeit können Neugier und Interesse an geistlichen Dingen bei unserem Gesprächspartner jedoch zunehmen.

Doch bis das der Fall ist, müssen wir ihnen nur so viel an Informationen geben, wie zum Löschen ihres Wissensdurstes erforderlich ist – egal, ob dies nun eine Minute oder eine Stunde in Anspruch nimmt –, und dann Zurückhaltung üben. Dadurch geben Sie Ihrem Gesprächspartner zu verstehen, daß er problemlos mit Ihnen ein geistliches Gespräch anfangen und aufhören kann und daß Sie ihm jederzeit für weitere Fragen zur Verfügung stehen.

Nur Mut!

Nachdem Sie sich nun vorbereitet und um Gelegenheiten gebetet haben, wird der Moment kommen. Und ich wage eine Voraussage: Wahrscheinlich werden Sie sich einem solchen »Moment« nicht hundertprozentig gewachsen fühlen. Mir ergeht es meistens so.

Deshalb stützen Sie sich jetzt auf die Kraft und Weisheit, die der Heilige Geist Ihnen schenkt.

> *Das Herz voller Liebe, holen Sie tief Luft, sehen Ihrem Gegenüber ins Gesicht, sagen Sie klar und deutlich, was Sie zu sagen haben und lassen Sie sich von dem überraschen, was Gott nun durch Ihr Zeugnis bewirkt.*

Ich bin davon überzeugt, man wird Ihnen hoch anrechnen, daß Sie nicht um den heißen Brei herumreden. Ihre Mitmenschen suchen etwas, das einen Sinn ergibt, und sie wollen es von jemandem hören, der wirklich von dem überzeugt ist, was er sagt.

Dieser Jemand können *Sie* sein.

»Wie sollen sie nun den anrufen, an den sie nicht glauben? Wie sollen sie an den glauben, von dem sie nichts gehört haben? Wie sollen sie hören, wenn niemand verkündigt?« (Röm 10,14).

Kapitel 12

Wie man Glaubenshindernisse durchbricht

K ommt, hört auf damit! Für wen haltet ihr mich eigentlich – einen Idioten? Ich müßte schon meinen Finger in die Wunden an seinen Händen und Füßen und meine Hand in seine Seite legen können, wenn ich glauben soll, daß er von den Toten auferstanden ist.

Ihr könnt meinetwegen über die Auferstehung phantasieren, solange ihr wollt«, fuhr Thomas fort, »aber ich für meinen Teil habe das Gefühl, die letzten drei Jahre meines Lebens total vergeudet zu haben. Ich verschwende jetzt keinen einzigen Tag mehr mit Jesus und allem, was mit ihm zusammenhängt. Kapiert ihr es denn nicht? Der Ofen ist aus!«

Die Jünger kauerten in einem Zimmer und versuchten, die Ereignisse der letzten Tage zu begreifen. Ein paar Tage nach diesem ärgerlichen Ausbruch des Thomas tauchte Jesus plötzlich mitten unter ihnen auf. Offensichtlich war er nicht nur gekommen, um Gemeinschaft mit ein paar Christen zu pflegen. Er sah sich fragend in dem Zimmer um, als suche er eine bestimmte Person. Dann begegneten sich ihre Blicke. Jesus und Thomas.

Wenn ich meiner Phantasie freien Lauf lasse, denke ich an die alten Westernfilme, in denen sich in einem Saloon zwei Cowboys in die Quere kommen. Während sie einander anstarren, ducken sich alle an ihren Tischen, weil sie nicht wissen, wie sich die ganze Sache entwickelt.

So male ich mir aus, und das ist zugegebenermaßen eine etwas ungewöhnliche Sichtweise, wie Jesus und Thomas einander anschauten. Und ich stelle mir vor, wie die übrigen Jünger, denen die Frustrede des Thomas noch in den Ohren klang, mit angehaltenem Atem zurückwichen. Vielleicht dachten sie: Ob er es jetzt kapiert? Wahrscheinlich wird er gleich sehr bereuen, daß er den Mund so weit aufgemacht hat!

Sie rechneten mit allem möglichen und hielten den Atem an, als Jesus direkt auf Thomas zuging. In dem Raum herrschte Totenstille. Und dann hörten sie Jesus drei Worte sagen: »Faß mich an.«

191

Nicht etwa: »Verschwinde von hier!« oder: »Tu Buße, du Zweifler!« oder: »Weg von mir!« Nicht einmal: »Komm zur Vernunft!« Nichts dergleichen. Einfach nur: »Faß mich an.«

Diese Worte sprachen Bände über den Charakter Jesu. Thomas und die übrigen Jünger lernten an diesem Tag ungeheuer viel über Jesus. Und die Lektion, die sie lernten, brauchen auch viele unserer Freunde heute.

Gott und der Zweifler

> *Wir müssen unseren Mitmenschen begreiflich machen, daß Gott weder wütend noch ängstlich auf den Zweifel jener reagiert, die die Wahrheit über ihn erfahren wollen. Statt dessen lädt er sogar alle, die Fragen haben, herzlich dazu ein, zu kommen, zu suchen und zu fragen, weil er Licht in ihre Unklarheit bringen möchte.*

Es gehört zu unserem Auftrag, ihnen zu zeigen, wie drastisch Jesus sich von den religiösen Irrlehrern unserer Welt unterscheidet, die blinden Gehorsam von ihren Anhängern verlangen und jeden disqualifizieren, der es wagt, Zweifel zu äußern. Diese selbsternannten Gurus versuchen, ahnungslose Menschen durch Manipulation und Einschüchterungstaktiken dazu zu bringen, sich ihrer Sekte anzuschließen.

Jesus bezieht unsere natürliche Neigung zur Skepsis mit ein. Mit entwaffnender Liebe fordert er uns auf: »Faß mich an. Tu alles, was dazu notwendig ist, um zu begreifen, daß ich echt bin.«

Dies ist eine ungeheuer hilfreiche Erkenntnis für die Freunde und Bekannten, denen Sie das Evangelium vermitteln wollen. Wenn sie anfangen, daran zu denken, eine Entscheidung für Christus zu treffen, wird eine gewisse Unsicherheit immer wieder wie eine Welle über sie kommen.

Darauf sollten wir gefaßt sein, und wenn es dann eintritt, sollten wir uns an dem Vorbild Jesu orientieren. Wir dürfen unseren Gesprächspartner nicht in seiner Verwirrung durch Vorwürfe oder Drängen unter Druck setzen. Statt dessen sollten wir gemeinsam mit ihm seine Zweifel durchgehen, uns in seine Gedanken und Gefühle hineinversetzen und Antworten anbieten, wo dies angebracht erscheint.

All das gehört zu der letzten Komponente unserer linken Gleichungsseite, nämlich zur klaren Kommunikation, und diese fängt mit Gesprächen über geistliche Themen an. Mit der Zeit öffnen sich diese Dialoge für Gelegenheiten, das Evangelium zu erklären und mit Illustrationen zu veranschaulichen. Doch in der Zeit zwischen dem ersten Begreifen der Botschaft und der verbindlichen Entscheidung für Christus brauchen unsere Freunde die Vergewisserung, daß das Christsein auf Wahrheit beruht, und sie brauchen eine klare Vorstellung davon, was das für sie bedeutet.

Lassen Sie sich deshalb nicht entmutigen, wenn Ihre suchenden Freunde auf diesem Stück der Wegstrecke Zweifel zum Ausdruck bringen. Dies ist sogar als positives Zeichen zu werten. Es zeigt nämlich, daß sie ein echtes Interesse an der Wahrheit haben, die sie so sorgfältig unter die Lupe nehmen.

Barrieren auf dem Weg zum Glauben

Sehen wir uns einige der Barrieren an, die unsere Mitmenschen daran hindern, gläubig zu werden: Falsche Vorstellungen, intellektuelle Sperren und mangelnde Bereitschaft zu einer anderen Lebensführung. Richten Sie Ihr Augenmerk besonders auf diejenigen Punkte, die Ihrer Meinung nach zu den Leuten auf Ihrer Ansprechliste passen.

Falsche Vorstellungen

»Wenn man sich dazu entscheidet, Jesus Christus nachzufolgen, dann kann man seine Freiheit, seine Individualität, seine Abenteuerlust und sämtliche Hoffnung auf ein erfülltes Leben in den Wind schreiben. Wer sich für das Christentum entscheidet, der tritt einem Club von gehirnamputierten Verlierern im Einheitslook bei, die nichts Besseres mit ihrem Leben anzufangen wissen.

Nein, das ist nichts für einen wie mich. Ich habe Grips, Talent und viele Möglichkeiten. Ich will was von der Welt sehen, ich will mich verwirklichen, ich habe mir hohe Ziele gesteckt. Komm mir bloß nicht mit diesem Gerede vom Nachfolgen und vom Gläubig-werden. Schließlich habe ich nur dieses eine Leben!«

Ich habe das Gefühl, nicht der einzige zu sein, dem eine solche Haltung schon einmal begegnet ist. Bestimmt kennen Sie solche Meinungen in dieser oder jener Form auch. Bei einigen unserer ungläubigen Freunde kann man sie sich sogar als innere »Endloskassette« anhören.

Paradoxerweise ist diese Einstellung das genaue Gegenteil des Lebens als Christ und der Liebe Gottes völlig entgegengesetzt. Solange Menschen an verzerrten Vorstellungen über Gott festhalten, werden sie wenig motiviert sein, ihn zu suchen. Das liegt daran, daß unser künstlich fabriziertes Bild von Gott niemals an das herankommen kann, wie er in Wirklichkeit ist.

Woher kommen diese falschen Vorstellungen, und wie können wir ihnen entgegenwirken? Ich sehe mehrere Quellen: schlechte Vorbilder, unsachgemäße Darstellungen und die Angst vor dem Ungewissen. Damit wollen wir uns jetzt beschäftigen und einige Vorschläge nennen, wie wir ihnen begegnen können.

Schlechte Vorbilder

Fast jeder hat schon einmal mit naiven, engstirnigen und pessimistischen Leuten zu tun gehabt, die – im Namen Gottes, der Bibel oder der Kirche – alles verurteilen, was ihnen unsympathisch ist. Sie werfen mit Bibelversen um sich und geben Zwei-Pfennig-Antworten auf Millionen-Mark-Fragen. Sie zählen voller Stolz all die schlechten Dinge auf, die sie nie tun würden.

Viele Suchende reagieren darauf mit Sarkasmus: »Wenn ich allen Ernstes Christ werde, muß ich mir dann mein Gehirn amputieren lassen? Muß ich Scheuklappen tragen, höchste Naivität an den Tag legen und die Augen vor der Realität des Lebens verschließen? Wow! Wo ist die Mitgliederliste? Ich kann es kaum erwarten, mich einzutragen!«

Was können Sie tun, um dieses Hindernis aus dem Weg zu räumen? Machen Sie Ihren Freunden als erstes deutlich, daß Sie ihr Zögern verstehen. Versuchen Sie, einige dieser Bedenken in Worte zu fassen, wie ich es gerade getan habe. Erzählen Sie ihnen von den Befürchtungen über das Christwerden, die Sie selbst einmal hatten. Es ist entwaffnend, wenn Ihre Freunde von Ihnen die Bedenken hören, die ihnen selbst zu schaffen machen, besonders solche, von denen sie nie Verständnis Ihrerseits erwartet hätten. Dadurch bekunden Sie, daß Sie auf derselben Wellenlänge wie Ihre Freunde sind und daß Sie sich darüber im klaren sind, daß einige Christen mit ihren Ansichten und ihrem Verhalten vollkommen falsch liegen. Damit können Sie gleichzeitig das Leben als Christ zutreffender darstellen.

Zweitens rate ich Ihnen, ein Leben zu führen, das die stereotypen Vorstellungen Ihrer Freunde sprengt und ihnen ein völlig neues Bild des Christseins

vermittelt. Obwohl Sie mit Ihren Worten vieles an Vorurteilen abbauen können, werden Sie letzten Endes in erster Linie durch Ihr Verhalten die
Vorstellungen Ihrer Freunde ändern. Ihr Beispiel kann zu der lebendigen
Illustration werden, die die Barriere durchbricht, indem es Ihre Freunde davon überzeugt, daß Christen größeren Wert auf Liebe als auf Gesetzlichkeit
legen, größeren Wert auf Wahrheit als auf Banalitäten und größeren Wert auf
Glauben als auf hektische religiöse Aktivitäten.

Außerdem tun Sie gut daran, diese Freunde mit anderen authentischen
Christen in Kontakt zu bringen. Sie müssen merken, daß Sie kein Ausnahme-
fall sind, sondern einer von vielen Menschen, die ein erfülltes Leben durch
Jesus Christus führen.

Unsachgemäße Darstellungen

Viele Menschen laufen mit unzutreffenden Vorstellungen von Gott herum,
weil sie, ob direkt oder unterschwellig, Unwahrheiten beigebracht bekommen haben.

> *Wenn Gott als hilfloser alter Mann, als Menschenhasser, als desinteres-
> siertes höheres Wesen oder als kosmischer Spielverderber dargestellt wird,
> welcher halbwegs vernünftige Mensch hätte da Lust, ihn näher kennenzu-
> lernen? Verzerrte Gottesbilder machen jegliche Motivation zunichte, auf
> Gott zuzugehen.*

Auch hier müssen wir uns in die Bedenken unserer Freunde hineinversetzen.
Dies können Sie tun, indem Sie Ihre eigenen ehemaligen Bedenken nennen
oder sich auf die Bedenken anderer beziehen und dann erklären, wie solche
Bedenken den geistlichen Fortschritt hemmen können. Jay Kesler hat eine
humorvolle und treffende Art, dies zu formulieren. Er sagt zu seinem Gegenüber: »Erzählen Sie mir von dem Gott, an den Sie nicht glauben. Vielleicht
glaube ich auch nicht an ihn!« Letztendlich ist das einzig effektive Mittel gegen unsachgemäße Darstellungen die Gegendarstellung, bei der Unzutref-
fendes durch Zutreffendes ersetzt wird. Und die beste Methode, mit der sich
dies erreichen läßt, besteht darin, die Aussagen der Bibel zu vermitteln und
unseren Gesprächspartnern nahezulegen, die Bibel selbst zu lesen. Sie werden die überraschende Entdeckung machen, daß Gott ganz anders ist als die
Vorstellungen, die viele Menschen sich fälschlicherweise von ihm machen.

Sie können Ihren Freunden auch ein zutreffenderes Verständnis von Gott vermitteln, indem Sie ihnen Bücher empfehlen, die Gottes Wesen lebendig und der Bibel entsprechend darlegen.

Die Angst vor dem Ungewissen

Wer vor einer lebensverändernden Entscheidung steht, den überkommt verständlicherweise ein Zögern, je näher die Entscheidung rückt. Wenn dies schon beim Kauf eines Hauses oder beim Heiraten der Fall ist, dann gilt es um so mehr bei der Entscheidung, das eigene Leben einem anderen anzuvertrauen – selbst wenn es sich dabei um Gott persönlich handelt. Unsere natürlichen Ängste und Bedenken können das Ziel, dem wir zustreben, verzerren.

Hinter dem verzerrten Bild des Christseins, das sich viele Menschen machen, steckt die unausgesprochene Befürchtung, daß sie bei dieser Entscheidung mehr aufgeben, als sie gewinnen werden. Vor einiger Zeit sprach ich mit einem Mann, dem genau dieses Problem zu schaffen machte. Zu guter Letzt sagte er frustriert: »Ich begreife, um was es geht, und das Ganze klingt durchaus einleuchtend. Aber bevor ich Nägel mit Köpfen mache, müssen Sie mir eins verraten: Was hat Gott mit mir vor, nachdem ich diesen Schritt tue? Ich weiß zwar, was er nach dem Tod für mich bereithält, aber was hat er davor mit mir vor?«

Ich konnte ihm anmerken, daß er sich regelrecht in seine Ängste hineingesteigert hatte, und ich beschloß, ihm mit drastischen Mitteln klarzumachen, was er da gerade gesagt hatte. Ich konterte: »Also gut, ich sage Ihnen, was Gott mit Ihnen anfangen wird. In ein Kloster voller meditierender Mönche wird er Sie sperren und den Schlüssel wegwerfen. Er wird Sie in eine Zwangsjacke von Vorschriften und Verboten stecken, daß Sie kaum noch Luft bekommen. Bestimmt macht er einen Missionar aus Ihnen und schickt Sie in den Irak!« An seinem Lächeln konnte ich ablesen, daß er noch nicht ganz begriffen hatte, worauf ich hinauswollte.

Daraufhin forderte ich ihn mit ein paar Fragen heraus: »Für was für einen Gott halten Sie ihn eigentlich? Und warum gehen Sie davon aus, daß er Ihnen mehr wegnehmen will, als er Ihnen zu bieten hat?«

Wer sich sorgt, mehr für Gott aufgeben zu müssen, als er gewinnen wird, der unterschätzt Gott. Er traut ihm zuwenig zu. Er muß die Aussage Davids begreifen lernen (Ps 34,9): »Kostet und seht, wie gütig der Herr ist; wohl dem, der zu ihm sich flüchtet!«

Jesus wurde mit demselben Denken konfrontiert. Johannes berichtet, wie er den Menschen anmerkte, daß sie Gottes Vorhaben für ihr Leben voller Argwohn und Mißtrauen betrachteten. Sinngemäß sagte er diesen Menschen (Joh 10): »Über dieses Thema hat genug Unklarheit geherrscht. Ich möchte ein für alle Male klarstellen, wie es sich in Wirklichkeit verhält: Der Widersacher ist derjenige, der euer Leben zerstören will. Ich dagegen bin gekommen, damit ihr das Leben finden und es in vollen Zügen auskosten könnt.«

Es ist Grundaussage des Neuen Testaments, daß das Christsein nicht nur ein wunderbares Sterben mit sich bringt, sondern auch die beste Art zu leben. Wir müssen unseren Freunden helfen, dies zu begreifen, damit sie ihre natürlichen Ängste überwinden können.

Intellektuelle Sperren

Eine zweite Barriere auf dem Weg zum Glauben besteht aus intellektuellen Bedenken: Fragen und Einwände, die Zweifel an dem Wahrheitsgehalt des Christentums aufkommen lassen.

Machen Sie nie den Fehler, diese Fragen unter den Teppich zu kehren. Es richtet großen Schaden an, wenn ein überzeugter Christ die Fragen eines aufrichtig Suchenden auf die leichte Schulter nimmt. Noch schlimmer ist es, wenn dieser Christ sein mangelndes Wissen in ein frommes Mäntelchen kleidet, indem er dem Suchenden sagt: »Das mußt du halt einfach so im Glauben annehmen.«

Wenn wir so etwas tun, entziehen wir uns in direkter Weise der Aufforderung des Petrus (1 Petr 3,15): »Seid stets bereit, jedem Rede und Antwort zu stehen, der nach der Hoffnung fragt, die euch erfüllt.« Wenn wir keine rationale Antwort zustande bringen, riskieren wir, daß wir unserem Gegenüber damit einen willkommenen Vorwand liefern, das Christsein abzulehnen.

Nehmen Sie die Fragen und Einwände Ihres Freundes ernst. Danken Sie Gott dafür, daß Ihr Freund interessiert genug ist, um derartig wichtige Punkte zur Sprache zu bringen, und tun Sie Ihr Bestes, um eine gute, der Frage entsprechende Antwort zu geben.

Dabei wird Ihnen nicht immer die Antwort auf der Zunge liegen. In vielen Fällen ist es das Beste, Ihrem Gegenüber zu sagen, daß er eine gute Frage gestellt hat, die Sie nicht auf Anhieb beantworten können. Versichern Sie Ihrem Gesprächspartner, daß Sie Ihre Schulaufgaben machen und sich anschließend wieder bei ihm melden werden. Langfristig gesehen, wird es einen tieferen Eindruck bei ihm hinterlassen, wenn Sie sich die Mühe machen, sich intensiv mit seiner Frage zu beschäftigen, als wenn Sie gleich eine Patentantwort parat haben.

In der Begegnung mit Menschen, die intellektuelle Bedenken gegen den christlichen Glauben haben, tue ich zwei Dinge. Erstens versuche ich, meinem Gegenüber klarzumachen, wie schwach die Argumente gegen das Christentum tatsächlich sind, egal, welcher Art sie auch sein mögen. Zweitens versuche ich, im Gegensatz dazu, ihm die schwer zu erschütternde Position der biblischen Fakten zu verdeutlichen.

Ich hoffe, Sie wissen, daß wir von den konkurrierenden Weltanschauungen nichts zu befürchten haben. Darüber habe ich eine Vortragsserie mit dem Thema »Alternativen zum Christentum« in unserer Gemeinde gehalten. Dort habe ich eine Gegenüberstellung zwischen den Ansprüchen der *New-Age*-Bewegung, der großen Sekten und Weltreligionen und der Bibel vorgenommen. Daraufhin hat unsere Gemeinde ein offenes Forum zwischen führenden Sprechern des Atheismus und des Christentums organisiert. Dies ermöglichte es den Zuhörern, einen Vergleich aufgrund hervorragender Informationen anzustellen, und viele haben sich für Christus entschieden.

Wenn man die übrigen Positionen oberflächlich betrachtet, üben sie einen gewissen Reiz aus, doch je gründlicher man sich mit ihnen beschäftigt, desto schwächer werden sie. Und je gründlicher man die Anhaltspunkte betrachtet, die für das Christsein sprechen, desto überzeugter glaubt man daran. Wir müssen unsere Schularbeiten machen, um unseren eigenen Glauben auf ein festes Fundament zu stellen. Anschließend müssen wir alles tun, was in unserer Macht steht, um unseren Freunden zu helfen, sich mit der Wahrheit auseinanderzusetzen und sich von ihr überzeugen zu lassen.

Im folgenden nenne ich einige Beispiele von intellektuellen Bedenken, die Ihre Freunde vielleicht haben, und schlage Ihnen Lösungsmöglichkeiten dazu vor.

Die historische Zuverlässigkeit der Bibel

Wir müssen demjenigen, der zu diesem Punkt Zweifel anmeldet, die Fülle der antiken Schriften zeigen, sowohl aus religiösen als auch aus säkularen Quellen, die die Verläßlichkeit der christlichen Schriften bestätigen. Zudem gibt es zahllose archäologische Funde, auf die wir hinweisen sollten.

Zudem müssen wir unserem Gesprächspartner sagen, daß andere Religionen auf dem Gebiet der historischen Glaubwürdigkeit massive Mängel aufweisen. Beispielsweise sagen die Lehren des Islam im Widerspruch zu den schriftlichen Belegen der Augenzeugen aus, daß Jesus nie behauptet habe, Gottes Sohn zu sein, und die meisten modernen Muslime streiten die dokumentierte Tatsache ab, daß Jesus am Kreuz gestorben ist. Das Mormonentum vertritt die Lehre, daß in Amerika zur Zeit Jesu eine hochentwickelte Zivilisation existiert haben soll, ein Anspruch, für den es keinerlei verläßliche historische oder archäologische Anhaltspunkte gibt.

Die Logik des Glaubens

Die Rationalität unseres Glaubens ist von vielen der größten Gelehrten der Geschichte bestätigt und unterstrichen worden. Einige der bedeutendsten Verteidiger des Glaubens waren ursprünglich Skeptiker, die das Christentum widerlegen wollten und dabei selbst gläubig wurden.

Viele unserer Freunde, denen diese Frage zu schaffen macht, wären dagegen überrascht, wenn wir ihnen sagen würden, daß die Lehrer der fernöstlichen Religionen die Bedeutung der Logik selbst rundheraus abstreiten!

Das Problem des Bösen

Unsere Freunde müssen sich klarmachen, daß die Welt durchaus so aussehen muß, wie sie in den Abendnachrichten gezeigt wird, wenn die biblischen Aussagen über den Ursprung der Menschheit, über die Freiheit und die Auflehnung gegen Gott wahr sind. Es besteht keine logische Unvereinbarkeit zwischen einem allmächtigen Schöpfer und einer Welt, die ihre Freiheit mißbraucht, vor allem, wenn man an die Aussagen der Schrift denkt, die den endgültigen Sieg Gottes über alles Böse verheißt.

Jene, die behaupten, alles sei Gott, wie es beispielsweise von Vertretern esoterischer Richtungen weitergegeben wird, stehen da schon schlechter da. Wie können sie die zwangsläufige Schlußfolgerung, daß das Böse demnach ein Teil Gottes sein muß, rechtfertigen oder Hoffnung darin finden?

Um die atheistische Position ist es auch nicht besser bestellt, denn ohne Gott gibt es keinen objektiven Standard von Gut und Böse; nichts ist in sich böse, sondern höchstens in den Augen mancher Menschen weniger wünschenswert. Wenn die höchste Instanz aber aus dem subjektiven Dafürhalten besteht, wem steht es dann zu, Mord oder Vergewaltigung für in sich falsch zu erklären?

Das Christentum widerlegt diese Auffassungen und bestätigt, daß das Böse real ist, daß es kein Teil Gottes ist, daß es konträr zu seinem Verhaltensstandard und daher falsch ist, und daß wir für unser Verhalten verantwortlich sind. Vielleicht beantwortet dies nicht sämtliche Fragen, die wir zu diesem Thema haben, doch was es uns sagt, ergibt durchaus eine Menge Sinn.

Christentum und Wissenschaft

Die Bibel wurde zwar nicht mit der Absicht geschrieben, ein wissenschaftliches Lehrbuch zu schaffen, doch ihre Aussagen enthalten durchaus Gottes Perspektiven, auch da, wo es um wissenschaftliche Themen geht. Zudem ist das weitgehende Fehlen der folkloristischen und mythologischen Legenden, mit denen so viele andere religiöse Schriften durchsetzt sind, äußerst beeindruckend.

Des weiteren werden viele Menschen mit Interesse hören, daß immer mehr Biologen, Geologen, Paläontologen und Astronomen von Weltrang in der physikalischen und biologischen Realität Anhaltspunkte für das Wirken eines Schöpfer-Gottes entdecken. Eine fundierte Wissenschaft und eine fundierte Theologie kommen zu denselben Schlußfolgerungen über unsere Realität.

Der Sprung über die Hürde

Wir müssen unseren Gesprächspartnern folgendes klarmachen:

> *Christen haben zwar einige Fragen, mit denen sie sich auseinandersetzen müssen, doch die Anhänger der Konkurrenz befinden sich in einem Gewirr von Rätseln, aus dem es keinen logischen Ausweg gibt. Nachdem sie sich ausgiebig mit den anderen Möglichkeiten befaßt haben, kommen die Suchenden scharenweise zu dem Schluß, daß es mehr an Glauben erfordert, das Christentum zu verleugnen, als sich zu ihm zu bekennen.*

Deshalb müssen wir unsere Freunde, die sich auf einer geistlichen Suche befinden, dazu ermutigen, durchaus ihre Fragen zu stellen und ihre Zweifel zu äußern, aber dann auch dazu, ihre Schularbeiten zu machen, die Argumente abzuwägen, die Bibel zu prüfen, die Bücher zu lesen, sich historische Erkenntnisse anzueignen, die Tatsachen zu untersuchen und sachkundige Menschen, die Jahre ihres Lebens mit der Frage nach der Glaubwürdigkeit des christlichen Glaubens verbracht haben, um ihre Meinung zu fragen.

Wir können unseren Freunden helfen, indem wir sie auf die zahlreichen Bücher und Kassetten von den führenden Verteidigern des Glaubens hinweisen, darunter Helmuth Thielicke, Jürgen Spieß, Klaus Vollmer, Michael Green, Alister McGrath, Nicky Gumbel, C. S. Lewis und andere. Die meisten dieser Namen sind vielleicht nicht allgemein geläufig, doch in Anbetracht dessen, wie vielen Menschen sie schon über ihre intellektuellen Hürden hinweggeholfen haben, sollten sie das eigentlich sein.

Wenn Ihr Freund seine Recherchen angestellt und die Tatsachen untersucht hat, ermutigen Sie ihn, auf der Grundlage seiner Erkenntnisse zur Tat zu schreiten. Das bedeutet, daß er sich selbst nicht hinsichtlich der Ergebnisse anlügen oder hinter dem Vorwand verstecken sollte, noch keine Antworten auf ein paar Randfragen gefunden zu haben. Erinnern Sie ihn daran, daß die Geschworenen zu einem Urteil auf der Grundlage des verfügbaren Beweismaterials kommen müssen.

Einmal führte ich ein faszinierendes Gespräch mit einem atheistischen Freund. Am Ende unserer langen und lebhaften Diskussion sagte er: »Weißt du, Bill, du hast deinen Glauben, und ich sehe die Dinge halt anders. Einigen wir uns doch einfach so, daß wir unterschiedlicher Meinung sind, und lassen wir's dabei bewenden.«

»Aber Keith«, antwortete ich ihm, »es kommt der Tag – und zwar in nicht allzulanger Zeit –, an dem wir feststellen werden, wer von uns recht hat. Wir setzen unser Leben und unsere Zukunft auf zwei völlig gegensätzliche Positionen. Wir können nicht beide recht haben. Einer von uns wird das große Los ziehen, während der andere seine Meinung eine Ewigkeit lang bereuen wird. Keith, ich habe meine Schularbeiten zu diesem Thema gemacht, aber ich frage mich ernsthaft, ob du deine gemacht hast. Ich möchte dir empfehlen, deine Zweifel ganz ehrlich anzugehen und dich zu vergewissern, daß du die richtigen Antworten hast.«

Genau das hat Thomas mit der unglaublichen Auferstehungsgeschichte getan. Auch er hatte Zweifel. Doch er ließ sich von dem »Beweismaterial« überzeugen, und das führte dazu, daß er vor Jesus auf die Knie fiel und aus tiefster Seele die Worte aussprach, die uns bis in unsere Zeit überliefert wurden (Joh 20,28): »Mein Herr und mein Gott!« Sein Glaube gründete sich auf die Grundlage von Tatsachen, und Tausende von Wahrheitssuchenden sind seither seinem Beispiel gefolgt.

Mangelnde Bereitschaft, sein Leben zu ändern

»Das war ja ein ganz netter Vortrag, den Sie da gerade gehalten haben, aber ich kann die christliche Position einfach nicht akzeptieren, weil ich zu viele logische Schwachpunkte darin sehe.«

»Das interessiert mich«, antwortete Mark, »weil ich die selbst noch nicht entdeckt habe. Welche Schwachpunkte stören Sie denn?«

Es läßt sich kaum sagen, wer von den beiden mit größerem Eifer bei der Sache war. Die nächsten fünfundvierzig Minuten bombardierte dieser Mann Mark mit seiner Kritik am christlichen Glauben. Mark seinerseits griff auf sein Wissen auf dem Gebiet der Theologie und der Apologetik zurück, um auf die Einwände zu antworten und den Mann dabei auch mit der Wahrheit des Evangeliums zu konfrontieren.

Als sich der Staub legte, hatte Mark das Gefühl, als stecke etwas Tieferes hinter den Argumenten des Mannes. Er sah ihm geradewegs ins Gesicht und sagte zu ihm: »Sie stellen da einige gute Fragen, aber ich hätte gern gewußt, worum es Ihnen im Grunde wirklich geht. Vor welcher Veränderung oder welchem Verzicht im Zusammenhang mit dem Christwerden haben Sie eine so große Angst?«

Zu seiner Überraschung gab der Mann aufrichtig zu, daß in seiner Lebensführung einiges falsch liefe, das zu ändern er aber nicht bereit sei.

»Ich fürchte, genau das ist Ihre eigentliche Frage«, sagte Mark. »Und wenn Sie nicht bereit sind, sich auf diesem Gebiet von Gott verändern zu lassen, werden Sie weiter nach Vorwänden suchen, um das Christsein in den Wind zu schreiben.«

Schon seit Jahren habe ich ähnliche Erfahrungen gemacht. Manche Suchende haben ernste intellektuelle Fragen, die ihren Fortschritt in Richtung Jesus aufhalten, doch andere tun nur so, als sei dies der Fall, und sie führen hochphilosophisch klingende Einwände ins Feld, um die Aufmerksamkeit möglichst weit weg von – nennen wir es ruhig beim Namen – ihrer Sünde zu lenken.

202

Oft läuft die Sache so ab, daß der Betreffende mit ein paar aufrichtig gemeinten Fragen anfängt. Merkt er aber, daß er darauf gute Antworten bekommt, wird er nervös. Jetzt muß er sich entscheiden. Entweder wird er offen und gibt das Problem ehrlich zu, wie der Mann es tat, mit dem Mark sich unterhielt, oder er bringt in bunter Reihenfolge sämtliche Argumente vor, die ihm gerade einfallen, um Sie – und damit auch Gott – auf Distanz zu halten.

Wenn Sie das Gefühl haben, Ihr Gegenüber veranstalte lediglich ein Ablenkungsmanöver, dann empfehle ich Ihnen, ihm auf den Kopf zuzusagen, daß er – wenn auch vielleicht unbewußt – nur ein Scheingefecht führt. Sagen Sie ihm ganz offen, daß er mehr Energie auf Fragen als auf Antworten verwendet, und fragen Sie ihn, ob er Angst davor hat, daß Gott ihn verändern oder ihm etwas wegnehmen könnte, sobald er sich für Jesus entscheidet. Wenn er zugibt, daß dies der Fall ist, können Sie ihm nun helfen, das Ausmaß dieses bevorstehenden »Verlustes« einzuordnen.

Anders ausgedrückt, helfen Sie ihm dabei, eine Kosten-Nutzen-Analyse zu erstellen. Angenommen, Ihr Gesprächspartner gibt zu, daß er sich am Wochenende gern mit Alkohol vollaufen läßt und nicht bereit ist, darauf in der Nachfolge Christi zu verzichen. Nun haben Sie etwas in der Hand, das sich greifen läßt. Gemeinsam mit Ihrem Gesprächspartner können Sie den Sachverhalt, um den es geht, entweder auf einem Blatt Papier oder im Kopf analysieren, indem Sie auflisten, was der Betreffende dadurch gewinnt und verliert, wenn er weiter daran festhält.

»Also gut«, könnten Sie anfangen, »schreiben wir doch mal alles auf, was dir der wöchentliche Vollrausch bringt. Übrigens können wir uns mehr Papier holen, falls wir welches brauchen. Du redest, und ich schreibe auf.«

»Es schmeckt mir«, sagt er, »und es macht Spaß. Außerdem tun's meine Freunde auch alle.«

»Prima. Was noch?« Schweigen. »Sonst noch etwas?« fragen Sie noch einmal. Ihr Gesprächspartner zermartert sich das Gehirn.

»Äh … ach ja, und es hilft mir, mich zu entspannen.«

»Gut. Wenn dir noch was einfällt, schreiben wir's auf diese Seite dazu. Und jetzt sehen wir uns mal die Nachteile an. Macht es dir etwas aus, wenn ich dir dabei helfe?« Und in kürzester Zeit haben Sie eine Liste, die in etwa so aussieht:

* Ich sage Dinge, die ich später bereue.
* Der Kater am nächsten Tag ist eine Tortur.
* Es kostet mich eine Stange Geld, ganz zu schweigen von meiner Zeit und Energie.

- Ich riskiere, mir eine Lebererkrankung einzuhandeln (oder zumindest einen Bierbauch!).
- Es besteht eine hohe Wahrscheinlichkeit, alkoholabhängig zu werden.
- Es macht mich fahruntüchtig, wodurch ich nicht nur Sachwerte aufs Spiel setze, sondern womöglich das Leben eines anderen.

Diese Auswertung gewinnt sogar noch an Bedeutung, wenn Sie Ihrem Freund klarmachen, wie wichtig er Gott ist. Erklären Sie ihm, daß Gott so sehr an ihm liegt, daß er ihm diese Probleme gern ersparen möchte. Ihr Freund bekommt einen Eindruck davon, wie gut Gott es mit uns allen meint.

Dabei haben wir noch nicht einmal darüber geredet, welche Vorteile ihm entgehen, wenn er Jesus nicht nachfolgt. Wenn Sie Ihrer Analyse eine Liste aller kurz- und langfristigen Segnungen Gottes anfügen, dann ist es gar keine Frage, welches die bessere Entscheidung ist.

Diese Methode kann in jedem Bereich wirksam sein, den Ihr Gesprächspartner nicht aufgeben möchte. Ich will nicht behaupten, daß er sich diese einfache Rechnung ansieht und sich einzig und allein auf dieser Basis entscheiden wird. Doch man kann dem Gesprächspartner auf diese Weise die Augen öffnen und ihm letztendlich über die Barriere der mangelnden Bereitschaft helfen, sein Leben von Gott ändern zu lassen.

Das Durchbrechen der Barrieren

Der Vorgang kann lang oder kurz sein, aber wir dürfen nicht auf halber Strecke abspringen, sondern wir müssen unseren Freunden dabei helfen, alle Barrieren, die sie von Jesus trennen, aus dem Weg zu räumen.

Dabei können wir ihnen Mut machen, indem wir sie auf zwei Dinge hinweisen, nämlich ein Gebet und ein Versprechen. Das Gebet gehört zu der Geschichte, in der ein Mann Jesus darum bat, seinen Sohn von seiner Besessenheit zu befreien und zu heilen. Jesus sagte ihm, das sei möglich, wenn er nur glaube. Darauf antwortete der Mann: »Ich glaube; hilf meinem Unglauben!« (Mk 9,24)

Zwei Aspekte an diesem »Gebet eines Zweiflers« finde ich besonders interessant. Erstens machte Jesus dem Mann keine Vorwürfe wegen seiner Zweifel. Und zweitens erhörte er seine Bitte trotz seiner Zweifel! Daraus können wir eine Menge über Gott lernen, und wir erfahren viel darüber, wie wir auf ihn zugehen können.

Wenn ich mit einem Suchenden spreche, ermutige ich ihn oft, mit allem, was er an Glauben »zusammenkratzen« kann und auch mit sämtlichen Zweifeln, die er hat, zu Gott zu kommen und einfach ganz offen mit ihm darüber zu reden. Auf diese Art habe ich mit anderen gemeinsam gebetet und ihnen Mut gemacht, ihre verworrenen Gedanken über Gott zum Ausdruck zu bringen. Der Betreffende betet dann vielleicht etwas Ähnliches wie: »Gott, ich weiß nicht einmal, ob es dich gibt. Aber wenn du da bist, dann gib mir doch bitte Bescheid. Wenn du Wirklichkeit bist, möchte ich dich kennenlernen.«

Das, so denke ich, ist ein Gebet, das Gott ernst nimmt. Und das wiederum führt uns zu dem Versprechen. Jesus sagte (Mt 7,7f): »Bittet, dann wird euch gegeben; sucht, dann werdet ihr finden; klopft an, dann wird euch geöffnet. Denn wer bittet, der empfängt; wer sucht, der findet; und wer anklopft, dem wird geöffnet.«

Und im Alten Testament sagte Gott durch den Propheten Jeremia (Jer 29,13f) : »Sucht ihr mich, so findet ihr mich. Wenn ihr von ganzem Herzen nach mir fragt, lasse ich mich finden.« Obwohl die Adressaten dieser Worte bestimmte Menschen zu einem bestimmten Zeitpunkt in der Geschichte waren, so denke ich, daß es uns zeigt, wie wir unsere Freunde beim Bitten, Suchen und Anklopfen anleiten können. Sie müssen es nämlich von ganzem Herzen tun. Es ganz oben auf die Liste setzen. Sich klarmachen, daß die Konsequenzen dieser Entscheidung derartig umfassend sind, daß sie höchste Priorität haben sollte.

Wenn sie sich mit einer solchen Energie ins Zeug legen, werden sie sämtliche Barrieren, die sie vom Glauben trennen, durchbrechen. Es ist ein ungeheuer großes Vorrecht, anderen durch diesen Prozeß hindurchzuhelfen und sie eines Tages in dem Moment über die Grenze zum Glauben zu begleiten, in dem sie Christus als ihren Erlöser, Herrn und Freund annehmen. Wie man das macht, werden wir im nächsten Kapitel betrachten, das am Anfang des Buchteils über den maximalen Effekt steht.

Kerry Livgren beschrieb diesen Prozeß des Suchens auf bewegende Weise in seinem ausdrucksstarken Lied *The Wall* (»Die Mauer«). Er schrieb diese Worte, als er sich noch auf der geistlichen Suche befand, einige Jahre bevor er Christ wurde:

> *»Ich bin in eine Phantasie eingewoben, ich kann nicht glauben, was ich sehe.*
> *Der Weg, den ich gewählt habe, hat mich jetzt vor eine Mauer geführt.*

Und mit jedem neuen Tag habe ich stärker das Gefühl,
als wäre etwas Kostbares verlorengegangen.
Nun baut sie sich vor mir auf, eine dunkle und schweigende Barriere
zwischen all dem, was ich bin, und all dem, was ich je sein möchte.
Sie ist einfach ein Zerrbild, hoch aufragend, und ein Grenzstein,
den meine Seele am liebsten auslöschen würde.

Ich möchte so gern die Grenze überschreiten, doch ich fürchte,
daß ich dazu zu schwach bin.
Und es gibt nur wenige, die einen Blick
auf die andere Seite geworfen haben.
Das verheißene Land wartet wie eine Jungfrau,
die bald eine Braut sein wird.
Der Moment ist ein Meisterwerk,
das Gewicht der Unentschlossenheit liegt in der Luft.
Dort steht es, das Symbol und die Summe von allem, was ich bin.
Es ist einfach ein Zerrbild, hoch aufragend und eine Blockade des Lichts,
die mich blind macht.
Ich möchte so gern sehen.

Gold und Diamanten üben einen Zauber aus, doch nicht auf mich,
das weiß ich gut.
Die Schätze, die ich suche, warten auf der anderen Seite.
Mehr, als ich ermessen kann, verbirgt sich in dem Schatz der Liebe,
den ich finden kann.
Und obwohl sie schon immer für mich existiert hat,
muß ich die Mauer abreißen und
alles, was ich bin, und alles, was ich je sein werde,
in Harmonie zusammenfinden lassen.
Strahlend und mit einem Lächeln auf alle zurückblickend,
die auf ihren Durchbruch warten.

Es gibt keinen Verlust.«

Teil V

Das positive Ergebnis: der maximale Effekt

$$hE + uN + kK = mE$$

Kapitel 13

Grenzübergang zum Glauben

Vor einigen Jahren kam einer meiner Freunde zu mir in die Gemeinde, um mir zu sagen, daß er seinen Arbeitsplatz verloren habe, und bat mich um Hilfe. Ich sagte ihm, ich würde mein Bestes tun. Ein paar Tage später rief ich einen anderen Freund an, der einen Betrieb hat, und ging das Risiko ein, als Arbeitsvermittler Amor zu fungieren. Wie Sie vielleicht wissen, klappt so etwas meistens nicht, und dieser Fall war keine Ausnahme.

Der Freund, dem das Unternehmen gehörte, sagte: »Aber gern. Wenn du ihn für einen tüchtigen Mann hältst, schick ihn mir nur. Ich brauche einen neuen Vertreter.« So vermittelte ich den einen Freund an den anderen und hatte das Gefühl, jedermann sei glücklich. Dieses Gefühl hielt jedoch nur ein paar Monate an, nämlich bis zu dem Tag, als ich erfuhr, daß mein Freund entlassen worden war.

Als ich den Geschäftsinhaber das nächste Mal traf, fragte ich ihn, warum mein Freund nicht mehr bei ihm arbeite.

»Tja, die Sache war so«, erklärte er. »Dein Freund war gewissenhaft, durchsetzungsfreudig, fleißig, und er war sogar recht geschickt in der Produktvorführung ...« Er machte eine Pause.

»Woran hat's denn dann gehapert?« wollte ich wissen.

»Er brachte es einfach nie fertig, um eine Bestellung zu bitten! Er holte sich die Kunden in den Vorführraum und stellte das Produkt vor, aber dann hat er es nicht geschafft, um Bestellungen zu bitten. Was nützt mir ein Vertreter, der nichts verkauft?«

Ich bekomme des öfteren Predigtkassetten von Pastoren aus ganz Amerika zum Rezensieren zugeschickt. Mit Predigtrezensionen habe ich viel Erfahrung, denn jede Predigt, die ich in der *Willow Creek*-Gemeinde halte, wird von vier oder fünf Leuten ausgewertet, die mir dann ihre Kommentare schriftlich geben, damit ich daraus lernen und es beim nächsten Mal besser machen kann.

Oft schreibe ich in solchen Fällen etwas Ähnliches wie: »Ihre Predigt war inhaltlich gut, Ihre Beispiele waren sehr ausdrucksstark, Ihre Aussagen waren bibelbezogen, und Sie haben die dreißig Minuten voll ausgefüllt.« Aber dann muß ich nicht selten dazusetzen: »Aber was wollten Sie damit bei Ihren Zuhörern erreichen? Wenn Sie die Absicht hatten, sie durch Ihre Predigt zu einem veränderten Verhalten zu bewegen, so ist das nicht deutlich geworden.« Sinngemäß schreibe ich: »Sie haben vergessen, um die Bestellung zu bitten!«

Eine gute Predigt hilft ihren Zuhörern nicht nur, etwas zu begreifen, sondern bewegt sie auch dazu, etwas zu tun: Sie sollen eine Entscheidung in einem wirklich wichtigen Bereich ihres Lebens treffen. Durch die Predigt sollen den Zuhörern nicht nur Informationen über Gottes Wort vermittelt werden, sondern auch die Aufforderung zum Handeln.

Wir haben schon darüber gesprochen, wie wir zu Christen werden können, deren Glauben ansteckend wirkt. Das heißt, ein Nachfolger Christi zu werden, der einen anziehenden Charakter entwickelt, der nahe an jene Menschen herangeht, die er erreichen will, und das Evangelium auf klare und eindringliche Weise weitergibt. Doch wenn wir an diesem Punkt stehenbleiben, entgeht uns das Ziel der Formel. Das Ziel heißt »mE«, die Abkürzung für »maximaler Effekt«.

Es gibt viele Christen, die in ihren Bemühungen, den Glauben weiterzugeben, auf Sand laufen. Sie beten, sie führen ein vorbildliches Leben, und sie lassen große Einfühlsamkeit beim Vermitteln der Botschaft walten. Doch sie erleben nur selten eine tatsächliche Wiedergeburt, weil sie an diesem Punkt stehenbleiben. Unterwegs ist ihnen die Zielvorstellung des Ganzen abhanden gekommen. Daher versäumen sie es, ihre Gesprächspartner auf der Basis dessen, was sie gehört haben, zum Handeln aufzufordern.

Viele Christen denken fälschlicherweise, daß das Ziel des Evangelisierens lediglich darin besteht, mehr Menschen von Christus zu erzählen. »Wenn ich doch nur mehr Gelegenheiten wahrnehmen würde, anderen das Evangelium weiterzugeben«, sagen sie sich, »dann würde Gott sich freuen, und mir wäre sehr viel wohler ums Herz.«

> *Das Ziel besteht keineswegs nur darin, anderen von Christus zu erzählen. Das Weitersagen ist lediglich ein Mittel zum Zweck, und dieser besteht darin, andere zu Christus zu führen.*

Im sogenannten Missionsbefehl hat Jesus gesagt (Mt 28,19): »Darum geht zu allen Völkern, und macht alle Menschen zu meinen Jüngern ...« Der Schritt des Kommunizierens ist zwar wichtig, doch Jesus betonte das »Endergebnis«: Menschen, die an ihn glauben und in diesem Glauben wachsen.

Wie mein Freund, der Vertreter, müssen wir über die Produktvorstellungen hinauskommen und unsere Gesprächspartner um eine Bestellung bitten. Wir müssen unseren Zuhörern nicht nur Verständnishilfen geben, sondern sie auch dazu inspirieren und herausfordern, etwas zu tun, nämlich den Grenzübergang zum Glauben zu wagen.

Ein Erlebnis ohnegleichen

Ich mag Abenteuer. Manchmal erlebe ich sie in ihren zahmeren Formen, beispielsweise an Bord eines Segelboots oder Sportflugzeugs. Ich habe sie aber auch schon in ihren intensiveren Formen erlebt, zum Beispiel beim Abspringen von Rennbooten oder Sportflugzeugen.

Aber ich habe die Erfahrung gemacht, daß es kein spannenderes Abenteuer gibt, als einen anderen Menschen zu einer Entscheidung für Christus zu führen. Aus nächster Nähe mitzuerleben, wie Gott ein ewigkeitsveränderndes Wunder im Leben dieses Menschen bewirkt, hat etwas Wunderbares und Unvergeßliches an sich.

Direkt vor Ihren Augen findet dieses unsichtbare, doch nichtsdestoweniger unübersehbare Wunder statt: Gott vergibt Ihrem Freund, er verändert ihn, er kommt in sein Leben, er gibt ihm eine neue Richtung und adoptiert ihn an Kindes Statt. Und er benutzt Sie als sein Hauptwerkzeug dazu. Ich weiß nicht, wie Sie das sehen, aber ich nenne so etwas ein Abenteuer!

Doch vielen Christen entgeht dieses Ziel des ansteckenden Christseins, weil sie nicht wissen, wie man den Vorgang zu Ende bringt. Genau darum soll es in diesem Kapitel gehen. Hier wollen wir über ein paar praktische Vorschläge reden, wie Sie Ihren Bekannten wirkungsvoller dabei helfen können, diesen lebensverändernden Schritt zum Glauben an Christus zu tun. Doch bevor wir uns in die Einzelheiten stürzen, möchte ich eine Warnung in ihr Gegenteil verkehren.

Sie kennen alle die Warnung: »Achtung: Vor Nachahmung zu Hause wird gewarnt. Die folgende Vorführung wird von speziell geschulten Experten ausgeführt.« Für unser Thema möchte ich es genau umgekehrt ausdrücken:

»Nachahmung zu Hause, am Arbeitsplatz, im Restaurant oder auf der Parkbank dringend empfohlen. Warten Sie nicht auf die geschulten Experten, sonst warten Sie womöglich umsonst. Außerdem vertrauen Ihre Freunde Ihnen ohnehin mehr.«

> *Es ist mein Gebet, daß Sie wenigstens einmal die große Freude haben werden, jemanden, den Sie kennen, mit Jesus Christus bekannt zu machen.*

Wie Sie das konkret tun können, werden wir im folgenden überlegen.

Grenzannäherung

Der erste Schritt in dem Prozeß, jemanden auf die Entscheidung zuzuführen, besteht darin, den gegenwärtigen Standpunkt des Betreffenden festzustellen. Dies können Sie erreichen, indem Sie auf Ihre Botschaft zurückkommen – sei es eine der Illustrationen des Evangeliums oder auch Ihre eigene Geschichte – und etwa folgendes fragen: »Hast du dir je klargemacht, daß du ...

* ... mit dem *Tun* aufhören mußt, um statt dessen auf das zu vertrauen, was Christus schon für dich *getan* hat?«
* ... nicht aus eigener Kraft über den Sündenabgrund kommen kannst, sondern daß du über die Brücke gehen mußt, die Gott schon gebaut hat?«
* ... eine ungeheure Sündenschuld angehäuft hast, und daß du das Geschenk der Vergebung annehmen darfst, das Christus dir kostenlos machen will?«
* ... nie im Leben alle Bälle perfekt treffen oder absolut fehlerfrei spielen wirst und Jesus bitten darfst, für dich einzuspringen?«
* ... nicht nur Bücher über Luftfahrt wälzen, sondern auch an Bord des Flugzeug gehen mußt?«
* ... dich nicht mit Gott versöhnen kannst, indem du regelmäßig zum Gottesdienst gehst und versuchst, ein anständiges Leben zu führen, sondern daß du ihn dazu um sein Geschenk der Vergebung und Führung für jeden Tag bitten mußt?«

Diese »Fragen am Wendepunkt« verlagern den Schwerpunkt von Ihnen und Ihren Worten auf Ihren Gesprächspartner und dessen Beziehung zu Gott.

Wenn er nun antwortet, müssen Sie sich ein Bild von seinem Interesse, seinem Verständnis und seiner Bereitschaft machen, damit Sie entsprechend vorgehen können.

Ist Ihr Gesprächspartner interessiert?

Wenn Ihr Gesprächspartner defensiv oder uninteressiert auf Ihre Frage reagiert, setzen Sie das Gespräch mit Behutsamkeit fort. Vielleicht ist Ihr Gesprächspartner bereit, Ihnen zu sagen, warum er so reagiert hat, und diese Information kann äußerst hilfreich für Sie sein. Doch setzen Sie ihn nicht zu stark unter Druck.

Manchmal empfiehlt es sich einfach, Ihrem Gesprächspartner für die Gelegenheit zu danken, ihm etwas zu erklären, was Ihnen so wichtig ist. Sie können ihn dann bitten, in Ruhe darüber nachzudenken, um gegebenenfalls später darauf zurückzukommen.

Bekundet Ihr Freund jedoch Interesse daran, mehr zu hören, so können Sie zum nächsten Punkt übergehen.

Versteht Ihr Gesprächspartner, um was es geht?

Die Antwort Ihres Freundes auf Ihre Frage und der weitere Gesprächsverlauf werden Ihnen Aufschluß über den Grad seines Verstehens geben. Manche Menschen haben eine klare Vorstellung von den Aussagen des Evangeliums, sind aber nicht bereit, den entsprechenden Schritt zu tun. Andere sind sehr aufgeschlossen und sogar eventuell bereit, sich Christus anzuvertrauen, doch ihnen ist die Botschaft nicht in allen Einzelheiten klar. Es ist von entscheidender Bedeutung, daß Sie hier die richtige Diagnose stellen.

Lassen Sie sich nicht von der Einfachheit der Illustrationen in Kapitel 11 täuschen. Die biblische Botschaft, die sie zum Ausdruck bringen, stellt ein derartiges Kontrastprogramm zu dem dar, was die meisten Leute glauben, daß es oft eine Weile dauert, bis sie diese Informationen auch begriffen haben. Ich habe die Erfahrung gemacht, daß die meisten Suchenden Monate dazu brauchen, sie zu hören, zu verarbeiten, zu hinterfragen und in Erwägung zu ziehen, bis sie zu einer positiven Reaktion bereit sind.

Weil viele Menschen sich schwertun, die Botschaft umfassend zu begreifen, ist es wichtig, mehrere verschiedene Illustrationen zur Hand zu haben.

Manchen sagt die Brücke oder das Flugzeug nichts, während die Verse aus dem Römerbrief vielleicht genau das Richtige für sie sind. Ich probiere es oft mit zwei oder drei verschiedenen Beispielen, meistens über einen längeren Zeitraum hinweg, um meinen Zuhörern zu helfen, möglichst nah an die Botschaft heranzukommen.

Machen Sie sich also darauf gefaßt, sich zu wiederholen und die Botschaft hin und wieder in frische Worte zu kleiden. Und bitten Sie Ihre Gesprächspartner, das Gesagte mit eigenen Worten wiederzugeben. Ob sie zu einer Entscheidung für Christus bereit sind oder nicht, in jedem Fall ist es von entscheidender Bedeutung, daß sie genau begreifen, um was es bei diesem Angebot geht.

Ist Ihr Gesprächsparter zur Entscheidung bereit?

Im Verlauf des Gesprächs werden Sie bei vielen Menschen ein Mindestmaß an Aufgeschlossenheit feststellen. Sie geben bereitwillig zu, daß sie noch nie die Vergebung und Führung Christi empfangen haben, oder zumindest sind sie sich dessen nicht sicher.

Lassen Sie mich an dieser Stelle betonen, wie wichtig es ist, daß Sie Gott um eine Erwartungshaltung bitten. Ihre Worte und Ihr Verhalten müssen Ihrem Zuhörer die Tatsache vermitteln, daß wir alle dazu erschaffen wurden, Gott zu kennen und mit ihm zu leben. Sie haben die Entscheidung getroffen, ihm von ganzem Herzen nachzufolgen, ungezählte andere Menschen haben dies ebenfalls getan, und auch Ihr Gesprächspartner braucht Gott. Diese Botschaft wird die Gewißheit verstärken, daß dies die richtige Richtung ist.

Die vom Heiligen Geist verliehene Erwartungshaltung wird Sie dazu befähigen, zum nächsten Schritt überzugehen.

Oft war ich versucht, meinem Gegenüber die Gelegenheit vorzuenthalten, sich verbindlich für Christus zu entscheiden, doch in letzter Minute habe ich mich von Gott dazu gedrängt gefühlt, zur Entscheidung aufzufordern, und ich habe erlebt, wie er diese Menschen daraufhin von Grund auf verändert hat.

Was ist nun der nächste Schritt für solche, die bereit zu sein scheinen? Stellen Sie eine weitere Frage: »Gibt es noch irgendeinen Grund, weshalb Sie nicht jetzt mit mir beten könnten, um Gottes Vergebung zu erhalten und ein Mitglied seiner Familie zu werden?«

Ich finde diese Frage deshalb so gut, weil sie einfach ist und meinem Gegenüber nur zwei Antwortmöglichkeiten läßt. Entweder sagt er ja, es gibt einen Grund, der dagegen spricht, oder er sagt nein und bekundet damit, daß Sie fortfahren können. Wir wollen überlegen, was sowohl in dem einen als auch dem anderen Fall zu tun ist.

Wenn die Tür verschlossen ist

Wenn Ihre Freunde nicht dafür aufgeschlossen sind, Christus als ihren Heiland anzunehmen, ist es nur natürlich, wenn Sie sich nach dem Grund erkundigen, damit Sie ihnen dabei helfen können, das Problem zu lösen. Möglicherweise hält sie eine der Barrieren, von denen im vorangehenden Kapitel die Rede war, von dem Schritt zum Glauben ab.

Wenn dies der Fall ist, müssen Sie Zeit und Energie investieren, um ihnen beim Durchbrechen dieser Barriere zu helfen. Doch verlieren Sie nicht den Mut. Sie helfen Ihren Freunden dabei, die tiefen Probleme ihres Denkens anzugehen, damit sie sich letztendlich Christus anvertrauen können. Diese Hilfe kann so aussehen, daß Sie Ihren Freunden Material zu dem Thema beschaffen, zu dem sie Fragen haben, daß Sie sich Zeit zu weiteren Gesprächen nehmen, oder daß Sie ihnen einfach die Gelegenheit geben, über diese wichtige Entscheidung nachzudenken.

Eine andere Idee für solche Menschen, die nicht entscheidungsbereit sind, ist diese: Erbieten Sie sich, an Ort und Stelle für sie und ihren geistlichen Fortschritt zu beten. Erklären Sie ihnen, daß Sie das Gebet sprechen werden und sie Ihnen nur zuzuhören brauchen. Wenn sie ja sagen, haben sie damit einen winzigen Schritt in die richtige Richtung getan, und Sie können damit rechnen, daß Gott Ihr Gebet hören und handeln wird. Und wenn sie dazu bereit sind, das Gebet eines Zweiflers zu sprechen, um so besser!

Im letzten Kapitel haben wir gesehen, daß es bestimmte Ängste gibt, die einen überfallen, je näher man vor der Entscheidung steht. Manchmal nehmen diese Ängste jedoch auch überdimensionale Formen an. In einem solchen Fall ist es möglich, daß Satan die Bedenken des betreffenden Menschen mit einem Turbolader verstärkt. Seine stärkste Waffe ist immerhin die Angst; daher wäre es nur plausibel, wenn er die normalen Ängste bis zur Übersteigerung schürt.

Wenn Sie glauben, dies könnte der Fall sein, erklären Sie Ihrem Gegenüber, daß Gott einen Feind hat, der den Menschen schon seit dem Paradies
alle möglichen irrationalen Bedenken ins Ohr flüstert und ihnen einreden
will, daß sie viel verlieren oder versäumen werden, wenn sie sich für Gott
entscheiden. Wenn Ihr Gesprächspartner die Taktiken des Widersachers
durchschaut, wird es ihm leichter fallen, sie zu ignorieren.

Sie tun gut daran, auf Ihre Erklärung ein stilles Gebet um Bewahrung folgen zu lassen. Paulus wußte, daß wir um einen geistlichen Kampf nicht her-
umkommen (Eph 6,12): »Denn wir haben nicht gegen Menschen aus Fleisch
und Blut zu kämpfen, sondern gegen die Fürsten und Gewalten, gegen die
Beherrscher dieser finsteren Welt, gegen die bösen Geister des himmlischen
Bereichs.« Diese Tatsache sollten wir zwar ernstnehmen, doch wir sollten
uns nicht durch sie erschrecken lassen. Vergessen Sie nicht, was der Apostel
Jakobus sagt (Jak 4,7f): »Ordnet euch also Gott unter, leistet dem Teufel
Widerstand; dann wird er vor euch fliehen. Sucht die Nähe Gottes; dann wird
er sich euch nähern.«

Wenn die Tür offensteht

Häufiger, als Sie vielleicht erwarten, wird Ihr Gesprächspartner eine positive
Antwort auf Ihre Frage nach einer Entscheidung für Jesus geben. »Ich wüßte
wirklich keinen Grund, weshalb ich diesen Schritt nicht tun könnte. Wie
macht man das?«, mag er vielleicht sagen.

Wenn Sie nicht den Eindruck haben, es gebe noch andere Punkte, die Sie
dringend klären müßten, können Sie von der Annahme ausgehen, daß Ihr
Gesprächspartner bereit ist. Auch Sie müssen bereit sein. Sehen wir uns ein
paar praktische Hilfen an, mit denen Sie Ihren Freund in dieser wichtigen
Phase begleiten können.

Der Grenzübergang

»Ich gehe noch nicht lange in die Gemeinde«, sagte der Mann am Telefon zu
Mark, »und ich würde mich gern mit jemandem treffen, um über einiges zu
reden, was dieser Hybels bei den Wochenend-Veranstaltungen gesagt hat.«
Diese Bitte konnte Mark einfach nicht abschlagen, und er verabredete sich
noch für dieselbe Woche mit Jim.

Als die beiden dann miteinander redeten, wurde das Evangelium erläutert, definiert und verteidigt, indem Mark zu den vielen Fragen Stellung nahm, die Jim über den christlichen Glauben äußerte. Nach anderthalb Stunden lehnte Jim sich dann endlich auf seinem Stuhl zurück und sagte: »Damit haben Sie wohl die meisten Fragen beantwortet, die ich hatte. Und was muß ich jetzt tun?«

Versetzen Sie sich einmal in Marks Situation. Schlottern Ihnen die Knie? Was folgt, sind ein paar Richtlinien, an denen Sie sich orientieren können.

Nur keine Panik!

Es ist ermutigend zu wissen, daß Gott schon lange darauf hingearbeitet hat, den Suchenden an diesen Punkt zu bringen. Er wird ihm nicht plötzlich den Rücken kehren und zulassen, daß Ihnen ein fataler Fehler unterläuft, der mit einem Schlag alles zunichte macht!

Wie Gott Sie schon in den früheren Gesprächen geführt hat, so wird er Ihnen auch jetzt dabei helfen, Ihr Gegenüber zum Glauben zu führen.

Suchen Sie nicht krampfhaft nach einer festen Formel

Was Christen in einer solchen Situation nervös macht, ist das Gefühl, nicht das perfekt formulierte Gebet zu wissen, um andere zu Christus zu führen. Sie haben Billy Graham im Fernsehen gesehen, aber sie können sich nicht an den genauen Wortlaut seines Gebets erinnern. Sie haben das Gebet auf der Rückseite eines Traktats gelesen, aber so etwas hat man anscheinend genau dann nicht zur Hand, wenn man es gerade braucht.

In Wirklichkeit gibt es gar keine »magische Formel«, die man beherrschen muß. Der Betreffende braucht lediglich eine innere Einstellung der Bußfertigkeit, worunter die Bereitschaft zur Abkehr von seinen Sünden zu verstehen ist, und etwas Hilfestellung Ihrerseits, um Gott aufrichtig um seine Errettung zu bitten.

J. Allen Peterson erzählt von einem Mann, der mitten in einem Verkehrsstau in New York City feststeckte und in dem der Heilige Geist am Werke war. In seiner Verzweiflung rief er zu guter Letzt aus: »Also gut, Gott, da hast du mich mit Haut und Haar, mit Stumpf und Stiel. Mach mit mir, was du willst!« Und der Mann wurde durch Jesus zu einem neuen Menschen.

Denken Sie an die Worte des Verbrechers am Kreuz zurück, die uns Lukas überliefert hat (Lk 23,40-43). Nachdem er bestätigt hatte, daß Jesus vollkommen schuldlos war, sagte er zu ihm:»Jesus, denk an mich, wenn du in dein Reich kommst.« Das war alles! Ein einziger Satz. Und Jesus antwortete:»Amen, ich sage dir: Heute noch wirst du mit mir im Paradies sein.«

Beten Sie gemeinsam

Ergreifen Sie die Gelegenheit beim Schopf, schlagen Sie vor, daß Sie sich eine stille Ecke suchen, um an Ort und Stelle mit Gott darüber zu sprechen. Da die meisten Suchenden sich nicht sicher sind, wie man betet, werden sie Ihre Hilfe dabei begrüßen, diesen Schritt offiziell zu tun. Zudem gewinnen sie Sie dadurch zum Augenzeugen der Tatsache, daß sie tatsächlich die Vergebung Gottes empfangen haben und in die Nachfolge Christi eingetreten sind.

An dieser Stelle möchte ich hinzufügen, daß es einige seltene Fälle geben wird, in denen der Betreffende darauf besteht, nach Hause zu gehen, um mit dem Vater oder der Mutter, dem Ehepartner oder einem Freund zu beten, der einen erheblichen Einfluß auf ihn ausgeübt hat. Sie tun gut daran, Ihren Gesprächspartner dazu zu ermutigen, das noch am selben Tag zu tun und Sie dann am nächsten Tag anzurufen, um Ihnen alles zu erzählen. Dadurch verstärken Sie die Motivation dazu, das Vorhaben in die Tat umzusetzen. Sollten Sie am nächsten Tag keinen Anruf bekommen, rufen Sie Ihren Bekannten an, um sich erzählen zu lassen, wie es ihm ging oder um Ihrem Bekannten nahezulegen, diesen wichtigen Schritt nicht auf die lange Bank zu schieben.

Beten Sie laut

Hauptsächlich aus Gründen der Klarheit halte ich es für das Beste, laut miteinander zu beten. Erstens können Sie dadurch hören, was Ihr Gegenüber zu Gott sagt, und ihm die Hilfen geben, die ich im folgenden beschreiben werde. Zweitens verschafft das gemeinsame Gebet Ihrem Gesprächspartner die Gewißheit, Gott in der Tat um seine Vergebung und Herrschaft gebeten zu haben, denn er hat sich diese Worte selbst sagen hören!

Ich habe die Erfahrung gemacht, daß die meisten Menschen dazu bereit sind, laut zu beten, wenn man ihnen Hilfestellung gibt. Dies ist zudem auch der Anfangspunkt des Gebetslebens eines neubekehrten Christen. Sagen Sie ihm, daß er seine Gedanken Ihnen gegenüber wirklich gut zum Ausdruck gebracht hat und er dasselbe nun Gott gegenüber tun könne. Ermutigen Sie ihn auch dazu, weiterhin eine ganz normale Ausdrucksweise zu verwenden, anstatt ihre Gebete mit antiquierten Wörtern oder mit Blumig-Schwülstigem zu durchsetzen. Gott möchte Gebete hören, die geradewegs von Herzen kommen.

Fangen Sie an zu beten

Wenn diese Dinge klar sind, fangen Sie mit einer ganz natürlichen Stimme an zu beten, um Ihrem Gesprächspartner vorzumachen, wie er mit Gott sprechen kann. Ich würde ihm als erstes dafür danken, daß er diesen Menschen bis zu diesem Punkt gebracht hat, und ihn bitten, Ihrem Freund zu helfen, in Demut und aus ganzem Herzen seine Vergebung und Führung anzunehmen.

Das Gebet Ihres Gesprächspartners

Als nächstes sagen Sie Ihrem Gesprächspartner, daß er nun selbst mit Gott sprechen kann. Dabei sollte er sich auf zwei Dinge konzentrieren: erstens die Tatsache, daß er Gottes Vergebung braucht, die Christus am Kreuz für ihn erworben hat, und zweitens die Bitte um seine Führung. Dann hören Sie einfach nur zu.

Vielleicht braucht der Betreffende einen Moment dazu, sich zum gesprochenen Gebet durchzuringen. Wenn Sie aber warten, wird Ihr Bekannter ein Gebet sprechen, das meiner Erfahrung nach zu den echtesten und bewegendsten Gebeten zählen wird, die Sie je gehört haben.

Es ist allerdings wichtig, daß Sie das Gebet aufmerksam verfolgen, um sicherzugehen, daß es auf der richtigen Schiene läuft. Beispielsweise sollten Sie sich vergewissern, daß das Gebet inhaltlich besagt: »Ich habe gesündigt und brauche deine Gnade«, anstatt den Vorsatz auszudrücken: »Ich habe viel Schlechtes getan und werde mir von jetzt an mehr Mühe geben.« Wenn Sie das Gefühl haben, daß der Betreffende die falsche Richtung einschlägt, unterbrechen Sie ihn sanft und klären Sie das Mißverständnis auf, bis Sie den Eindruck haben, er könne weiterbeten.

Wenn Ihr Gesprächspartner Ihnen gestanden hat, auf einem bestimmten Gebiet Probleme mit sündhaftem Verhalten zu haben, könnten Sie ihm vielleicht jetzt vorschlagen, ganz speziell mit Gott darüber zu reden, um ihn um Vergebung und um seine Hilfe zur Überwindung dieser Sünde zu bitten.

Wenn Sie das Gefühl haben, daß er das Thema Vergebung in angemessener Form im Gebet abgeschlossen hat, fordern Sie ihn dazu auf, zu dem zweiten Thema überzugehen, nämlich zu Gottes Herrschaft in seinem Leben. Ermutigen Sie ihn dazu, Jesus zu bitten, die Herrschaft in seinem Leben zu übernehmen und ihn mit seinem Heiligen Geist zu erfüllen, um ihn von innen heraus zu verändern. Auch hier sollten Sie aufmerksam zuhören und gegebenenfalls Mißverständnisse klären.

Wenn auch dieses Thema abgeschlossen ist, sagen Sie Ihrem Gesprächspartner, daß es nur noch eine Sache gibt, die im Gebet erwähnt werden sollte. Sie hat mit den beiden Dingen zu tun, um die er soeben gebetet hat: Gottes Vergebung und seine Führung. Wenn sein Gebet aus dem Herzen kam, dann hat Gott ihn schon erhört! Deshalb ist das dritte Gebetsthema der Dank für die Geschenke, die Gott ihm gerade gemacht hat. Und nun hören Sie voller Freude zu, wie Ihr Gesprächspartner ein tief empfundenes »Dankeschön« zum Ausdruck bringt.

Beenden Sie das Gebet

Wenn Ihr Gesprächspartner Gott gedankt hat, werden Sie auch selbst das Bedürfnis verspüren, ihm zu danken. Tun Sie es! Es ist vollkommen angebracht, wenn Sie Gott nun – man darf Ihnen Ihr Bewegtsein ruhig anmerken – für das Wunder loben, das er soeben an Ihrem Bekannten vollbracht hat, und für die Freude, die Sie darüber empfinden. Bitten Sie Gott auch kurz darum, seinen neugewonnenen Sohn oder seine neugewonnene Tochter in der wunderbaren, doch auch nicht leichten Zeit der Veränderung zu bewahren, die nun vor ihm oder ihr liegt.

Mark befolgte diese Schritte in seinem Gespräch mit Jim. Das Gebet dauerte nur ein paar Minuten, doch es war ein Glaubensschritt mit Gott, der Jims Leben eine völlig neue Richtung gab. Das ist nun schon mehrere Jahre her, doch Jims Beziehung zu Christus wächst nach wie vor, und er ist in unserer Gemeinde aktiv.

Diese Geschichte ließe sich in hundertfacher Ausführung und mit anderen Namen neu erzählen. Ich hoffe, daß sie sehr bald wieder erzählt werden wird, und zwar von Ihnen, und daß die Namen der Bekehrten die Ihrer Freunde oder Angehörigen sein werden. Es wird ein lebensveränderndes Erlebnis für diese Menschen sein – und für Sie selbst ebenfalls!

Nach der Grenzüberschreitung

Selbstverständlich endet das Dasein als Christ nicht mit dem »Amen«. Überlegen wir uns, was zu tun ist, damit Ihr Freund in dem soeben begonnenen Glauben an Gott Fuß faßt.

Feiern Sie!

Nachdem Sie jemandem geholfen haben, den Schritt zum Glauben an Gott zu tun, sollten Sie sich unbedingt Zeit zum Feiern und zum Austausch nehmen. Vielleicht möchten Sie auf den Vers 10 im Lukasevangelium, Kapitel 15, hinweisen, in dem es heißt: »Ebenso herrscht auch bei den Engeln Gottes Freude über einen einzigen Sünder, der umkehrt.«

Welche Ausdrucksform die Freude des Frischbekehrten annimmt, hängt selbstverständlich von dessen individueller Persönlichkeit ab. Es sollte Sie nicht überraschen, wenn Ihnen der eine mit Freudentränen um den Hals fällt, während ein anderer Ihnen nur die Hand schüttelt und »Danke« sagt. Und vergessen Sie nicht: Beides sagt nicht das Geringste über die geistliche »Wirkung« eines solchen Schrittes aus.

Unterstreichen Sie die Wichtigkeit dieser Entscheidung

Sie sollten Ihrem Freund bestätigen, wie bedeutend der soeben gewagte Schritt ist. Sagen Sie ihm, daß er gerade die wichtigste Entscheidung seines Lebens getroffen hat und daß er Gott eine ganze Ewigkeit lang dafür danken wird. Dabei sollten Sie sich jedoch im klaren sein, daß manche Menschen nicht von den Emotionen überwältigt sein werden, die Sie vielleicht erwartet hatten. Das ist vollkommen in Ordnung so. Wichtig ist einzig und allein, daß das Gebet aufrichtig gemeint war. Gefühle kommen später, und zwar je nach Persönlichkeit in stärkerem oder schwächerem Maß.

Vermitteln Sie ein realistisches Bild

Erklären Sie Ihrem Bekannten, daß es Höhen und Tiefen in seiner Vertrautheit mit Christus und in seiner Begeisterung für das Leben in seinem Dienst geben wird. Dies ist bei jeder Beziehung und jedem verbindlichen Versprechen so. Das Wichtige dabei ist, daß er mit Jesus durch dick und dünn geht, denn er wird mit Sicherheit gute als auch weniger gute Zeiten erleben.

Erklären Sie die Voraussetzungen zum geistlichen Wachstum

Man übersieht leicht die grundlegenden Dinge, die unser Wachstum als Christen fördern. Egal, ob Sie es gleich an Ort und Stelle oder innerhalb der nächsten paar Tage tun, so sollten Sie sich unbedingt die Zeit nehmen, praktische Hinweise zu folgenden Bereichen zu geben:

Gebet

Erklären Sie, daß man sich täglich Zeit zum Gespräch mit Gott nehmen sollte. Ermutigen Sie Ihren Freund dazu, auch weiterhin ganz normal mit Gott zu reden und ihm Tag für Tag ganz offen und ehrlich zu sagen, was ihn beschäftigt. Selbst wenn er keine Lust zum Beten hat, kann er Gott das sagen!

Um Ausgewogenheit in das Beten zu bringen, erwähne ich oft das Vier-Punkte-Schema »ASDB«. Der erste Buchstabe steht für »Anbetung«; der Lobpreis Gottes eignet sich großartig für den Anfang des Gebets. »S« steht für »Sündenbekenntnis«; wenn man gesündigt hat, muß man dies Gott gegenüber eingestehen, um seine Vergebung zu erhalten. »D« steht für »Dank«, die natürliche Reaktion auf seine Vergebung und die vielen anderen Beweise seiner Liebe und Fürsorge, mit denen er uns unser ganzes Leben lang umgibt. »B« steht für »Bitten«; Gott möchte, daß wir mit unseren Bitten zu ihm kommen, und er verspricht, unsere Bitten zu hören und zu handeln.

Wenn Sie sich in der nächsten Zeit mit Ihrem Bekannten regelmäßig zum gemeinsamen Gebet treffen, betonen Sie damit die Wichtigkeit des Gesprächs mit Gott und verstärken die Gewohnheit des regelmäßigen Gebets.

Die Bibel lesen

Betonen Sie die Tatsache, daß Gott uns in erster Linie durch seine schriftliche Selbstoffenbarung, die Bibel, anspricht. Die Bibel ist sein Brief an die

Menschheit, in dem er uns von sich selbst erzählt, von seiner Liebe zu uns, der Geschichte unserer Sünde und seiner Rettung und seinen Richtlinien für ein Leben, das ihm dienen und ihm Freude machen will.

Schlagen Sie Ihrem Bekannten vor, jeden Tag ein Kapitel der Bibel zu lesen, wobei er mit einem der Evangelien beginnt und eine Bibelübersetzung benutzt, die er verstehen kann. Sagen Sie ihm, daß er beim Lesen mit Sicherheit Fragen haben wird und daß er diese aufschreiben sollte, um mit Ihnen oder einem anderen Christen darüber zu sprechen.

Gemeinschaft mit anderen Christen

Betonen Sie, wie wichtig es ist, innige und aufrichtige Freundschaften mit anderen Christen aufzubauen und sich regelmäßig mit ihnen zu treffen. Diese Freundschaften stellen eine bedeutende Quelle der Ermutigung, neuer Erfahrungen und gegenseitiger Verbindlichkeit dar.

Vergewissern Sie sich, daß Ihr Bekannter eine Gemeinde findet, in der die Bibel auf zutreffende und sein Leben aufbauende Weise vermittelt wird und in der die geistliche Gesundheit und Wachstum gefördert werden. Betonen Sie, daß die Gemeinde nicht nur ein Ort ist, an dem wir biblisches Wissen vermittelt bekommen, sondern auch ein Ort, an dem Gott von uns erwartet, daß wir unsere geistlichen Gaben zum Dienst für andere einsetzen. Begeistern Sie Ihren Bekannten mit der Tatsache, daß er auf einen wichtigen Posten in Gottes Team berufen worden ist.

Gemeinschaft mit Nichtchristen

Es ist nie zu früh, einen frischgebackenen Christen darauf hinzuweisen, daß Gott ihn zu einem ansteckenden Christen machen möchte, durch den er andere Menschen erreichen will. Teilen Sie ihm einige der Grundsätze mit, die Sie darüber gelernt haben, doch raten Sie ihm auch dazu, Geduld bei guten Freunden und Angehörigen walten zu lassen. Diese Leute werden in Ruhe abwarten wollen, ob die Veränderung an ihm echt ist, bevor sie sich ernsthaft mit der Frage auseinandersetzen, ob das Christentum auch etwas für sie sei.

Sorgen Sie für langfristige geistliche Unterstützung

Die Bereiche, von denen gerade die Rede war, gewährleisten einen guten Start in das Leben als Christ. Leider bleiben wir häufig an diesem Punkt stehen und hoffen, daß unsere Freunde anschließend irgendwie von selbst zurechtkommen. In Anbetracht der Tatsache jedoch, daß sie geistlich gesehen Neugeborene sind, müssen wir dafür sorgen, daß sie die richtige geistliche Nahrung bekommen. Es gibt zwei gangbare Wege, um dies zu erreichen. Der erste ist eine natürliche Eltern-Kind-Beziehung, und der zweite ist Adoption.

Unter einer natürlichen Eltern-Kind-Beziehung verstehe ich folgendes: Sie, die Person, die Ihren Schützling über die Grenze zum Glauben geführt hat, übernehmen die Verantwortung, sich regelmäßig mit ihm zu treffen, um ihn in der Jüngerschaft anzuleiten und ihn im Glauben zu ermutigen. Der Vorteil bei diesem Ansatz besteht darin, daß schon ein gegenseitiges Vertrauensverhältnis existiert, und daraus entwickelt sich wie von selbst die nächste Phase des Wachstums.

Doch oft sprechen Unterschiede im Alter, in der Persönlichkeit, in der Lebenssituation, im Geschlecht oder weit voneinander getrennte Wohnorte für die zweite Möglichkeit, nämlich die geistliche Adoption. Dies bedeutet keineswegs, daß Sie Ihren Schützling vor der Tür irgendeiner Gemeinde abladen und im Stich lassen. Vielmehr suchen Sie sorgfältig und betend die geeignete Person aus, einen mündigen Christen, mit dem Ihr Schützling sich gut versteht und der dazu bereit ist, sich mit seiner Zeit und Energie dafür einzusetzen, daß Ihr Freund Fortschritte in seiner Beziehung mit Christus macht.

Wie ich schon an anderer Stelle gesagt habe, ist es mein Gebet, daß Sie wenigstens einmal die große Freude haben werden, einen Freund über die Grenze zum Glauben zu führen. Vielleicht geschieht dies schon nach einem oder zwei Gesprächen über geistliche Dinge, oder vielleicht wird es Jahre des geduldigen, betenden Bemühens erfordern. Doch wenn es dann endlich soweit ist, werden Ihr Glaube, Ihre Glaubensgewißheit und Ihre Begeisterung, zu Christus zu gehören, einen Satz nach vorn machen, und bei dem nächsten Menschen, dem Sie helfen, wird Ihnen alles um so leichter von der Hand gehen. Obendrein werden Sie dadurch immer ansteckender in Ihrem Christsein.

An den Schluß dieses so wichtigen Themas möchte ich einen Aufruf aus Sam Shoemakers *So I Stay Near the Door* (etwa: »Deshalb bleibe ich in Türnähe«) setzen:

>»*Ich bleibe in Türnähe.*
>*Ich gehe weder zu weit herein, noch bleibe ich zu weit draußen,*
>*die Tür ist die wichtigste Tür der Welt:*
>*Sie ist die Tür, durch die man geht, wenn man Gott findet.*

Es bringt nichts, wenn ich weit hineingehe und dort bleibe,
während so viele noch draußen sind
und so dringend wie ich
wissen wollen, wo die Tür ist.
Und so viele finden nur die Wand, wo eine Tür sein sollte.
Sie kriechen wie Blinde an der Wand entlang,
die Hände ausgestreckt und tastend,
nach einer Tür suchend und wissend, daß es eine Tür geben muß,
Doch sie finden sie nie …
Deshalb bleibe ich in Türnähe.

Das Größte auf der Welt ist,
wenn jemand diese Tür findet, die Tür zu Gott.
Das Wichtigste, was man nur tun kann, ist,
eine dieser blinden, tastenden Hände zu fassen
und sie auf die Klinke zu legen, die Klinke, die nur ›klick‹ macht
und sich unter der Hand des Menschen öffnet.
Draußen vor der Tür sterben Menschen,
wie verhungernde Bettler in kalten Nächten
in grausamen Städten im tiefsten Winter sterben.
Sie sterben, weil ihnen das fehlt, was in ihrer Reichweite liegt.
Diesseits der Tür können sie leben, weil sie die Tür gefunden haben.
Nichts ist so wichtig, wie ihnen dabei zu helfen,
sie zu finden und zu öffnen und einzutreten und IHN zu finden …
Deshalb bleibe ich in Türnähe.«

Malen Sie sich nur aus, welch einen geistlichen Einfluß wir auf die Welt haben könnten, wenn unsere Gemeinden voller Leute wären, die genau das tun.
Das ist ein begeisternder Gedanke, einer, den wir im nächsten Kapitel näher
betrachten werden.

Kapitel 14

»Ansteckende« Christen und »ansteckende« Gemeinden

F red traute seinen Ohren nicht: »Du willst mich wohl auf den Arm nehmen! Ich und ein Kurs über persönliche Evangelisation? Für meine nächsten Dienstagabende habe ich alles Mögliche eingeplant, nur eine Schulung für Evangelisation war wirklich nicht dabei!« Fred konnte es kaum fassen, wie jemand ihm so etwas vorschlagen konnte.

Doch mein Freund ließ nicht locker.

»Ich denke halt, daß du deinen Glauben wirkungsvoll weitergeben könntest, und außerdem würdest du dabei eine fundiertere Perspektive des Christseins gewinnen.«

Schließlich gab Fred nach. Und womit er selbst nicht gerechnet hatte: Der Kurs zündete einen geistlichen Funken bei ihm an, der bis jetzt nicht verloschen ist. Von heute auf morgen begann dieser Mann, der erst vor kurzem Christ geworden war, seinen Glauben an seine Bekannten weiterzugeben.

Anfangs half er seinen Freunden, an den Punkt zu kommen, an dem sie zur »Grenzüberschreitung« bereit waren, und brachte sie dann zur Gemeinde, wo Mark oder jemand anders mit dem Betreffenden im Gebet den entscheidenden Schritt begleiteten. Mit der Zeit lernte Fred, wie er dies selbst tun konnte, und er fing an, andere ohne fremde Hilfe zum Glauben zu führen.

Seither sind etwa dreißig Menschen durch Freds Einfluß zum Glauben gekommen. Inzwischen leitet er eine Kleingruppe, in der er andere Christen dazu anleitet, ihren Glauben weiterzugeben wie er. Einige von ihnen hatten schon die große Freude, ihre Freunde über die Grenze zum Glauben zu führen.

Fred ist ein sachlicher, erfolgreicher Geschäftsmann, dem der konfrontationsfreudige Ansatz des Evangelisierens liegt. Er genießt die Herausforderung, auf »zähe«, völlig glaubensdistanzierte Leute zuzugehen, deren Leben ein Chaos ist und die mit ihrer Weisheit am Ende sind. Es erübrigt sich zu sagen, daß Fred ein »ansteckender« Christ ist.

Julie ist ganz anders als Fred. Sie ist eine zurückhaltende, sympathische Vorstadtbewohnerin mit zwei heranwachsenden Töchtern und einem großen, kuscheligen Hund. Gemeinsam mit ihrem Mann Bob besuchte sie eine »wohltemperierte« Gemeinde, die es jedem recht machen wollte und in der das Evangelium nicht klar verkündigt wurde.

Dann führte eine Reihe von Ereignissen dazu, daß Julie sich ganz bewußt für Jesus entschied. Sie sah sich nach einer biblisch ausgerichteten Gemeinde um und beschloß, sich in der *Willow Creek*-Gemeinde zu engagieren. Es dauerte nicht lange, bis sie einige evangelisationsfreudige Mitglieder kennenlernte. Wie Fred besuchte sie einen Kurs über persönliche Evangelisation und brannte darauf, andere mit dem Evangelium zu erreichen.

Seither hat sie ihrem Mann, ihren Eltern, Töchtern, Neffen, Nachbarn und zahllosen anderen, die sie in der Gemeinde kennengelernt hatte, dabei geholfen, in ihrer Beziehung zu Christus stetige Fortschritte zu machen. Innerhalb von einem einzigen Jahr hat Julie mit vierzehn Menschen das Gebet der Hingabe gebetet.

Weil Julie von Natur aus ein stiller, bescheidener Mensch ist, wissen die meisten Leute gar nicht, wie ihnen geschieht. Unsere Evangelisationsabteilung nennt sie »Gottes Geheimwaffe«. Interessanterweise ist Julie unter anderem gerade deshalb so effektiv, weil sie so ganz anders als der Prototyp des herkömmlichen Evangelisten ist. Sie ist einfach nur sie selbst, und deshalb gelingt es ihr auch so gut, andere Menschen zu erreichen.

Eins hat Julie mit Fred gemeinsam: Auch sie lebt ein Christsein, das ansteckend ist. Beide sind ganz besondere Menschen. Doch sie sind auch gewöhnliche Christen wie Sie und ich. Sie sind schlicht und einfach Sünder, die die Vergebung Christi für sich in Anspruch genommen haben und die Maßstäbe, die Wesensmerkmale und die Methodik entwickelt haben, die man dazu braucht, um anderen bei den wichtigsten Entscheidungen ihres Lebens zu helfen.

Trotz ihrer Gemeinsamkeiten sind diese beiden Menschen grundverschieden. »Ansteckende« Christen gibt es in den unterschiedlichsten Formen, Größen, Farben, Jahrgängen und mit den verschiedensten Persönlichkeiten, Temperamentslagen und Erfahrungen. Kaum meint man zu wissen, wie einer aussieht, da kommt schon der nächste daher und macht die Theorie mit einem Schlag zunichte.

Diese Vielfalt wird sogar noch begeisternder, wenn man sich überlegt, daß es keine zwei Suchenden gibt, die sich wie ein Ei dem anderen gleichen. Jeder stellt eine einzigartige Kombination aus religiöser Herkunft, Hautfarbe, gesellschaftlicher Stellung, Bildungsgrad und Grad der Aufgeschlossenheit für Gott, die Gemeinde und biblische Unterweisung dar.

In seiner Weisheit erschuf Gott Christen der unterschiedlichsten Ausprägung und stellte alle möglichen Arten von geistlich Suchenden in ihre Einflußsphären. Durch diese »Wesensverwandtheit« lassen sich Gottes Liebe und Wahrheit auf eine Art vermitteln, die für beide Beteiligten natürlich ist. Damit dies allerdings geschehen kann, müssen wir uns eine Grundmethodik zum Vermitteln unseres Glaubens aneignen und diese dann in die Tat umsetzen. Wenn Sie dies eine Zeitlang tun und dabei aus Ihren Fehlern lernen, werden Sie ein Stadium erreichen, das nicht mehr plump und unbeholfen, sondern beweglich ist, nicht mehr zaghaft, sondern unbefangen, nicht mehr ängstlich, sondern abenteuerfreudig.

Beim Erlernen eines Hobbys, eines Sports oder einer Kunstfertigkeit gilt genau dasselbe. Wer zum ersten Mal etwas Neues wagt, dem ist anfangs immer etwas unbehaglich zumute. Die wenigsten Leute machen gleich an ihrem ersten Tag auf der Skipiste Furore. Es gibt nicht viele, die bei der ersten Runde auf dem Golfplatz alle Rekorde brechen. Und wissen Sie noch, wie es war, als Sie zum ersten Mal auf Rollschuhen standen und Ihre Füße in zwei verschiedene Richtungen losrutschten?

Nach ein paar anfänglichen Stürzen und blauen Flecken geben manche Leute einfach auf, während andere sich um so mehr anstrengen. Jene, die sich nicht so leicht unterkriegen lassen, gewinnen an Geschicklichkeit, und das Ganze macht mit der Zeit immer mehr Freude.

Wer ein »ansteckender« Christ werden will, dem ergeht es genauso. Solche, deren erste Bemühungen, eine Freundschaft aufzubauen und die Botschaft von Christus zu vermitteln, mit einem Fehlschlag enden, die sich jedoch wieder vom Boden aufrappeln, sich den Staub abklopfen und weitermachen, werden eines Tages unbefangen und kompetent andere für Jesus erreichen.

Fred und Julie sind nur zwei Beispiele von vielen – und Sie könnten ein weiteres sein.

Potenzierte Wirkungen

Ich muß Ihnen etwas gestehen: Es macht mir eine riesige Freude, wenn ich Christen sehe, die darauf brennen, Menschen für Jesus zu erreichen. Es begeistert mich total, wenn ich sehe, wie sie ihr anfängliches Zögern überwinden und ein Geschick entwickeln, das im Zusammenwirken mit dem Einfluß des Heiligen Geistes eine »Rekordernte« frischbekehrter Christen einbringen kann. Ganz besonders freue ich mich, wenn ich höre, daß einer von ihnen zum ersten Mal jemanden zu Jesus geführt hat, weil ich weiß: Dieses Erlebnis wird seinen Glauben erweitern und Appetit auf weitere Erfahrungen ähnlicher Art wecken.

Doch noch begeisternder finde ich es, wenn ein paar »ansteckende« Christen andere in ihren christlichen Kreisen mit dem Virus infizieren, die ihn dann ihrerseits an noch mehr Menschen weitergeben, bis eine regelrechte Epidemie des Evangelisierens in ihrer Gemeinde ausbricht.

Stellen Sie sich nur folgendes vor: Wenn ein *einzelner Christ* so wirkungsvoll von Gott eingesetzt werden kann, was könnte dann erreicht werden, wenn eine *ganze Gemeinde* ansteckend wird? Das könnte für einen Ort ja so etwas wie eine geistliche Explosion bedeuten. So wichtig unsere individuellen Bemühungen auch sind, so wird Gott die Welt letztendlich durch die vereinten Kräfte und Aktionen aller in der Gemeinde erreichen.

Ich brauche Ihnen nicht zu sagen, daß diese Beschreibung auf die meisten Gemeinden nicht zutrifft. Es gibt zwar einige erfreuliche Ausnahmen, doch viel zu viele bleiben in ihrem alten Trott und bemühen sich in erster Linie um eine gleichbleibende Mitgliederzahl, gedeckte Kosten und den Status quo. Ihnen fehlt der Weitblick, sich gezielt den Menschen, die in der Gefahr leben, verloren zu gehen, in ihrem Umfeld zuzuwenden und ihnen den Weg zu Gott zu weisen, sie sind zu beschäftigt mit internen Debatten und Reibereien.

Das ist meiner Meinung nach die Karikatur einer Gemeinde. So etwas meinte Jesus ganz und gar nicht, als er von einer Kirche sprach, die von den Mächten der Unterwelt nicht überwältigt würde (Mt 16,18). Er stellte sich eine Kirche vor, die eine aktive, dynamische und expandierende Kraft darstellte, eine Macht, die die Welt verändern würde (Apg 1,8). Dabei gehört es von Anfang an zu ihrem zentralen Auftrag, Menschen zu suchen und zu retten, die getrennt von Gott leben und mit ihm versöhnt werden sollen.

Bei einem Auftrag dieser Größenordnung müssen wir uns alle dagegen wehren, abzustumpfen. Selbst wenn Sie einer Gemeinde angehören, die mehr oder weniger dieses Ziel verfolgt, ist es wichtig, sich nicht auf die Zahl derer zu konzentrieren, die schon erreicht worden sind, sondern auf die vielen hoffnungslosen Menschen, die Gefahr laufen, für Zeit und Ewigkeit von Gott getrennt zu leben.

Sicher, jede Bekehrung sollten wir feiern, doch wir dürfen nie so zufrieden werden, daß wir aufhören, uns um andere zu bemühen. Erst wenn die ganze Welt Christus persönlich kennengelernt hat, können wir unseren Auftrag als erfüllt betrachten.

Merkmale einer ansteckenden Gemeinde

Würden Sie sich gern in einer Gemeinde engagieren, die dieses Ziel bedingungslos verfolgt? Würden Sie gern darauf hinarbeiten, daß Ihre Gemeinde ansteckender wird? Um Ihnen eine Vorstellung davon zu geben, wie dies aussehen könnte, werde ich fünfzehn Merkmale auflisten, die evangelistisch wirksame Gemeinden aufweisen. Benutzen Sie sie als Checkliste, um festzustellen, ob sie auf die Gemeinde zutreffen, zu der Sie gehören. Ich hoffe, daß Sie und die anderen Mitglieder nicht nur die Stärken Ihrer Gemeinde zu schätzen wissen, sondern daß Sie auch darüber reden werden, wie sich die Schwächen beheben lassen.

Evangelisation ist ein Grundprinzip

Die meisten Kirchgänger können Johannes, Kapitel 3, Vers 16 auswendig aufsagen.

> *Die Tatsache, daß Gott »die Welt so sehr geliebt hat«, ist in unseren Kreisen weitgehend bekannt. Der Haken an der Sache ist der, daß wir dies im Kopf wissen können, ohne es mit dem Herzen erfaßt zu haben. Es ist jedoch nicht nur ein Stück Theologie, das man glaubt, sondern auch ein Prinzip, nach dem gelebt werden muß.*

Diese Liebe Gottes zur Welt nenne ich ganz zu Anfang, weil wir auf diesem Gebiet am leichtesten ins Stolpern geraten. Ich könnte auch anders sagen: Weil ich auf diesem Gebiet am leichtesten ins Stolpern gerate. Trotz der Tatsache, daß ich seit Jahren Vorträge darüber halte, wie wichtig die Menschen Gott sind, vergesse ich dies nicht selten, wenn ich mitten in einer intensiven Arbeitswoche stecke. Urplötzlich erwische ich mich dabei, wie ich jemanden als Objekt betrachte anstatt als einen Menschen, den Gott liebt und der ihm am Herzen liegt.

Die Verantwortlichen einer Gemeinde, die anfängt, »ansteckend« zu werden, laufen Gefahr, immer wieder dieses eine, zentral Notwendige zu übersehen: Gott meint immer den einzelnen Menschen. Statt dessen rufen sie neue Aktionen ins Leben, experimentieren mit den neusten Evangelisations-Methoden oder versuchen in ihrer Frustration, die Mitglieder durch Ermahnungen zum Evangelisieren zu bewegen.

Doch die Erfolge sind meistens spärlich und vorübergehend. Besser ist es, bei den Glaubensgrundsätzen der Gemeinde anzufangen und zu versuchen, durch Predigten, Veranschaulichungen, Geschichten, Anleitung zur Jüngerschaft und das eigene Beispiel die Liebe zu vermitteln, mit der Gott gerade auch die Menschen überschütten möchte, die noch weit weg sind von ihm.

Menschen, deren zeitliches und ewiges Heil gefährdet ist, haben Vorrang

An den Prioritäten und Entscheidungen einer Gemeinde läßt sich ablesen, wie sehr ihr an Menschen liegt, die Gott noch nicht kennen. Dies gilt besonders für solche Fälle, in denen die persönlichen Wünsche der Gemeindemitglieder mit den Bedürfnissen von suchenden Menschen außerhalb der Gemeinde zusammenstoßen.

In den späten 60er Jahren, als die *Jesus-People*-Bewegung großen Zulauf hatte, standen die traditionellen Gemeinden in Südkalifornien vor einem Dilemma. Langhaarige, barfüßige Hippies tauchten in ihren Gottesdiensten auf; mit ihren schmutzigen Füßen ruinierten sie die Teppiche in den Gottesdiensträumen.

Dies führte zu einer harten Konfrontation unter den Verantwortlichen dieser Gemeinden. Einige wollten die Außenseiter der Gesellschaft aus ihren Gebäuden fernhalten. Doch besonders ein Pastor namens Chuck Smith verschaffte sich Gehör und sprach sich gegen ein solches Denken aus. Er forderte, daß man diesen Menschen mit Nächstenliebe und Gastfreundschaft begegnen solle. Erfreulicherweise schloß sich seine Gemeinde ihm an. *Calvary Chapel* in Costa Mesa (Kalifornien) ist eine Organisation, die seither Tausende von Suchenden erreicht hat, und ihr Ansatz zum Evangelisieren ist von anderen Gemeinden landesweit übernommen worden.

In unserer Gemeinde entstand ein vergleichbarer Konflikt. Wir hatten die Gelegenheit, eine Debatte zwischen einem bekannten Atheisten und einem angesehenen Christen zu organisieren, allerdings genau an dem Tag, für den schon eine Abschlußfeier für unsere Mitarbeiter geplant war. Obwohl beide Veranstaltungen wichtig waren, gaben wir der den Vorrang, mit der wir Menschen für Christus erreichen wollten. Was dabei herauskam? Das Podiumsgespräch zwischen Atheist und Christ erwies sich als einer der Höhepunkte in dem ganzen Werdegang unserer Gemeinde. Fast 8 000 Menschen kamen, und siebenundvierzig wurden an Ort und Stelle Christ.

Im nachhinein kann man natürlich leicht sagen: »Selbstverständlich sind Menschen viel mehr wert als Teppiche, und evangelistische Veranstaltungen sind wichtiger als irgendwelche Gemeindefeste. Wieso hat es diese Diskussionen überhaupt je gegeben?« Doch die Sache ist nicht immer so einfach, wenn Prioritäten aufeinanderprallen und Gemeindemitglieder ihre eigenen Lieblingsbereiche mit Elan verteidigen.

Wie wird beispielsweise entschieden, wenn das alljährliche Gemeindepicknick für denselben Tag angesetzt ist, an dem sich die seltene Gelegenheit bietet, eine evangelistische Veranstaltung mit einem Gastredner anzubieten, der nur an diesem einen Tag verfügbar ist? Oder was geschieht, wenn die Jugendgruppe Geld braucht, um ein evangelistisches Konzert für ihre Freunde zu veranstalten, doch Sie wollten mit dem Geld eigentlich die Krabbelstube neu streichen oder den Parkplatz neu teeren lassen – und obendrein können Sie die laute Musik, die diese Kids spielen, sowieso nicht ausstehen?

Dies sind echte, schmerzliche Konflikte, die Sie vielleicht schon selber zur Genüge kennengelernt haben. Sehen Sie jetzt den Grund, weshalb ich ganz zu Anfang dieser Liste von der Notwendigkeit gesprochen habe, dem Evangelisieren einen hohen Stellenwert zu geben und Menschen, die ihren Erlöser noch nicht kennen, Priorität einzuräumen?

Ich möchte keineswegs behaupten, diese Merkmale gäben eindeutige Regeln für jede Entscheidung her. Doch sie sind Richtlinien, die unserem Hang zur »vergeistlichen« Ichbezogenheit entgegenwirken und uns helfen, solche Entscheidungen zu treffen, die unsere Gemeinden in wachsendem Maß auf ein ansteckendes Christsein hinführen.

Evangelistische Aktivitäten gehören zur Gesamtstrategie

Ein weiteres wichtiges Merkmal dieser »ansteckenden« Gemeinden besteht darin, daß evangelistische Aktivitäten zentral im Gesamtprogramm der Gemeinde verankert sind. Anders ausgedrückt, ist evangelistische Schulung keine Nebensache, die auf einen Verantwortlichen, eine Gruppe oder einen

Abend pro Woche abgeschoben wird. Statt dessen ist sie fester Bestandteil dessen, was die ganze Gemeinde überhaupt ausmacht.

Wenn dies der Fall ist, läßt sich nie genau sagen, wann »es« passiert, denn »es« passiert ständig und überall.

> *Menschenleben werden nach Gesprächen auf dem Parkplatz verändert, Fragen über den Glauben werden am Telefon und in Restaurants erörtert, Ideen für neue Formen des Evangelisierens werden auf Fluren ausgebrütet, und nie wird je die Bemerkung gehört: »Ach, Evangelisation? Das ist der Arbeitsbereich von Herrn Soundso!«*

Der Prozeß des Suchens wird respektiert und berücksichtigt

Es besteht die Gefahr, daß die Gemeinde jeden Gast, der sich vorsichtig vortasten möchte, mit dem Eintritt in den Gemeindesaal sofort unter Druck setzt. »Es könnte unsere einzige Gelegenheit sein«, denkt man sich, »deshalb sollten wir sie ergreifen und den Besucher jetzt gleich zu Jesus führen.«

Letzten Endes haben die Christen, die derartig »gewalttätig« andere bekehren wollen, tatsächlich nur eine einzige Gelegenheit. Doch das liegt daran, daß sie zu voreilig waren und versucht haben, den Betreffenden gleich beim ersten Kontakt zum Glauben zu drängen. Der Suchende wird von solchen Methoden in die Flucht geschlagen. Zu schnell wird vergessen, daß wir nur uns selber bekehren können, niemals aber einen anderen.

Über die Jahre hinweg habe ich daher gelernt: Wenn man den Prozeß, durch den Menschen zu Jesus kommen, respektiert und anerkennt, werden viele von ihnen bereit sein, einen Anfang zu setzen. Erst eine solche Einstellung zeigt ihnen, daß man ein echtes Verständnis für sie hat und um die schwierigen Schritte auf dem Weg zum Glauben weiß.

Als Pastor habe ich versucht, diesen Suchprozeß hauptsächlich auf zwei Arten einzubeziehen. Erstens halte ich unsere Gemeindemitglieder dazu an, ehrliche Beziehungen zu Menschen aufzubauen, die sie gern erreichen möchten. Dies gewährleistet, daß sie ihren Freunden kontinuierlich helfen können, während diese auf ihrer geistlichen Reise durch Höhen und Tiefen gehen.

Zweitens haben wir unsere Wochenend-Veranstaltungen so gestaltet, daß sie auf einfühlsame Weise auf die Fragen eingehen, die Menschen bei der Beschäftigung mit dem christlichen Glauben meistens haben. Wir sagen unseren Besuchern auch in aller Deutlichkeit, daß von ihnen keinerlei »Solos«,

Unterschriften, Wortmeldungen oder Beiträge zur Kollekte erwartet werden, solange sie sich auf dem Weg befinden. Dadurch geben wir ihnen die Gelegenheit, der Aufforderung Jesu nachzukommen, die Kosten der Nachfolge zu kalkulieren, bevor sie sich verbindlich entscheiden.

Die Fragen der Suchenden werden ernstgenommen und erörtert

Zu den größten Befürchtungen eines Suchenden gehört die Angst, sich unter Druck zu etwas entscheiden zu müssen, was er nicht versteht oder dem er nicht zustimmen kann. Leider haben mir viele erzählt, wie irgend jemand von ihrer Gemeindeleitung ihnen Vorwürfe gemacht hat, weil sie aufrichtige Zweifel ausgesprochen hatten, oder ihnen herablassend erklärte, sie müßten den christlichen Glauben zuerst annehmen, um dann eine innere Gewißheit zu bekommen, daß er tatsächlich der Wahrheit entspricht. Ein ernsthaft Suchender wird sich daraufhin sagen:»Diesen Leuten ist die Wahrheit egal. Ihnen geht's doch bloß um Äußerlichkeiten. Am besten packe ich schleunigst die Koffer und sehe mich woanders um.«

Erinnern wir uns noch einmal an das, was Petrus dazu sagte (1 Petr 3,15):»Seid stets bereit, jedem Rede und Antwort zu stehen, der nach der Hoffnung fragt, die euch erfüllt.« Paulus fordert uns an anderer Stelle auf (1 Thess 5,21):»Prüft alles, und behaltet das Gute!« Wir sollten mehr als alle anderen an der Wahrheit interessiert sein, denn wir dienen dem Gott der Wahrheit, und er gebietet uns, uns mit ihr zu beschäftigen und sie gründlich zu kennen.

Gemeinden, die aufrichtige Wahrheitssuchende erreichen wollen, arbeiten gezielt darauf hin, die Fragen, die diese Menschen haben, in aller Offenheit anzugehen und zu beantworten. Sie vertrauen auf die Bibel und die Glaubensinhalte, die sie zum Fundament ihres Lebens gemacht haben, und dieses Vertrauen wird stetig wachsen, wenn sie immer wieder erleben, wie man auch den schwierigsten Herausforderungen an den Glauben mit guten Antworten begegnen kann.

Die Gemeindeleitung geht mit gutem Beispiel voran

»Tut nach meinen Worten, aber nicht nach meinen Werken« – auf diese Weise läßt sich keine evangelisationsfreudige Gemeinde aufbauen. Wenn die Leute den Eindruck bekommen, das Evangelisieren sei nur eine schöne Idee, nach der sich aber kaum einer von der Gemeindeleitung richtet, gehen Aufrufe zum Evangelisieren zum einen Ohr hinein und zum anderen wieder hinaus. Der Pastor, der Gemeinderat und alle übrigen Mitarbeiter müssen selbst mit gutem Beispiel vorangehen und Zeit und Energie in zielgerichtete Freundschaften mit kirchendistanzierten Menschen investieren.

Dies gilt in besonderem Maß für den Seniorpastor. Ich weiß aus eigener Erfahrung, wie zwecklos es ist, meine Zuhörer zu etwas bewegen zu wollen, was ich selbst nicht aktiv praktiziere. Es ist unmöglich, so etwas überzeugend darzustellen. Die Worte bleiben ohne Konsequenzen, und die Zuhörer gewinnen den Eindruck, als handele es sich um ein paar interessante Ideen, die irgend jemand vielleicht irgendwann einmal ausprobieren sollte.

Wie überall gilt auch hier, daß der Leiter mit seinem eigenen Verhalten den Takt angeben muß, wenn er darauf hofft, andere zum Handeln zu motivieren. Die Leute in Ihrer Gemeinde müssen sehen, wie Sie selbst ein abenteuerreiches, spannendes Leben führen und Menschen mit Jesus bekannt machen. Dann werden sie sich sagen: »Wow! Wenn der Pastor bereit ist, ein Risiko einzugehen und sich persönlich zu engagieren, dann wird es vielleicht Zeit, daß ich das auch tue.«

Die Mitglieder sind in der Lage, ihren Glauben weiterzugeben

Wenn das Vorbild der Gemeindeleitung zur Norm geworden ist, werden die Leute in der Gemeinde nach Mitteln suchen, um selbst »ansteckender« zu werden. Für diesen Wissensdurst und diese Begeisterung kann die Gemeinde praktische Formen der Schulung anbieten, durch welche die Grundlinien, wie man die Botschaft von Christus wirkungsvoll an andere weitergibt, vermittelt werden können.

Dies kann durch spezielle Kurse und Seminare und auch durch Predigten und Kleingruppen-Gespräche erreicht werden. Die Mitglieder nehmen aus eigenem Antrieb daran teil, anstatt dazu gedrängt zu werden, weil das, was sie lernen, wichtig für etwas ist, das schon in ihren Herzen wurzelt.

> *Wenn ganz normale Christen innerhalb der gesamten Gemeinde dazu ausgerüstet werden, ihren Glauben zu verbreiten, und dies dann auch tun – machen Sie sich auf etwas gefaßt! Eine neue Ära der Aktivität und der Veränderungen wird explosionsartig ausbrechen. Wenn Sie so etwas noch nie erlebt haben, dann steht Ihnen das große Abenteuer, Mitglied in einer »ansteckenden« Gemeinde zu sein, jetzt unmittelbar bevor.*

Freundschaften mit Kirchendistanzierten werden verstärkt

In den Schulungskursen der »ansteckenden« Gemeinden wird immer wieder betont, wie wichtig es ist, ehrliche und herzliche Beziehungen zu Kirchendistanzierten aufzubauen. Hier entscheidet sich, ob die Schlacht gewonnen oder verloren wird. Ohne diese Freundschaften sind wir zwangsläufig wieder auf die alten Zufallstreffer-Methoden angewiesen. Diese Taktiken werden vielleicht einigen wenigen helfen, doch erheblich mehr Menschen werden durch sie in die Flucht geschlagen.

Weil ihnen klar ist, wie hoch der Stellenwert dieser zielgerichteten Beziehungen ist, achten »ansteckende« Gemeinden darauf, daß der wöchentliche Veranstaltungskalender nicht überladen wird, und sie üben auch keinen Druck auf ihre Mitglieder aus, ihre gesamte Freizeit für irgendwelche Gemeindeveranstaltungen zu verbrauchen. Statt dessen ermutigen sie ihre Mitglieder, sich wertvolle Zeit für Menschen zu nehmen, die Jesus brauchen.

Ebenso kalkulieren diese Gemeinden auch die Art des Risikos ein, das Jesus einging, als er sich unter wenig fromme Leute mischte. Da sie wissen, daß so etwas nicht ungefährlich ist, machen die Mitglieder einander Mut und binden sich in eine gegenseitige Verantwortlichkeit für eine klare Lebensführung ein, die Gott ehrt und das Interesse von Nichtchristen weckt.

Hier gilt: Es lebe die Vielfalt!

»Ansteckende« Gemeinden betonen die Tatsache, daß wirkungsvolle Evangelisation die Vielfalt ihrer Mitglieder widerspiegelt. Die vielen Formen, die sie annimmt, entsprechen der natürlichen Persönlichkeit, mit der Gott den einzelnen ausgestattet hat.

Dies weicht radikal von der vorherrschenden Methodik der letzten Jahrzehnte ab. Bisher war die Tendenz, daß ein Pastor sich für eine bestimmte Methode begeisterte, um dann unterschwelligen oder sogar offenen Druck auf alle übrigen auszuüben, diese Methode zu übernehmen. Letztlich sieht es in solchen Fällen dann so aus, daß die wenigen, die dem Pastor wesensmäßig am ähnlichsten sind, regelrecht aufblühen, während andere sich dazu zwingen, etwas zu tun, was ihnen eigentlich gar nicht liegt. Wieder andere kehren der Gemeinde entweder den Rücken, oder sie bleiben und leiden unter enormen Schuldgefühlen. Vielleicht sagen sie sich: »Ich wünschte, ich wäre ein besserer Christ, damit ich auch so effektiv wie sie wäre.«

Auf diese Weise leiden viele gutwillige Leute unnötig, und, was ebenso schlimm ist, sie werden nicht zu solchen Menschen geschickt, die nur auf jemanden wie sie warten. So fühlen sich viele Gemeindemitglieder mißverstanden, und große Teile der Bevölkerung bleiben unerreicht.

Wirklich »ansteckende« Gemeinden vermeiden solche Probleme, indem sie eine Vielfalt von Methoden beim Verbreiten der Botschaft fördern. Wo Gemeindemitglieder ihren individuellen Evangelisationsstil einsetzen und sich dann mit vereinten Kräften zu einem Team zusammentun, erlebt die Gemeinde einen wahren »Boom an Neubekehrten«.

Neulich rief zum Beispiel eine Frau bei uns in der Gemeinde an, weil sie sich Sorgen um ihren Mann machte, der, wie sie sagte, im Begriff war, sich den Mormomen anzuschließen. Sie wußte nicht, wie sie ihm das Problematische des Mormonentums im Gegensatz zum biblischen Christentum klarmachen sollte. Daraufhin ergänzten wir ihre Bemühungen durch zwei unserer Leute, die sich speziell mit solchen Fragen auseinandergesetzt haben. Diese trafen sich wiederholt mit Rob, bis dieser zu dem Punkt kam, daß er Christus in sein Leben aufnahm. Interessanterweise engagiert er sich inzwischen in derselben Arbeit und setzt seinen eigenen intellektuellen Stil dazu ein, andere in der Gemeinde anzuleiten, Menschen mit ähnlichen Fragen aufzufangen.

Jedes Engagement für die Gemeinde hilft, den Glauben weiterzugeben

In »ansteckenden« Gemeinden gilt jeder Dienst, unabhängig von der Sparte, zu der er gehört, als wichtiger Beitrag für das übergeordnete Ziel, Menschen für Gott zu erreichen.

Egal, ob es sich bei den betreffenden Diensten darum handelt, das Gebäude sauber und instand zu halten, das Tonsystem zu steuern, Gottesdienstbesuchern einen Platz zuzuweisen, die Kinder zu unterrichten oder für den Etat verantwortlich zu sein und die monatlichen Rechnungen zu begleichen: Jede dieser Aufgaben – gerade auch die Dienste, die völlig im Hintergrund bleiben – trägt zur evangelistischen Wirksamkeit einer Gemeinde bei.

Wenn wir mit vereinten Kräften arbeiten, sind wir zu Dingen in der Lage, die keiner von uns allein zustande bringen könnte. Dies verleiht jedem einzelnen Dienst eine Bedeutung, auf die niemand verzichten kann.

Die Arbeit des einzelnen wird durch größere Veranstaltungen ergänzt

Selbst bei bester Zurüstung und Ermutigung brauchen die meisten Gemeindemitglieder Hilfe, ihre Freunde zur Entscheidung für Jesus zu führen. Diese Hilfe kann zwar verschieden aussehen, doch am effektivsten werden ihre Mitglieder unterstützt, wenn die Gemeinde größere evangelistische Veranstaltungen anbietet, zu denen sie ihre Freunde mitbringen können. Es ist erstaunlich, wie schon eine einzige, gut geplante Veranstaltung oder ein Konzert von Gott dazu benutzt werden kann, falsche Vorstellungen über ihn durch richtige zu ersetzen und Suchende aufgeschlossener zu machen.

Lassen Sie mich klarstellen, daß ich hier keine Gottesdienste im herkömmlichen Sinn meine, obwohl diese für manche Suchenden, die schon weiter auf ihrer geistlichen Reise sind, durchaus hilfreich sein können. Ich meine in erster Linie Veranstaltungen, bei deren Planung ausschließlich an ungläubige Freunde als Zielgruppe gedacht wurde. Sie können verschiedene Formen annehmen, von moderner christlicher Musik bis zu kreativen Darbietungen, bei denen Theater, Multimedia-Shows und Kunst eingesetzt werden. Erprobt sind auch Frühstücksveranstaltungen für Männer, gemeinsame Mittagessen für Frauen oder Abendessen, bei denen ein erfahrener Christ einen Vortrag hält oder sein Zeugnis gibt.

In der *Willow Creek*-Gemeinde halten wir jedes Wochenende unsere sogenannten »Offenen Gottesdienste« ab, in denen wir die Grundzüge des Christseins durch eine Kombination von Musik, Theaterstücken und Vorträgen darstellen. Schon früh in der Entstehung der Gemeinde entschlossen wir uns dazu, diese Veranstaltungen für Sonntag morgens anzusetzen, weil die Leute in unserer Gegend dann am ehesten dazu bereit sind, eine Gemeinde zu besuchen. Etwas anderes sind die Gottesdienste, die wir unter der Woche anbieten, zu denen sich die eigentliche Gemeinde einfindet, um Gott zu loben, aus seinem Wort zu lernen und das Abendmahl zu feiern.

Viele andere Gemeinden bieten solche »Offenen Gottesdienste« an anderen Wochentagen oder weniger häufig an. Es ist wichtig, auf eine gleichbleibend gute Qualität zu achten, selbst wenn das bedeutet, insgesamt weniger Veranstaltungen anzubieten. Überhaupt kann man, was Form und Anzahl solcher Veranstaltungen anbelangt, keine festen Normen angeben. Gemeinden können nur allgemein ermutigt werden, ihre Bemühungen immer mehr auf das Ziel auszurichten, Menschen für Christus zu gewinnen. Sicher ist, daß die Kombination aus der evangelistischen Arbeit einzelner und einer ganzen Gruppe von Christen eine Gemeinde hochgradig »ansteckend« machen wird.

Innovation wird geschätzt und eingesetzt

Wie wir an anderer Stelle gesehen haben, hatte Matthäus seine Idee zu einem Fest für seine ungläubigen Freunde nicht etwa aus dem »Handbuch für offiziell genehmigte Evangelisationsmethoden« (Galilea-press, a. D. 32). Vielmehr sah er einen Bedarf, erwog die Möglichkeiten, die ihm offenstanden, dachte nach und veranstaltete dann ein Fest!

Gemeinden, welche die Kultur in ihrem Umfeld beeinflussen, feiern Feste wie Matthäus. Sie lassen sich neue Ideen einfallen, wie sie die Botschaft an jene vermitteln können, die sie brauchen. Sie nehmen das Gebot Jesu (Mk 7) ernst und lassen sich nicht durch Traditionen davon abhalten, Gott zu gehorchen und Menschen zu helfen. Kreativität ist ein wesentlicher Bestandteil ihres Denkens, und ein zentraler Aspekt ihrer Strategie ist das Ausprobieren neuer Methoden. Um derer willen, die Gott nicht kennen, sind sie bereit, ein Risiko einzugehen. Und sie lernen aus ihren Fehlern, so daß sie immer wieder Kurskorrekturen vornehmen.

Wenn sie dabei irgendwann bei anderen Gläubigen auf Unverständnis stoßen, wie Jesus es oft genug selbst erlebte, hören sie gut zu und denken betend über die Worte ihrer Kritiker nach, doch sie resignieren nicht, sondern beenden das Rennen, und dabei bringen sie so viele Neubekehrte wie möglich mit.

Innovation ist übrigens keine neue Erfindung. Die meisten dynamischen Bewegungen in der Kirchengeschichte wurden von Menschen ins Rollen gebracht, die bereit waren, vom Herkömmlichen abzuweichen und einen neuen Ansatz auszuprobieren. Schauen Sie sich nur solche Vorkämpfer wie Luther, Calvin, Wesley, Zinzendorf und Moody an. Unsere Aufgabe ist es nicht, Wurzeln in unseren Methoden zu schlagen, sondern alles, was wir tun, immer wieder zu hinterfragen, ob es wirklich dem einen Ziel unserer Anstrengungen dient: Menschen für Gott zu erreichen.

Die Bedeutung der Bibel wird betont

»Ansteckende« Gemeinden sind sich darüber im klaren, daß glaubensferne Menschen im täglichen Leben die Hilfen, die ein Leben mit Gott und zu seiner Ehre mit sich bringen, total unterschätzen. Daher haben solche Gemeinden es gelernt, nicht nur die Kernaussage des Evangeliums zu betonen, sondern auch die Weisheit der Bibel für das tägliche Leben zu vermitteln. Hierher gehören die biblischen Richtlinien für Ehe, Kindererziehung, zwischenmenschliche Beziehungen, Konfliktlösung und die Bereiche Moral und Ethik. Diese Gemeinden wissen: Leute, die merken, wie nützlich die christlichen Maßstäbe sind, werden lange genug bleiben, um zu entdecken, daß sie auch wahr sind.

Diese Gemeinden wissen, daß sie nicht einfach Lehrsätze des Glaubens vermitteln können, ohne die Fragen des praktischen Lebens anzusprechen. Doch sie müssen sich genauso davor hüten, gute Ratschläge auszuteilen, ohne die Grundfragen der Sünde und Erlösung anzusprechen. Hier heißt es nicht »entweder – oder«, sondern »sowohl – als auch«.

Diese Ausgewogenheit hat uns Jesus selbst vorgelebt (Mt 11,28-30). Zuerst sagte er: »Kommt alle zu mir, die ihr euch plagt und schwere Lasten zu tragen habt. Ich werde euch Ruhe verschaffen.« Für die erschöpften Menschen, denen diese Worte galten, klang diese Einladung ungeheuer verlockend. In ihrer Situation hatte sie eine ganz starke Bedeutung. Doch dabei beließ Jesus es nicht. Er fuhr fort und sagte ihnen, daß sie auch geistliche Ruhe für ihre Seele finden würden, wenn sie ihm nachfolgen und von ihm lernen würden.

Das Evangelium wird keinen Kompromissen ausgesetzt

»Ansteckende« Gemeinden haben begriffen, daß eine Weitergabe des Evangeliums stattfinden muß, ohne dabei einen Kompromiß einzugehen. Sie wissen: Wenn die Botschaft vom Kreuz Christi je verwässert oder überlagert wird, dann ist die Schlacht von vornherein verloren. Was nützt es, die Sprache der säkularen Welt zu lernen, wenn unsere Botschaft dabei auf der Strecke bleibt?

Manche Christen haben behauptet, wenn eine Gemeinde die Kirchendistanzierten in ihrem Umfeld erfolgreich erreichen wolle, dürfe sie diese Menschen dabei nicht zu Veränderungen in ihrem Verhalten und zu einer völligen Hingabe an Gott auffordern. Ich habe die Erfahrung gemacht, daß das Gegenteil der Fall ist.

Die Leute haben es einfach satt, lahme, halbherzige Aufrufe von Christen zu hören, die nicht den Mut haben, die Dinge beim Namen zu nennen. Viele von ihnen sind auf der Suche nach jemandem, der ihnen unerschrocken die Wahrheit verkündet und es selbst wagt, seine Zukunft auf dieses Fundament zu setzen. Wenn ich alle Register ziehe und meine Zuhörer mit der Tatsache konfrontiere, daß sie Buße tun und Christus vertrauen müssen, bin ich immer wieder überrascht, wie viele mir anschließend danken und mir sagen, daß sie meiner Aufforderung nachgekommen sind.

Dies ist natürlich in erster Linie eine Folge des Wirkens des Heiligen Geistes. Doch genau darum geht es mir. Der Heilige Geist ist jederzeit bereit, seinen Teil zu tun, und er wartet darauf, daß auch wir unseren tun. In »ansteckenden« Gemeinden ist genau dies der Fall; sie weisen den Menschen auf klare und eindringliche Weise den Weg zur Erlösung, die uns durch Jesus Christus angeboten ist.

Hier wird mit Wundern gerechnet

Unter den Leuten in den Gemeinden, die ich beschrieben habe, herrscht ähnlich wie in der Urgemeinde (Apg 2) eine Haltung, die durchaus ein übernatürliches Wirken Gottes erwartet. Und das macht diese Gemeinde um so ansteckender. Kein Zweifel, daß Gott da am Werk ist, wo ein Wunder nach dem anderen in der Form von veränderten Menschenleben geschieht. Aus Skeptikern werden Suchende. Suchende finden Jesus. Christen entwickeln eine größere Glaubensgewißheit und sie geben ihren Glauben aktiv und unerschrocken weiter. Das Gemeindeleben nimmt an Intensität zu, wobei gleichzeitig Hoffnung und Erwartung weiterer Wunder wachsen. Eine Gemeinde reißt die andere mit und sogar die gesamte Kirche, bis schließlich ein ganzes Land auf Gott zugeht.

Durch die Macht des Heiligen Geistes und die Gebete und Aktivitäten vieler »ansteckender« Christen wird das Ziel unserer Formel – der maximale Effekt – in einem überwältigenden Ausmaß erreicht.

Was mich betrifft, so begeistert mich dies ungeheuer. Was kann lohnender sein, als an einem solchen Abenteuer beteiligt zu sein? Ich kann in meinem Leben locker auf vieles verzichten, nicht aber auf diese Faszination. Ich würde Fußböden scheuern, nur um in einer ansteckenden Gemeinde zu sein.

Doch alles fängt beim einzelnen an: bei Menschen wie Ihnen und mir, die wissen, in was wir unsere Energien investieren sollten. Im letzten Kapitel soll von der lohnendsten Investition die Rede sein, die Sie je machen können.

Kapitel 15

Unser Leben in Menschen investieren

Da wär'n wir also«, sagte der Mann glücklich zu seiner Frau. »Die Copacabana. Eine phantastische Aussicht, ein gepflegtes Restaurant und ein erstklassiges Hotel. Es hat sich doch gelohnt, nicht, Schatz? All die Jahre der Arbeit und des Sparens haben sich doch für einen Abend wie diesen rentiert.«

Ich bekam die Unterhaltung des Ehepaars am Nebentisch zwangsläufig mit und dachte an das, was ich in den letzten Wochen alles erlebt hatte. Ich war auf dem letzten Abschnitt einer einmonatigen Reise, auf die mich mein Vater geschickt hatte, um Missionaren in Mittel- und Südamerika, die er finanziell unterstützte, Geld zu bringen. Beim Zusammenstellen meiner Reiseroute hatte er ein paar Städte in Südamerika eingeplant, damit ich diesen Teil der Welt besser kennenlernen konnte.

Es war eine entscheidende, prägende Zeit in meinem Leben. Ich war neunzehn Jahre alt und erst vor kurzem Christ geworden. Und noch war ich mir überhaupt nicht sicher, was ich mit dem »Rest meines Lebens« anfangen wollte. Meine Reise hatte mit einem Besuch bei einem Indianerstamm mitten im mittelamerikanischen Dschungel begonnen, wo eine christliche Gemeinde aufblühte. Es war begeisternd. Der Heilige Geist war gegenwärtig, und in der ganzen Umgebung wurden Menschenleben verändert.

Von dort war ich zu mehreren Städten weitergereist und schließlich in Rio de Janeiro angekommen. Damals war Rio der internationale Mittelpunkt der »oberen Zehntausend«. Und da saß ich nun allein beim Abendessen in einem eleganten Restaurant und hörte das Ehepaar am Nebentisch darüber reden, wie wunderbar es doch sei, endlich hier zu sein.

Mir war beinahe schwindlig, als ich im stillen dachte: »Moment mal. Diese Leute sind um die sechzig, und sie haben ein ganzes Leben auf das hier gewartet? Ich bin erst neunzehn, und ich sitze jetzt schon hier! Was werde ich denn mit den nächsten dreißig bis vierzig Jahren anfangen? Wenn das hier die große Erfüllung ist, dann ist es aber schlecht um mich bestellt. Es ist zwar ganz nett hier, aber die Erfüllung sämtlicher Hoffnungen ist es nun auch wieder nicht.«

Ich weiß noch, wie ich zu meinem Zimmer ging und dabei dachte: Was werde ich mit meinem Leben anfangen? Was ist so wichtig, daß ich meine ganze Zukunft dafür einsetzen könnte?

Ich dachte an die Jahre, die ich in der Firma meines Vaters gearbeitet hatte; dort hatte ich viel Schönes erlebt. Aber ich hatte auch das deutliche Gefühl, daß eine solche Laufbahn wohl kaum meine Sehnsucht danach stillen würde, etwas von ewigem und lebensveränderndem Wert zu schaffen.

Dann dachte ich an die kleine Gemeinde mitten im Dschungel und an die sagenhaft talentierten Leute, die sich für den Dienst unter den Indianern dort einsetzten. Sie hatten eine bewundernswerte Gemeinschaft von Gläubigen aufgebaut, die ihrerseits nun ihre Freunde zu Christus führten. Ich dachte daran, wie ich gerade vor ein paar Tagen noch auf dem Boden gesessen und an einem ihrer Gottesdienste teilgenommen hatte, in dem sie Gott aus ganzem Herzen Loblieder sangen.

An diesem Abend in Rio wurde mir klar: Was ich dort bei diesem Indianerstamm erlebt hatte, war realer, dauerhafter und wichtiger als eine steile Geschäftskarriere. Und es war etwas, an dem ich beteiligt sein wollte.

Wie sich herausstellte, war dies ein Gedanke, der mich nie wieder losließ, trotz aller Verlockungen und Gelegenheiten, die mich in andere Richtungen ziehen wollten.

Der Fischerberuf

Es ist ein uralter Kampf. Ich rang nicht nur mit der Frage, welchen Beruf ich erlernen sollte. Ich überlegte auch, in was ich meine Passion, meine Träume und Energie investieren sollte. Später wurde mir klar, daß ich mit diesen Überlegungen nicht allein war; im Neuen Testament las ich, daß einige von den Jüngern Jesu sich mit derselben Frage auseinandersetzten.

Obwohl Petrus und Andreas Fischer von Beruf waren, hatten sie die Aufforderung Jesu ernst genommen, als er sinngemäß zu ihnen gesagt hatte (Mt 4): »Ich weiß, wie sehr euch das Fischefangen im Blut liegt. Aber hört mir mal gut zu, Freunde. Wenn ihr mir vertraut und mir nachfolgt, wenn ihr versucht zu begreifen, wer ich bin und zu was ich auf diese Welt gekommen bin, dann werdet ihr es gern zulassen, daß ich Menschenfischer aus euch mache. Und glaubt mir, das hat eine viel, viel größere Bedeutung als das Fangen von Fischen!«

Es ist wichtig zu wissen, daß Jesus nichts gegen das Fischereiweisen an sich hatte, genau, wie er auch nichts gegen die Bauindustrie hatte, in der er und Joseph sich ihren Lebensunterhalt verdienten. Gegen solche Berufe ist überhaupt nichts einzuwenden, auch nicht gegen die Lebensmittelbranche, das Touristikgeschäft, das Versicherungswesen oder die Immobilienbranche. Das sind alles ehrbare Berufe. Doch keine irdische Beschäftigung kann sich mit dem Vorhaben messen, Menschen, die in Gefahr sind, Zeit und Ewigkeit ohne Gott zu verbringen, zum Kreuz Christi zu führen. Dies sollte eigentlich bei allen seiner Nachfolger an erster Stelle stehen, ganz unabhängig davon, womit sie sich ihren Lebensunterhalt verdienen.

Jene, die sich dazu entschließen, Christus nachzufolgen, werden früher oder später begreifen, daß es nichts Wichtigeres gibt, als Menschen für Christus zu erreichen. Und wenn sie an diesen Punkt gelangen, ändert sich ihr Wertesystem dauerhaft. Mit einem Mal ist es für sie mehr als deutlich, daß sämtliche übrigen Aktivitäten dieser Welt keinen Vergleich damit aushalten, einem einzelnen Mann, einer einzelnen Frau, einem Jungen oder einem Mädchen den Weg zu einer erlösenden, lebensverändernden Beziehung mit dem Gott des Universums zu weisen.

> *Wenn Sie begriffen haben, daß die wichtigste »Sache« der Welt die Sache der Menschen ist, die ihren Erlöser noch nicht kennen, machen Sie sich auf etwas gefaßt! Von da an werden Sie anders leben, anders beten, anders lieben, anders arbeiten, anders Geld spenden und anders dienen, denn Sie werden in erster Linie an Menschen denken und an das, was sie wirklich brauchen.*

Es wird Sie im wachsenden Maß beschäftigen, wie Sie als Menschenfischer noch »erfolgreicher« werden können.

Ist es Ihnen schon so ergangen? Ich saß im Verkaufsbüro der Lebensmittelfirma meines Vaters in Michigan, als ich einige Verse aus dem 3. Kapitel des 2. Petrusbriefes las, in denen das traurige Schicksal all der Dinge beschrieben wird, von denen ich so oft geträumt hatte. Dieser Gedanke überwältigte mich einfach; welch eine nutzlose Verschwendung meiner Energie, soviel von mir selbst in derartig vergängliche Dinge zu investieren!

Dann dachte ich daran, was Paulus einmal geschrieben hatte (1 Kor 9,25): »Jeder Wettkämpfer lebt aber völlig enthaltsam; jene tun dies, um einen vergänglichen, wir aber, um einen unvergänglichen Siegeskranz zu gewinnen.« Sinngemäß sagte Paulus hier: »Diese Leute trainieren für den falschen Wettlauf! Mir wäre viel lieber, daß ihr Gläubigen auf das richtige Wettrennen hinarbeitet und dafür trainiert, nämlich das Rennen, bei dem ihr Preise mit Ewigkeitswert erringen könnt, indem ihr Gott und euren Mitmenschen dient.«

> *Nur wenige von uns werden tatsächlich dazu aufgefordert, ihre Netze zu verlassen und ihre Berufe an den Nagel zu hängen. Nicht viele werden von Gott in den hauptamtlichen geistlichen Dienst gerufen. Das Gros der Christen wird dazu angehalten, an seinem gegenwärtigen Arbeitsplatz zu bleiben, doch mit einer völlig neuen Grundhaltung, nämlich mit einer, die Gottes Sicht des ewigen Wertes von Menschen wiedergibt.*

Bestimmt sind Sie ebenso froh wie ich darüber, daß die Jünger sich für die Menschenfischerei anstelle ihrer Heringsfarm entschieden haben. Und bestimmt sind Sie auch froh, daß Jesus zu Petrus ging, als dieser sich mit dem Gedanken trug, wieder zur Fischerei zurückzukehren, und ihn erneut aufforderte, er solle sich in erster Linie um Menschen kümmern. Dreimal sagte er zu Petrus (Joh 21): »Bleib bei der Menschenfischerei.«

Das tat Petrus dann auch, und Gott gebrauchte ihn, die ganze Welt zu verändern. Auf einer viel geringeren Ebene habe auch ich das getan, und ich bemühe mich darum, meine Ecke der Welt zu verändern. Bleibt nur noch zu fragen, was Sie nun tun werden. Wo werden Sie sich selbst investieren?

Lassen Sie sich eindringlich bitten, sowohl zu Ihrem eigenen Besten als auch um Ihrer Freunde willen, die Jesus noch nicht kennen, wenn Sie Gott mit Ihrem ganzen Herzen, Ihrer Seele, Ihrem Verstand und Ihrer Kraft lieben – beten Sie täglich zum Heiligen Geist:

> *»Laß mich heute mehr tun, als nur Fische fangen. Hilf mir, mehr zu tun, als nur ein Produkt zu verkaufen. Befähige mich dazu, ein Menschenleben anzurühren. Benutze mich als Werkzeug dazu, einen Mann oder eine Frau für dich zu erreichen. Ich möchte in der Menschenfischer-Branche tätig sein!« (Dies ist die Grundeinstellung eines »ansteckenden« Christen.)*

Der letzte Auftrag Jesu

Bevor wir dieses Kapitel beenden, möchte ich den letzten Auftrag, den Jesus unmittelbar vor seiner Himmelfahrt gab, noch einmal zitieren und näher anschauen, was er für uns alle bedeutet. Jesus sagte da (Mt 28,19f): »Darum geht zu allen Völkern, und macht alle Menschen zu meinen Jüngern; tauft sie auf den Namen des Vaters und des Sohnes und des Heiligen Geistes, und lehrt sie, alles zu befolgen, was ich euch geboten habe. Seid gewiß: Ich bin bei euch alle Tage bis zum Ende der Welt.«

Wem galten diese Worte? Seinen Jüngern, jenen also, die alles aufgegeben hatten, um ihm nachzufolgen und ihm immer ähnlicher zu werden. Um es mit den Begriffen unserer Formel auszudrücken, hatte sein Einfluß derartig auf sie abgefärbt, daß sie durch und durch echte Persönlichkeiten entwickelt hatten. Jesus gab ihnen Anweisungen aus erster Hand sowie sein eigenes Beispiel, wie sie ein Leben führen konnten, bei dem Wort und Tat übereinstimmten, Nächstenliebe und Opferbereitschaft selbstverständlich waren.

Der zweite Aspekt dieses Auftrags steckt in den Worten: »[g]eht ... und macht alle Menschen zu meinen Jüngern«. Es versteht sich von selbst, daß Jesus nicht erwartete, daß dies durch Diplomaten oder Politiker erreicht werden würde. Statt dessen würde es dadurch geschehen, daß sie sich ganz konkret auf den Weg machten und sich in die unmittelbare Nähe jener begaben, die sie für ihn gewinnen wollten. Dadurch würden sie die Gelegenheit haben, Beziehungen aufzubauen und einen natürlichen Einfluß auf jene auszuüben, die sie kennengelernt hatten.

Als nächstes betonte Jesus, daß sie die Menschen, die sie zu Jüngern machen wollten, etwas lehren sollten. Damit meinte er zwar in erster Linie, daß sie neubekehrte Menschen im geistlichen Wachstum und im Gehorsam Christus gegenüber anleiten sollten, doch diese Anleitung stellte mit Sicherheit eine Fortführung des Lehrens dar, das schon längst stattgefunden hatte. Anders ausgedrückt: Dieses Lehren enthielt die klare Weitergabe des Evangeliums. Die Jünger sollten seinem Beispiel folgen, indem sie Gespräche über geistliche Themen ins Rollen brachten, die Schritte zur Errettung erklärten und den Menschen über die Barrieren halfen, die sie vom Glauben fernhielten.

Zum Schluß versprach Jesus, daß er bei ihnen – und uns – sein würde, und zwar »bis zum Ende der Welt«. Zusätzlich zu der Garantie seiner Gegenwart und seiner Bewahrung haben wir hier eine indirekte Bestätigung dessen, was an anderen Stellen ausdrücklich gesagt wird: Wenn wir unseren Beitrag dazu leisten, diesen Missionsbefehl auszuführen, wird er diese Arbeit mit Erfolg krönen. Kurz gesagt versprach uns Jesus, daß wir eine große Wirkung auf die Menschen um uns herum haben werden, wenn wir seinen Willen in die Tat umsetzen. Wir werden erleben, wie ein Mensch nach dem anderen die Grenze zum Glauben überschreitet, ein »ansteckender« Christ wird und sich einer immer »ansteckender« werdenden Gemeinde anschließt.

Und das ist gut zu wissen, nicht wahr? Doch meine größte Befürchtung ist, daß Sie an diesem Punkt stehenbleiben könnten und sich damit zufriedengeben, lediglich Ihren Kenntnisstand dessen, was einen ansteckenden Christen ausmacht und wie man weitere produziert, erhöht zu haben. Sie wissen so gut wie ich, daß dies nicht ausreicht.

Sehen Sie sich die Worte Jesu noch einmal an. Sämtliche Veränderungen, die er in der Welt bewirken will, fangen mit dem einen kleinen Wort »geht« an.

»Geht«, so stelle ich mir seine Auftragserteilung vor, »geht und sagt den Leuten, daß ein moralischer Fehltritt vor Gott bereinigt werden kann. Sagt allen, daß ein reumütiger Sünder Gnade und Vergebung finden kann. Sagt den Menschen, daß Männer und Frauen, die sich einander entfremdet haben, wieder mit Gott und miteinander versöhnt werden können. Geht, und die Menschen werden auf euch hören. Und ihr werdet wissen, daß ihr euren Beitrag dazu leistet, eine weltweite Erneuerung ins Rollen zu bringen.«

Und ich male mir aus, wie die Augen der Jünger so groß wie Suppenteller wurden. »Aber Herr … eine weltweite Erneuerung durch Leute wie uns? Ja, dafür lohnt sich das Aufstehen am Morgen. Welch ein Auftrag! Welch ein Weitblick! Und dazu würdest du uns einsetzen?«

Das erinnert mich an die Geschichte von Steve Jobs, dem Mitbegründer von *Apple Computers*. Der kometenhafte Aufstieg seiner Firma machte es erforderlich, einen erfahrenen Manager einzustellen, der mit der Firmenleitung betraut werden sollte. Steve Jobs bemühte sich um John Sculley, einen Topmanager bei *Pepsi-Cola*.

Nachdem er ihn zu einem hervorragenden Essen eingeladen hatte, bekam er das ungute Gefühl, daß sein Angebot auf eine Ablehnung stoßen würde. Er nahm seinen Gast mit auf die oberste Etage eines Wolkenkratzers, von der aus man eine fabelhafte Aussicht über den *Central Park* in New York hatte, und startete seinen letzten Versuch, ihn dazu zu bewegen, die Position bei *Apple* anzunehmen.

Doch selbst dies schien wenig Erfolg zu haben. Schließlich sah Steve Jobs seinem Gast John Sculley ins Gesicht und sagte: »Wollen Sie etwa den Rest Ihres Lebens damit verbringen, gefärbtes Zuckerwasser zu verkaufen, oder möchten Sie lieber eine Chance haben, die ganze Welt zu verändern?«

In seinem Buch beschreibt Sculley, wie diese Frage ihn mit der Wucht eines Vorschlaghammers traf. Und letzten Endes führte sie dazu, daß er *PepsiCo* den Rücken kehrte, um eine neue Tätigkeit bei *Apple Computers* anzutreten.

Wir alle haben wie John Sculley eine von Gott gegebene Sehnsucht danach, die Welt zu verändern. Doch Computer werden die Welt längst nicht so tiefgreifend verändern wie eine persönliche Beziehung zu Jesus Christus.

Wenn ein Mensch, der mit Liebe unterversorgt ist, zum ersten Mal von der Gnade Gottes erfährt, wenn ein einsamer Mensch endlich die Tiefe der Gemeinschaft mit Jesus Christus erlebt, wenn ein schuldiger Mensch Vergebung und ein reines Gewissen findet, wenn ein suchender Mensch plötzlich einen Sinn für sein Leben entdeckt, dann ist das der maximale Effekt, den wir anstreben. Und das löst eine enorme Kettenreaktion aus.

Dieser Mensch übt einen Einfluß auf die Menschen in seinem Umfeld aus. Ein Mann beeinflußt seine Frau. Eltern beeinflussen ihre Kinder. Ein Freund sagt es dem anderen. Ein Mitarbeiter vermittelt dem anderen die Frohe Botschaft. Christen bilden kleine Netzwerke. Gemeinden entstehen und wachsen. Neue Organisationen werden ins Leben gerufen. Es dauert nicht lange, bis überall neues Leben hervorbricht. Die Armen werden versorgt, die Hungrigen bekommen Essen, die Kranken bekommen Besuch, die Einsamen bekommen Liebe, die seelisch Verwundeten bekommen Hilfe und erleben Heilung. Bevor man weiß, wie einem geschieht, hat sich diese Ecke der Welt spürbar verändert.

Doch der Anstoß zu einer solchen Kettenreaktion muß von jemandem kommen, der zu gehen bereit ist. Jemand, der dazu bereit ist, hinter dem warmen Ofen seiner eigenen Bequemlichkeit hervorzukriechen, um Neues in die Welt zu setzen. Jemand, der dazu bereit ist, kompromißlos von dem auferstandenen Erlöser zu sprechen. Auf eine ganz konkrete Weise hängt die weltweite Veränderung von diesem einen Wort im Auftrag Jesu ab: Geht.

Wäre heute nicht der perfekte Tag für die Erkenntnis, daß es im Leben um mehr geht als um das Verkaufen von gefärbtem Zuckerwasser? Wäre es nicht der perfekte Tag, um zu Gott zu sagen: »Mit deiner Hilfe will ich gehen und eine Kettenreaktion in meinem Umfeld auslösen. Mit deiner Kraft werden wir Menschenleben verändern«? Aller Anfang ist schwer, doch die Mühe lohnt sich, und Sie werden es nie bereuen, daß Sie sich mit ganzem Herzen für den Bau des Reiches Gottes engagiert haben.

Lebensweisheit der Alten

Vor kurzem wurden Menschen, die über fünfundneunzig Jahre alt waren, bei einer Umfrage gefragt, was sie anders machen würden, wenn sie ihr Leben noch einmal vor sich hätten. Ihre Antworten sind von großer Bedeutung für unser Thema. Was folgt, sind die drei am häufigsten genannten Änderungen, die diese Menschen vornehmen würden.

Sie würden mehr über alles nachdenken

Sie würden häufiger dem Alltagstrott entfliehen und über Richtung und Sinn ihres Lebens nachdenken, um sich zu vergewissern, daß sie ihre Energie nicht verschwendeten, sondern sinnvoll einsetzten.

Darf ich Sie dazu herausfordern, genau das zu tun, besonders im Hinblick auf ein ansteckenderes Leben als Christ? Nehmen Sie sich doch einmal die Zeit, in diesem Buch zu blättern und sich zu fragen, wie es bei Ihnen um jede Komponente der Formel bestellt ist. Entwickeln Sie echte Wesensmerkmale, die andere zu Christus hinziehen werden? Wo wäre es eventuell nötig, daß Sie noch konzentriert an sich arbeiten sollten?

Sie würden riskanter leben

Wenn sie ihr Leben noch einmal leben könnten, würden diese Senioren mutiger sein und häufiger ein Wagnis eingehen. Sie würden mehr aufs Spiel setzen, um insgesamt mehr zu leisten und ein interessanteres Leben zu führen.

Wie sieht es bei Ihnen aus? Dieses Leben stellt Ihre einzige Gelegenheit dar, etwas zu wagen. Und in welchem Bereich könnten Sie mehr Wagnisse eingehen, die in der Natur der Sache liegen, als bei der Weitergabe Ihres Glaubens? Risiken, die sich letztlich für alle Beteiligten unendlich lohnen.

250

> *Ihr Leben als Christ wird nie zu dem spannenden Abenteuer werden, das ich hier beschrieben habe, wenn Sie nicht dazu bereit sind, glaubend etwas zu wagen und dann in aller Demut zu erleben, wie Gott seine Verheißung erfüllt, uns zu führen, zu bewahren und uns bei der Ausbreitung seines Reiches als seine Werkzeuge einzusetzen.*

Diese Lektion hat Greg, ein Mann in unserer Gemeinde, der erst vor kurzem Christ geworden ist, bei seinen Versuchen gelernt, mit einem skeptischen Angehörigen über den Glauben zu sprechen. Greg rief Mark an und sagte zu ihm: »Ich bin zu dem Schluß gekommen, daß man das persönliche Evangelisieren im Grunde genommen nur so lernt, indem man einfach mutig in die Schlacht geht. Der beste Weg, die Löcher in der eigenen Rüstung zu entdecken, besteht darin, sie im Nahkampf zu tragen.«

Was er da sagte, hat viel Wahres an sich. Sie haben dieses Buch gelesen, Sie haben über die Verfahrensweise des Ganzen nachgedacht, und jetzt ist es Zeit, daß Sie sich in die Frontlinien der Schlacht einreihen und um die Zukunft eines Freundes oder Angehörigen kämpfen. Vielleicht werden Sie eine Verletzung davontragen, doch Sie werden auch Fortschritte in Ihrem persönlichen Glauben und in Ihrer evangelistischen Wirksamkeit dabei machen. Und wenn Sie fünfundneunzig sind, werden Sie froh sein, daß Sie nicht vor Risiken zurückgeschreckt sind!

Sie würden zukunftsbewußter leben

Die Befragten würden mehr Dinge schaffen, die auch nach dem eigenen Tod Bestand hätten. Ist ein Kommentar hier überhaupt noch notwendig? Klar, es gibt Lebensziele, die für sich gesehen auch über unsere Lebensspanne von sechzig bis achtzig Jahren hinaus noch von Bedeutung sein werden. Doch was ist das im Vergleich zu den ewigen Dividenden unserer geistlichen Investitionen? Eine Kettenreaktion, die Sie heute ins Rollen bringen, könnte bis weit ins nächste Jahrhundert und sogar bis zur Wiederkehr Christi andauern. Denken Sie an die Auswirkungen auf den Himmel! Was könnte begeisternder oder lohnender als das sein?

NACHWORT

Es war eine trostlose Zeit für mich. Meine Achillessehne war mir beim Fußballspielen mit ein paar temperamentvollen, kirchendistanzierten Typen, mit denen ich eine Freundschaft aufbauen wollte, gerissen. Ich war operiert worden, aber die Sehne verheilte nicht richtig. Sie verursachte sogar derartig heftige Schmerzen, daß die Operationswunde noch einmal geöffnet werden mußte, um sicherzugehen, daß alles seine Ordnung hatte.

Nach einem fast einwöchigen Krankenhausaufenthalt wurde ich endlich entlassen. Obwohl Lynne und ich einen kurzen Erholungsurlaub machten, litt ich an körperlichen Schmerzen und leichten Depressionen.

Dann klingelte plötzlich das Telefon. Es war ein Ferngespräch von meinem Segelkameraden Tom, der von einer Segeltour bei den Jungferninseln anrief.

»Weißt du was? Ich hab's getan!« sagte er ungewöhnlich fröhlich. Mein erster Gedanke war, daß er das Boot meines Freundes, zu dem ich ihm leihweise verholfen hatte, ruiniert hatte.

»Was soll das denn bedeuten? Was hast du denn getan?« fragte ich.

»Ich habe Jesus in mein Leben aufgenommen«, erklärte er. »Ich habe mit John gebetet, weißt du, der John aus deiner Gemeinde, mit dem ich letzte Woche auf einer Segeltour war.«

Ich traute meinen Ohren kaum. Nachdem ich fast drei Jahre damit zugebracht hatte, diesem nicht sehr vielversprechenden Bekehrungskandidaten von Jesus zu erzählen, ihn herauszufordern, zu motivieren und zu inspirieren, hatte er endlich die Grenze zum Glauben überschritten. Was für eine herrliche Ermutigung in meinem Trauerkloß-Dasein!

Seitdem habe ich voller Freude miterlebt, wie Toms innere Einstellungen und sein Wertesystem eine Veränderung durchliefen. Er ist zwar noch genau so ehrgeizig und lebhaft wie eh und je, doch er ist nicht mehr so außer Rand und Band wie früher. Er zeigt nun eine Charaktertiefe und eine Zielstrebigkeit, die man früher gar nicht an ihm gekannt hat.

Verstehen Sie mich nicht falsch: Er hat noch immer seine »dynamischen« Eigenheiten. Aber er ist ehrlich, und er bemüht sich aufrichtig zu erfahren, was es heißt, ein Leben zu führen, an dem Gott seine Freude hat.

Vor nicht allzulanger Zeit war er beispielsweise bei einer Segelcrew-Feier, von der ich später hörte. Anscheinend hatte er zuviel getrunken und sich dementsprechend aufgeführt. Aber wenig später schrieb er jedem Mitglied seiner Crew einen Brief, in dem er sich ausdrücklich entschuldigte. Er bekannte seinen Kameraden, daß dieses Verhalten nicht zu der Entscheidung für Jesus Christus paßte, die er vor kurzem getroffen hatte, und er bat sie um Verzeihung. Ich denke, diese ehrlichen Zeilen haben einen tiefen Eindruck bei jedem einzelnen hinterlassen!

Einer von Toms Freunden, der die Veränderungen an ihm bemerkt hatte, dachte zuerst, dies sei nur eine vorübergehende Phase. Dann befürchtete er, Tom sei auf dem besten Wege dazu, ein religiöser Fanatiker zu werden. Doch mit der Zeit fing er an, einige Züge an dem neuen Tom zu schätzen, beispielsweise seine Stabilität, sein Zielbewußtsein und das langsame Verschwinden seiner selbstzerstörerischen Tendenzen.

Toms Freund wurde immer neugieriger. Die beiden fingen an, sich zu Gesprächen mit Tiefgang zu treffen. Tom beantwortete seinem Freund alle Fragen, auf die er eine Antwort wußte, und er drängte ihn dazu, mit mir und anderen zu reden, die ihm ebenfalls die Grundzüge des christlichen Glaubens vermitteln konnten. Tom chauffierte seinen Freund sogar von Michigan zu unserem Vorort von Chicago und nahm ihn mit zu einem unserer Gottesdienste! Dies war ein Schritt von besonderer Bedeutung. Die beiden übernachteten bei uns, und wir unterhielten uns bis tief in die Nacht hinein.

Seitdem hat es andere ernste Gespräche zwischen Tom, seinem Freund und mir über das Evangelium und all das, was es für unser Leben bedeutet, gegeben. Toms Freund ist aufgeschlossener geworden, aber er ist nicht bereit, den Grenzübergang zum Glauben zu wagen.

Jedenfalls zur Zeit noch nicht. Aber Tom und ich beten weiter.

Verstehen Sie jetzt, weshalb ich ganz zu Beginn geschrieben habe, daß es nichts Begeisternderes gibt, als Menschen, die keinerlei Draht zu Gott haben, zu Freunden zu gewinnen und sie mit der Liebe Christi für ihn zu gewinnen? Es gibt kein Abenteuer, das sich damit messen könnte, keine andere Betätigung, die auch nur annähernd so lohnend ist.

Es freut mich riesig, daß Tom, der mitreißende, gesellige, abenteuerlustige Tom, mein Bruder wurde und sein Christsein immer ansteckender wird. Und ich freue mich schon jetzt auf den Tag, an dem sein Freund der Familie Gottes beitritt und dann seinerseits Gottes Liebe und Wahrheit an immer mehr Menschen weitergibt.

Und Sie? Sind Sie ein Mitglied dieses Teams? Sind Sie dazu bereit, das, was Sie über das Weitergeben der Botschaft Christi gelernt haben, in die Tat umzusetzen?

Lassen Sie mich mit einem Auszug aus einem Brief enden, den ich kürzlich von Tom bekam. Denken Sie beim Lesen an die Menschen, die Sie für Christus gewinnen möchten. Stellen Sie sich vor, eines Tages einen solchen Brief von einem dieser Menschen zu bekommen, und lassen Sie sich dazu motivieren, alles zu tun, was in Ihrer Macht steht, um ein wirklich ansteckender Christ zu werden.

»Lieber Bill,

ich möchte Dir ausdrücklich für alle Hilfe danken, die Du mir auf geistlichem Gebiet und als mein Freund gegeben hast. Die Gemeinschaft mit Dir und Deine Anstöße zum geistlichen Wachstum bedeuten mir sehr viel. Ich hoffe und bete, daß unsere Freundschaft immer mehr an Tiefe gewinnt und daß Du mir auch weiterhin Impulse zum Wachstum gibst.

Es ist jetzt fast ein Jahr her, daß ich Christus mein Leben übergeben habe. Ich hätte mir nie träumen lassen, daß ich je einen derartigen Richtungswechsel an mir erleben würde. Gott hört meine Gebete und sorgt für mich, und ich spüre seine Gegenwart. Wenn ich mich seiner Führung einmal widersetze, merke ich das sofort. Jeder Tag ist ein neues Abenteuer, und ich freue mich auf jeden wieder neu.

Nochmals herzlichen Dank für alles!

Dein Tom«

Der aktuelle Bestseller von Bill Hybels:
Der Gott, den du suchst

Suchen Sie nach Gott? Nach einem Gott, der in Ihrem Leben wirklich etwas bewegt? Oder sind Sie von dem Gott, den Sie kennen, enttäuscht?

Dieses Buch handelt von dem Gott, den Sie suchen. Von dem Gott, der wirklich existiert und dessen Wesen kein wohlgehütetes Geheimnis ist. Von dem Gott, der sich leidenschaftlich danach sehnt, Ihnen zu begegnen, der jeden Ihrer Gedanken und Wünsche kennt und Ihr Leben in seinen liebevollen Händen hält.

Lassen Sie sich mit all Ihren Fragen, Verletzungen und Zweifeln auf dieses Buch ein. Sie werden es nicht bereuen …

Bill Hybels,
Der Gott, den du suchst
Gb., 220 Seiten
Bestell-Nr. 657 165

*Die überarbeitete und durch einen Studienleitfaden
ergänzte Neuauflage des Bestsellers*

Wenn es darauf ankommt und wir im Rampenlicht stehen, geben wir alle unser Bestes. Doch wie verhalten wir uns in den Augenblicken und Situationen, in denen wir uns von unserer Umwelt unbeobachtet wissen? An diesem Punkt kommt Charakter ins Spiel, denn erst, wenn alle Schweinwerfer ausgeschaltet sind, zeigt sich, wer wir wirklich sind.

Mit der ihm eigenen Gründlichkeit beleuchtet Bill Hybels die verschiedensten Bereiche des menschlichen Lebens, in denen sich Charakter zeigt. Mit Hilfe vieler praktischer Beispiele zeigt er, wie man durch Gottes Führung auch in schwierigen Situationen Charakter beweisen kann.

Bill Hybels
Entfalte deinen Charakter
Pb., 172 Seiten
Bestell-Nr. 657 007